COMO COMBATER O DESPERDÍCIO NO SETOR PÚBLICO
GESTÃO DE RISCOS NA PRÁTICA

KLEBERSON ROBERTO DE SOUZA
FRANKLIN BRASIL SANTOS

Prefácio
Francisco Eduardo de Holanda Bessa

COMO COMBATER O DESPERDÍCIO NO SETOR PÚBLICO
GESTÃO DE RISCOS NA PRÁTICA

2ª edição revista, ampliada e atualizada

Belo Horizonte

2022

© 2019 Editora Fórum Ltda.
2022 2ª edição

É proibida a reprodução total ou parcial desta obra, por qualquer meio eletrônico, inclusive por processos xerográficos, sem autorização expressa do Editor.

Conselho Editorial

Adilson Abreu Dallari
Alécia Paolucci Nogueira Bicalho
Alexandre Coutinho Pagliarini
André Ramos Tavares
Carlos Ayres Britto
Carlos Mário da Silva Velloso
Cármen Lúcia Antunes Rocha
Cesar Augusto Guimarães Pereira
Clovis Beznos
Cristiana Fortini
Dinorá Adelaide Musetti Grotti
Diogo de Figueiredo Moreira Neto (*in memoriam*)
Egon Bockmann Moreira
Emerson Gabardo
Fabrício Motta
Fernando Rossi
Flávio Henrique Unes Pereira

Floriano de Azevedo Marques Neto
Gustavo Justino de Oliveira
Inês Virgínia Prado Soares
Jorge Ulisses Jacoby Fernandes
Juarez Freitas
Luciano Ferraz
Lúcio Delfino
Marcia Carla Pereira Ribeiro
Márcio Cammarosano
Marcos Ehrhardt Jr.
Maria Sylvia Zanella Di Pietro
Ney José de Freitas
Oswaldo Othon de Pontes Saraiva Filho
Paulo Modesto
Romeu Felipe Bacellar Filho
Sérgio Guerra
Walber de Moura Agra

FÓRUM
CONHECIMENTO JURÍDICO

Luís Cláudio Rodrigues Ferreira
Presidente e Editor

Coordenação editorial: Leonardo Eustáquio Siqueira Araújo

Rua Paulo Ribeiro Bastos, 211 – Jardim Atlântico – CEP 31710-430
Belo Horizonte – Minas Gerais – Tel.: (31) 2121.4900
www.editoraforum.com.br – editoraforum@editoraforum.com.br

Técnica. Empenho. Zelo. Esses foram alguns dos cuidados aplicados na edição desta obra. No entanto, podem ocorrer erros de impressão, digitação ou mesmo restar alguma dúvida conceitual. Caso se constate algo assim, solicitamos a gentileza de nos comunicar através do *e-mail* editorial@editoraforum.com.br para que possamos esclarecer, no que couber. A sua contribuição é muito importante para mantermos a excelência editorial. A Editora Fórum agradece a sua contribuição.

Dados Internacionais de Catalogação na Publicação (CIP) de acordo com a AACR2

S729c	Souza, Kleberson Roberto de
	Como combater o desperdício no setor público: gestão de riscos na prática / Kleberson Roberto de Souza, Franklin Brasil Santos. 2. edição.– Belo Horizonte : Fórum, 2022.
	265p.; 14,5 cm x 21,5 cm
	ISBN: 978-65-5518-358-0
	1. Direito Administrativo. 2. Administração Pública. 3. Gestão Pública. I. Santos, Franklin Brasil. II. Título.
2022-663	CDD 341.3
	CDU 342.9

Elaborado por Daniela Lopes Duarte - CRB-6/3500

Informação bibliográfica deste livro, conforme a NBR 6023:2018 da Associação Brasileira de Normas Técnicas (ABNT):

SOUZA, Kleberson Roberto de; SANTOS, Franklin Brasil. *Como combater o desperdício no setor público*: gestão de riscos na prática. 2. ed. Belo Horizonte: Fórum, 2022. 265p. ISBN 978-65-5518-358-0.

*Às minhas filhas Ana Clara e Angelina,
pelo amor incondicional, que tornam
possíveis todos os sonhos e que são a
razão maior para eu querer realizá-los.*

Kleberson Roberto de Souza

Continuo dedicando cada segundo da minha vida às pessoas mais importantes: a Lua e os dois meninos. Não é fácil compreender que estudar até tarde e nos finais de semana é uma forma de dedicação a eles. Espero que entendam que é apenas o meu jeito de viver o que é amar...

Franklin Brasil Santos

SUMÁRIO

PREFÁCIO DA PRIMEIRA EDIÇÃO 11

INTRODUÇÃO 15

CAPÍTULO 1
CONCEITOS BÁSICOS 23
1.1   Objetivos.. 24
1.2   Riscos 28
1.2.1   Classificação de risco 31
1.3   Controles internos... 33
1.3.1   Processo integrado.. 36
1.3.2   Executado por pessoas 36
1.3.3   Auxilia o alcance dos objetivos 36
1.3.4   Oferece segurança razoável.. 37
1.4   Gestão de riscos... 39

CAPÍTULO 2
MODELOS DE REFERÊNCIA 47
2.1   ISO 31000/2018.. 48
2.2   COSO ERM 48

CAPÍTULO 3
COMO FAZER GESTÃO DE RISCOS..................................... 55
3.1   Considerações iniciais 55
3.2   Ambiente interno (criando o ambiente)............................ 56
3.2.1   Filosofia de gerenciamento de riscos................................ 56
3.2.1.1 Política de gestão de riscos 59
3.2.1.2 Papéis e responsabilidades 61
3.2.1.3 Priorização de processos críticos 65
3.2.1.4 Política de gestão de riscos de Pantanal do Norte.......... 67
3.2.2   Padrões de conduta e código de ética 81

3.2.2.1 Estabelecimento de padrões de ética e de conduta 82
3.2.2.2 Tratamento de desvios éticos 84
3.2.2.3 Treinamentos em integridade e valores éticos 86
3.2.2.4 Avaliação de desempenho em relação às normas de conduta 88
3.2.3 Estrutura organizacional 88
3.2.4 Padrões de recursos humanos 92
3.2.4.1 Formalização de políticas e procedimentos de recursos humanos 93
3.2.4.2 Avaliação da competência dos colaboradores 95
3.2.4.3 Elaboração de um plano de capacitação 96
3.3 Fixação de objetivos (onde se quer chegar) 100
3.3.1 Atividades do processo de licitação 103
3.3.2 Atividades relevantes nas licitações de Pantanal do Norte 108
3.4 Identificação de eventos (o que pode dar errado) 110
3.4.1 Riscos nas licitações de Pantanal do Norte 124
3.4.1.1 Organograma da central de compras 127
3.5 Avaliação de riscos (qual o tamanho do problema) 149
3.5.1 Avaliação dos riscos identificados em Pantanal do Norte 159
3.5.2 Identificação de riscos de fraudes e corrupção 163
3.5.3 Avaliação de mudanças significativas 166
3.6 Resposta a riscos (decidindo o que fazer com os riscos) 167
3.6.1 Avaliação de eficácia dos controles existentes 173
3.7 Atividades de controle (como mitigar os riscos de maneira eficiente) 179
3.7.1 Matriz de riscos e controles das licitações de Pantanal do Norte 185
3.7.2 Matriz de riscos e controles em outras áreas da prefeitura 195
3.7.3 Gestão de riscos na Nova Lei de Licitações 244
3.7.3.1 Matriz de alocação de riscos 245
3.8 Informações e comunicações (como envolver a organização e terceiros) 246
3.9 Monitoramento (como se manter no caminho certo) 253

REFERÊNCIAS 263

PREFÁCIO DA PRIMEIRA EDIÇÃO

A gestão de riscos não é um modismo. A gestão de riscos não é uma prática de administração "enlatada" exportada pelo mundo desenvolvido. A gestão de riscos não é apenas uma filosofia, um conjunto de boas ideias inexequíveis. A gestão de riscos não é uma solução mágica, que garantirá a resolução de todos os problemas da Administração Pública. Neste livro, que bem poderia se chamar "Manual de gestão de riscos na Administração Pública", os auditores federais de finanças e controle Kleberson Souza e Franklin Brasil evidenciam de forma eficaz essas afirmações e dão providencial contribuição à gradual sistematização da gestão de riscos na Administração Pública.

Como afirmam os autores, carecemos de prática consistente e literatura sistematizada sobre o tema da gestão de riscos na Administração Pública. Em função de vícios históricos, acostumamonos a gerenciar problemas (o clássico "apagar incêndios"). O conjunto enorme de necessidades a serem endereçadas por políticas públicas, aliado ao déficit estrutural de recursos orçamentários, findou por condenar o gestor público a resolver problemas (e a cercar-se de bons "resolvedores de problemas"). Mas são exatamente a dimensão e a relevância dos problemas de toda ordem (sociais, econômicos, de infraestrutura) com os quais se depara o gestor público que devem impor a migração da lógica da "gestão de problemas" para a sistemática "gestão de riscos". Não é possível executar recursos públicos com o voluntarismo ou o heroísmo que tratam pontualmente os problemas. O cidadão brasileiro, que recolhe seus impostos e financia a estrutura de Estado, deve receber as entregas de serviços públicos de forma sistematizada, emolduradas por um adequado conjunto de rotinas e práticas de gestão de riscos.

Para fazer a transição da gestão de problemas para a gestão de riscos, o leitor desta obra acompanhará o esforço dos gestores do município fictício de Pantanal do Norte em implementar as rotinas e práticas que tangibilizam a dinâmica da gestão de riscos, tendo como referência o formato proposto no âmbito do COSO ERM.

Kleberson e Franklin, meus colegas auditores da CGU, que acumulam notável experiência no conhecimento das vulnerabilidades do mundo real (à mercê das fiscalizações realizadas pela CGU junto aos entes federativos), no que se refere à execução de licitações e à gestão de contratos pelas prefeituras municipais, construíram um guia abrangente e, ao mesmo tempo, suficientemente detalhado para a implementação dos componentes do COSO ERM (ambiente interno, fixação de objetivos, identificação de eventos, avaliação de riscos, resposta a risco, atividades de controle, informações e comunicações, e monitoramento).

Não raro, gestores públicos (em todos os níveis e esferas) até conseguem compreender com razoável clareza a lógica e interconectividade entre esses componentes, mas se deparam com a inércia do "como fazer". A partir deste trabalho, será difícil emplacar a desculpa de que "falar é fácil, fazer é que são elas", pois os autores conduzem o leitor de forma didática no passo a passo da sistematização da gestão de riscos. E isso sem a pretensão de tutelar o gestor de riscos ou de serem definitivos, pois a dinâmica de cada organização pública e as peculiaridades de seus macroprocessos serão determinantes para que o uso deste livro promova resultados eficazes.

A obra é editada em um momento extremamente oportuno, coincidente com o terceiro ano de vigência da Instrução Normativa Conjunta CGU/MP nº 1/2016. Referida norma, editada pela CGU e pelo Ministério do Planejamento, estabeleceu a compulsoriedade da sistematização da gestão de riscos no âmbito dos órgãos, autarquias e empresas do Poder Executivo Federal. Inspirados no caso fictício de Pantanal do Norte, os órgãos e entidades do Executivo Federal terão elementos concretos, como a própria política de gestão de riscos do fictício ente federativo, além de escalas de aferição de probabilidade e impactos de riscos, matrizes de causas e consequências e eventos de riscos, categorização de controles e propostas de níveis de risco e diretrizes para resposta e tratamento.

Não se trata de um conjunto de mecanismos que permitam a solução fácil do "copia/cola", mas a evidenciação de um exemplo (que poderia perfeitamente ser um caso real para qualquer um dos mais de 5.500 municípios brasileiros) que poderá ajudar servidores e gestores públicos a vencerem a inércia da gestão de problemas e avançarem de forma sistematizada para a dinâmica desafiadora da gestão de riscos. Parabéns ao Kleberson e Franklin por essa entrega, que certamente alcançará gestores públicos, auditores governamentais, estudantes e pesquisadores do admirável mundo novo da gestão de riscos no setor público.

Francisco Eduardo de Holanda Bessa
Bacharel em Ciências Econômicas e Mestre em Controladoria pela Universidade Federal do Ceará.

INTRODUÇÃO

Abril de 2020. Começava a pandemia de Covid-19 no Brasil. Órgãos de saúde pública disputavam o mercado na compra de respiradores pulmonares para hospitais. Uma prefeitura em Mato Grosso negociou 22 aparelhos, por R$4 milhões. Buscaram as máquinas em Goiânia. Pagaram adiantado. Quando abriram as caixas, descobriram que era produto falso, maquiado com adesivos. Não servia para nada. Boa parte do dinheiro não foi recuperada.[1]

Em junho de 2018, a maior prefeitura do país se viu obrigada a doar 23 toneladas de margarina. A Secretaria de Educação errou no cálculo e comprou muito mais do que precisava. O produto estava prestes a perder a validade. A prefeitura disse que apuraria o que chamou de "falha no controle de estoque".[2]

Enquanto isso, os cuiabanos, gente hospitaleira e trabalhadora, pagaram a conta da segunda obra mais cara da Copa do Mundo 2014: um veículo leve sobre trilhos que nunca saiu do lugar. Lá se foram mais de R$1 bilhão, sem qualquer utilidade. E o que é pior: compraram oito vagões a mais do que o necessário. Só isso custou R$120 milhões.

O VLT de Cuiabá é um dos exemplos de uma matéria jornalística que lista as 10 obras mais estúpidas financiadas com

---

[1] Disponível em: g1.globo.com/mt/mato-grosso/noticia/2020/04/24/policia-investiga-fraude-na-venda-de-respiradores-pulmonares-para-prefeitura-de-mt.ghtml.

[2] Disponível em: g1.globo.com/sp/sao-paulo/noticia/prefeitura-compra-23-toneladas-de-margarina-com-data-proxima-ao-vencimento-e-tera-que-doar.ghtml.

dinheiro público. Tem parque eólico que caiu com o vento, outro que gera energia, mas ninguém pode consumir, pontes que ligam nada a lugar nenhum...[3]

Um caso mais inofensivo, porém, de grande repercussão, aconteceu numa prefeitura da Bahia. Compraram mochilas para os alunos da rede municipal. Todas do mesmo tamanho, normais para os estudantes mais velhos, porém, desproporcionais para as criancinhas da creche. Virou piada na internet.[4] Para alguns, é engraçado; para outros, chega a ser fofo, mas, para nós, é mais um risco se materializando. Nesse caso, o risco de uma imagem desgastada, de baixo impacto, bem menos nocivo que o desperdício de dinheiro público nos exemplos anteriores. Isso, sim, um grande impacto para a sociedade.

Desperdício e corrupção são os dois maiores riscos da gestão pública. Não por acaso, ambos são temas dos nossos livros publicados pela Editora Fórum. No primeiro, ensinamos a combater as fraudes em licitações, uma das áreas mais afetadas pela praga da corrupção.

Aqui, tratamos do *combate ao desperdício*, de maneira mais abrangente, *por meio da gestão de riscos*.[5]

Gestão de riscos é um conjunto de atividades coordenadas para dirigir e controlar uma organização no que se refere a eventos incertos que podem afetar os objetivos. Como ilustram os exemplos citados, os gestores públicos não parecem bem preparados para lidar com riscos, de modo geral. Para reforçar essa tese, basta lembrar de um monte de notícias tratando de fraudes, prejuízos, superfaturamentos, desvios, fracassos, falhas, erros, desastres, tragédias.

Esse cenário triste e recorrente, meio cristalizado, meio generalizado, meio arraigado no setor público brasileiro, decorre, em

---

[3] Disponível em: spotniks.com/as-10-obras-mais-estupidas-financiadas-com-dinheiro-publico.

[4] Disponível em: https://g1.globo.com/bahia/noticia/tamanho-de-mochilas-escolares-entregues-a-alunos-de-creches-por-prefeitura-na-ba-vira-piada-na-internet.ghtml.

[5] Uma parte deste livro baseia-se em obra anterior dos autores: *Como gerenciar riscos na Administração Pública: estudo prático em licitações*, publicada pela editora Negócios Públicos em 2016. A obra atual aborda o mesmo tema, com uma visão ampliada e mais exemplos de outras áreas da gestão pública, com foco na gestão de riscos como resposta ao desperdício de recursos públicos.

boa medida, da precariedade com que se organizam e desenvolvem sistemas de governança, gestão de riscos e controles internos nas organizações governamentais.

Essa precariedade, com traços marcantes de amadorismo, pitadas ainda generosas de patrimonialismo, nepotismo e anacronismo, afeta a capacidade de as organizações públicas atingirem seus objetivos, produzindo consequências para toda a sociedade, especialmente para a parcela que mais depende dos serviços prestados pelo Estado. No setor público, em vez de lucros e dividendos, o cidadão, verdadeiro proprietário do empreendimento, quer resultados em termos de políticas públicas, esperando retorno efetivo dos tributos.

Isso cria um típico conflito de agência entre cidadão e governo, em que o cidadão, como ser principal, não tem certeza de que o gestor público, o agente, está maximizando o resultado esperado em termos de bens e serviços para a sociedade, gerando, assim, assimetria informacional. O cidadão financia o Estado, o que lhe dá, tal como o sócio de uma empresa privada, direito à informação e a resultados adequados.

Resultados adequados é o que a Constituição Federal exige como fundamento da gestão pública: legalidade, impessoalidade, moralidade, publicidade e eficiência.

Assim, não é suficiente cumprir leis e regulamentos e agir com integridade. É *imperativo atingir os objetivos* e fazê-lo buscando qualidade adequada dos bens e serviços ofertados, a partir dos recursos disponíveis, ao menor custo possível.

Como ilustra a Figura 1, o gestor público persegue a lógica dos 4 Es: economicidade, efetividade, eficácia e eficiência. A gestão de riscos é uma das ferramentas para ajudar nessa missão.

Figura 1 – O gestor público guia-se pelos 4 Es

Fonte: Adaptado de ISSAI 3.000/1.4, 2004, Diagrama de insumo-produto.

A literatura especializada sobre controles internos e gestão de riscos identifica clara correlação entre essa abordagem gerencial e a eficiência das organizações. A ISO 31000, por exemplo, defende que uma adequada gestão de riscos aumenta a possibilidade de atingir objetivos e melhora a eficácia e eficiência operacional. Assim, a eficiência proporcionada pela adoção da gestão de riscos e controles internos na entidade decorre da adequação entre riscos enfrentados e controles internos existentes para mitigá-los.

Organizações ao redor do mundo, inclusive do setor público em diversos países, vêm se adaptando ao ambiente de mudanças contínuas, vivenciado nos últimos anos, mediante a adoção de estruturas de governança e práticas administrativas fortemente voltadas para gerenciar riscos que possam impedir ou dificultar a realização de suas missões e o alcance de seus objetivos, estabelecendo estruturas de controle interno capazes de responder adequadamente aos riscos identificados e, assim, garantir razoável certeza quanto ao alcance de seus objetivos, à consecução de suas missões e, por conseguinte, à continuidade e sustentabilidade de seus negócios.

No Brasil, essa diretriz foi adotada no parágrafo único do art. 11 da Lei nº 14.133/2021, ao determinar que a alta administração do órgão ou entidade é responsável pela governança das contratações e *deve implementar* processos e estruturas, *inclusive de gestão de riscos* e controles internos, para avaliar, direcionar e monitorar os processos licitatórios e os respectivos contratos, com o intuito de alcançar os objetivos.

Consultando os julgados do Tribunal de Contas da União (TCU) de 2001 a 2021, encontramos 1.217 acórdãos tratando do tema "gestão de riscos", sendo 632 só nos últimos 5 anos, representando 52% do total.

Na página de relatórios de auditoria da Controladoria-Geral da União (CGU) na internet,[6] a busca por "gestão de riscos" retorna 1.382 registros em fevereiro de 2022, sendo 884 (64%) publicados nos últimos 5 anos.

Isso mostra o quanto a gestão de riscos tem se tornado central nos principais órgãos de controle do país. De forma cada vez mais frequente, TCU e CGU têm estimulado entidades públicas a adotarem processo sistemático de gerenciamento de riscos.

As instituições de auditoria percebem o gerenciamento de riscos como um processo fundamental para racionalizar a ação governamental, melhorar a tomada de decisão e avaliação de desempenho. A identificação, avaliação e tratamento de riscos de maneira lógica e sistemática proporcionam uma visão ampla do custo-benefício do controle interno, lidando com o futuro, suas incertezas e oportunidades.

Por isso, para os órgãos de controle, a gestão de riscos é uma "poderosa ferramenta" para os gestores públicos.

Foi sobre essa "poderosa ferramenta" que Paulo Capivara, prefeito de Pantanal do Norte, município fictício do interior de Mato Grosso, ouviu falar. E ouviu muito, porque o controlador-geral, João Coruja, não perdia uma oportunidade de tocar no assunto. Em toda reunião, encontro, relatório, nota de auditoria, até na pausa do cafezinho estava lá o João falando de riscos.

Tanta insistência deu resultado, especialmente depois de alguns casos graves de irregularidades e falhas na gestão municipal: merenda estragada, comida que os alunos detestavam, falta de medicamentos, desvio de combustível, carro oficial usado em festa

---

6 Disponível em: https://eaud.cgu.gov.br/relatorios.

particular, sumiço de processos, funcionários fantasmas, fraudes em licitação, excesso de carimbo, formulários inúteis em cinco vias. Todos casos em que o controlador-geral apontou fragilidades no gerenciamento de riscos.

Até que enfim, o prefeito se convenceu de que precisava agir para combater o desperdício e evitar que mais problemas acontecessem. Não adiantava só lamentar. Era preciso prevenir. E o controlador sempre dizia que a melhor forma de prevenção era atuar sobre as causas e os fatores de risco, melhorando os controles internos.

Controles internos?

Todo mundo, inclusive o prefeito, achava que "controle interno" era o nome do setor que João Coruja chefiava. Ele e os auditores José Onça e Gilberto Tuiuiu entravam em algum departamento e o comentário geral era "lá vem aquele pessoal do controle interno...".

Foi preciso certo esforço da controladoria municipal e muitos dedos de prosa, mas, por fim, o pessoal se convenceu de que controle interno é um mecanismo de enfrentamento de riscos, de responsabilidade dos gestores. Às vezes, é chamado de controle interno administrativo, controle interno da gestão ou controle interno primário para se diferenciar do controle interno avaliativo, a auditoria interna governamental.

Essa confusão acontecia em Pantanal do Norte e se repete em muitos lugares. Uma senha para entrar nos computadores é um controle interno. Uma etiqueta, um inventário e uma norma de registro no patrimônio, também. Um *checklist*, uma rotina de conferência, um sistema, um crachá, um manual, todos são controles internos instituídos pelos gestores para reduzir riscos, mesmo que eles não saibam disso.

A "controladoria" ou a "auditoria interna" não é responsável por esses mecanismos. Seu papel fundamental é avaliar se o controle instituído é adequado e se está efetivamente funcionando. E tudo isso tem a ver com a gestão de riscos. Controle interno é o principal mecanismo de gerenciamento de riscos. Ele existe para reduzir, transferir ou mitigar a ocorrência de um risco ou minimizar o seu impacto, caso ele venha a acontecer. Mas, para gerenciar riscos e implantar controles, é preciso ter estrutura adequada e processo de trabalho bem definido.

Sabendo disso, o prefeito de Pantanal do Norte decidiu instituir uma estrutura de gestão de riscos no município, ou seja, criou o comitê de gestão de riscos. Esse comitê ficou responsável por definir a política de gestão de riscos, fomentar a sua prática efetiva, monitorar a execução, estimular uma cultura de gestão de riscos na prefeitura, entre outras atividades.

Foi aí que a diretora de compras Maria Carcará, que já vinha pensando sobre o gerenciamento de riscos há algum tempo, decidiu tomar a dianteira, depois que dois casos graves haviam sido detectados em seu setor pela controladoria, acrescentados à lentidão e retrabalho frequentes que ela tinha identificado sozinha. Se era pra fazer a tal de gestão de riscos, Maria Carcará começaria logo, até porque o pessoal da controladoria alertou que a área de compras é um excelente lugar para começar esse processo nas organizações públicas.

Diante dos episódios desagradáveis – a necessidade de adotar novas práticas gerenciais para criar e proteger valor na área de licitação e a determinação superior para implantar a política de gestão de riscos –, a diretora decidiu começar por seu processo mais crítico: a licitação.

Problemas nessa área são recorrentes, especialmente em razão de especificações e pesquisas de preços deficientes, recursos e impugnações contra editais e contra os resultados, falta de dotação orçamentária, fraudes e conluios, entre outros. Sendo assim, a diretora entendeu que ali havia muitos riscos a serem gerenciados.

Depois de pegar o jeito com as licitações, Maria Carcará também atuou sobre os riscos dos contratos.

Seus colegas de outros departamentos da prefeitura também realizaram o mesmo processo. Os setores de gestão de pessoas, gestão financeira, gerenciamento de frotas, alimentação escolar, medicamentos, patrimônio e convênios identificaram, avaliaram e estabeleceram um plano de tratamento de riscos nas suas atividades mais relevantes.

Agora você, caro leitor, vai acompanhar passo a passo esse processo de mudanças na pujante e hospitaleira Pantanal do Norte, o que pode servir de exemplo para implantação da gestão de riscos em qualquer organização do setor público.

Tenha em mente que este livro traz exemplos de riscos de diversas atividades de uma organização, considerando entendimentos do Tribunal de Contas da União (TCU), da Controladoria-Geral da União (CGU) e a experiência dos autores. É uma referência na identificação dos riscos de um órgão específico. Porém, não pretende ser um conjunto exaustivo. Nem poderia, já que cada organização precisa identificar os seus próprios riscos, suas respectivas probabilidades e impactos. Esse é um dos princípio da gestão de riscos, ou seja, ela é personalizada, feita sob medida e leva em consideração fatores humanos e culturais da organização.

Sabendo disso, esperamos que o exemplo de Pantanal do Norte possa servir de ponto de partida para todos os gestores governamentais combaterem efetivamente o desperdício por meio da gestão de riscos, na busca por uma Administração Pública mais efetiva, íntegra, ágil e responsável.

Preparado? Vamos começar por conceitos...

CAPÍTULO 1

CONCEITOS BÁSICOS

Todas as organizações desempenham atividades administrativas para o cumprimento de seus objetivos institucionais. Essas organizações enfrentam fatores decorrentes dos ambientes interno e externo que tornam incerto se atingirão esses objetivos e quando isso ocorrerá. O efeito que essa incerteza provoca nos objetivos é chamado de "risco" (ABNT, 2018).

Todas as organizações gerenciam o risco em maior ou menor grau, mesmo que ainda não o façam de modo estruturado, sistematizado e oportuno. Isso acontece quando a organização identifica, avalia e trata os riscos, adotando controles internos da gestão ou simplesmente "controles internos". A implantação, o efetivo funcionamento e a avaliação dos controles internos decorrem de mandamento constitucional.

A finalidade desses controles é garantir que o poder público atue em estrita observância aos princípios da legalidade, da moralidade e da eficiência, almejando a conformidade dos atos da gestão, o alcance dos seus objetivos, a melhor qualidade dos serviços públicos prestados à população e a boa governança pública.

Para gerenciar riscos na Administração Pública, é preciso ter clareza dos conceitos de objetivos, riscos e controles, apresentados a seguir.

1.1 Objetivos

Para gerenciar risco, é preciso ter objetivos definidos. Em linhas gerais, objetivo é um fim que se quer atingir, um propósito que se deseja alcançar. De acordo com o COSO (*Committee of Sponsoring Organizations of the Treadway Commission*), entidade mundialmente reconhecida em gestão de riscos e controles internos:

> Os objetivos são fixados no âmbito estratégico, estabelecendo-se uma base para os objetivos operacionais, de comunicações (relatórios) e de conformidade. Toda organização enfrenta uma variedade de riscos oriundos de fontes internas e externas, sendo o estabelecimento de objetivos, condição prévia para a identificação de eventos, avaliação de riscos e resposta a riscos (COSO, 2006).

A definição de objetivos faz parte de nossas vidas, seja no âmbito pessoal, profissional ou nas relações sociais. Quando você planeja comprar uma casa, um carro, fazer uma faculdade, se casar, ter filhos, você está definindo objetivos, mesmo que não o faça de maneira formal, escrita ou sistematizada. Acontece naturalmente.

Assim como as pessoas, as organizações do setor público possuem objetivos, com a diferença de que costumam ser declarados, definidos e detalhados formalmente, em vários níveis: primeiro na Constituição, depois em leis, regulamentos, planos estratégicos, táticos e operacionais. Esses objetivos se desdobram em indicadores e metas, que representam o caminho e o destino que a organização percorre e persegue para atingir suas finalidades.

O objetivo primordial, entretanto, é um só: entregar valor à sociedade, promovendo o interesse público. Infelizmente, nem sempre isso é lembrado com a frequência e a intensidade merecidas.

Figura 2 – Definição de objetivos

O Ministério do Planejamento recomenda que uma gestão pública de excelência contemple a formulação e implementação da estratégia, pensando o futuro de modo integrado ao processo decisório (BRASIL, 2014).

Para o TCU, toda organização deve formular suas estratégias a partir de sua visão de futuro, da sua missão institucional e da análise dos ambientes interno e externo. As estratégias devem ser desdobradas em planos de ação. E faz parte do processo acompanhar a implementação dos planos, "oferecendo os meios necessários ao alcance dos objetivos institucionais e à maximização dos resultados" (BRASIL, 2014).

Nesse sentido, toda organização deve ter clareza de seus objetivos mais elevados. Assim, todos os colaboradores podem visualizar a contribuição dos resultados de seu trabalho para o resultado organizacional, bem como compreender de que forma pequenas e pontuais ações de controles internos, tomadas localmente, podem contribuir para a mitigação de riscos-chave em nível de entidade.

É buscando a excelência em cada pequena parte da engrenagem da organização que se garante o cumprimento da missão para a qual ela existe.

Quando os objetivos das áreas são estabelecidos de modo a maximizar suas contribuições para o resultado organizacional, pode-se dizer que conhecer os objetivos e prioridades da unidade em que se trabalha é tão ou mais importante do que estar informado sobre os objetivos estratégicos da organização.

Dessa forma, as entidades devem definir objetivos, podendo adotar as seguintes ações:

Figura 3 – Ações na definição dos objetivos

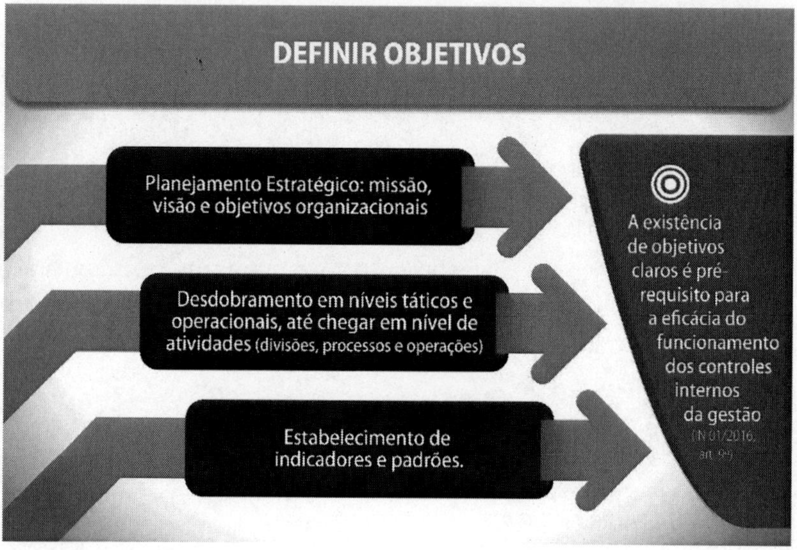

DEFINIR OBJETIVOS

Planejamento Estratégico: missão, visão e objetivos organizacionais

Desdobramento em níveis táticos e operacionais, até chegar em nível de atividades (divisões, processos e operações)

Estabelecimento de indicadores e padrões.

A existência de objetivos claros é pré-requisito para a eficácia do funcionamento dos controles internos da gestão

Fonte: Elaborado pelos autores.

Além disso, a organização deve acompanhar o cumprimento dos objetivos, dos indicadores, das metas e dos resultados alcançados, com medidas de aperfeiçoamento eventualmente estabelecidas para a melhoria dos resultados.

Sobre o último ponto, é importante que a entidade divulgue os indicadores, metas e resultados esperados entre servidores, usuários do serviço público e sociedade em geral, de modo a propiciar o gerenciamento das ações implementadas e estimular o exercício do saudável e necessário controle social.

A jurisprudência do TCU é pacífica quanto à importância do planejamento estratégico (Acórdãos nº 1.521/2003, 1.558/2003, 2.094/2004, 786/2006, 1.603/2008 e 2.585/2012, todos de Plenário).

Como exemplo, transcrevemos trecho do Acórdão nº 1.233/2012 –Plenário:

[...] 9.1.1 em atenção Decreto-Lei nº 200/1967, art. 6º, inciso I, e art. 7º, normatize a obrigatoriedade de que todos os entes sob sua jurisdição estabeleçam processo de planejamento estratégico institucional, observando as boas práticas sobre o tema, a exemplo do critério de avaliação 2 do Gespública, contemplando, pelo menos:
9.1.1.1 Elaboração, com participação de representantes dos diversos setores da organização, de um documento que materialize o plano estratégico institucional de longo prazo, contemplando, pelo menos, objetivos, indicadores e metas para a organização;
9.1.1.2 Aprovação, pela mais alta autoridade da organização, do plano estratégico institucional;
9.1.1.3 Desdobramento do plano estratégico pelas unidades executoras;
9.1.1.4 Divulgação do plano estratégico institucional para conhecimento dos cidadãos brasileiros, exceto nos aspectos formalmente declarados sigilosos ou restritos;
9.1.1.5 Acompanhamento periódico do alcance das metas estabelecidas, para correção de desvios;
9.1.1.6 Divulgação interna e externa do alcance das metas, ou dos motivos de não as ter alcançado. [...]

Além da jurisprudência do TCU, diversos normativos estabelecem diretrizes para o planejamento estratégico e avaliação institucional, tais como a Resolução CNJ nº 198/2014 e o Decreto nº 7.133/2010.

Destaca-se, ainda, que o Tribunal de Contas do Estado de Mato Grosso (TCE/MT) instituiu em 2012 o Programa de Desenvolvimento Institucional Integrado (PDI) com o objetivo de disseminar a cultura de *planejamento estratégico* nos jurisdicionados, por meio do fornecimento de ferramentas tecnológicas e orientação técnica das equipes municipais e estaduais, para a sua elaboração, execução, acompanhamento e avaliação, estimulando, assim, o desenvolvimento institucional e melhoria da qualidade dos serviços prestados pelas organizações públicas de Mato Grosso.

Como exemplos de objetivos em atividades específicas do setor público, podemos citar a licitação, que visa assegurar a seleção da proposta apta a gerar o resultado de contratação mais vantajoso para a Administração Pública; assegurar tratamento isonômico entre os licitantes, bem como a justa competição; evitar contratações com sobrepreço ou com preços manifestamente inexequíveis e superfaturamento na execução dos contratos; e incentivar a inovação e o desenvolvimento nacional sustentável (art. 11º da Lei nº 14.133/2021).

Na alimentação escolar, o programa tem como objetivo promover o crescimento, desenvolvimento e aprendizagem, bem como melhorar o rendimento escolar e a formação de práticas alimentares saudáveis nos alunos. Não se trata, portanto, de "fornecer comida aos alunos".

Já a assistência farmacêutica preza pelo uso racional dos medicamentos, levando à melhor qualidade de vida. Veja que o objetivo não é simplesmente "entregar remédio ao cidadão". Vai muito além disso.

No entanto, conhecer os objetivos e onde se quer chegar, embora fundamental, não garante o sucesso empreitada. É o primeiro passo. Para que os resultados apareçam, é preciso que haja execução adequada, com o devido acompanhamento e gerenciamento dos *riscos* que podem impactar os objetivos.

Riscos, o que é isso? É sobre esse assunto que vamos tratar no próximo tópico.

1.2 Riscos

Na obra *Desafio aos Deuses: a fascinante história do risco*, Bernstein (1997) destaca o fator que distingue a pré-história dos tempos modernos. Para o autor, não é o progresso da ciência, nem a tecnologia, nem o capitalismo ou a democracia. A verdadeira diferença estaria na capacidade de administrar os riscos:

> A idéia revolucionária que define a fronteira entre os tempos modernos e o passado é o *domínio do risco*: a noção que o futuro é mais que um capricho dos deuses e de que homens e mulheres não são passivos ante a natureza. Até os seres humanos descobrirem como transpor essa fronteira, o futuro era um espelho do passado ou o domínio obscuro de oráculos e adivinhos que detinham o monopólio sobre o conhecimento dos eventos previstos (Grifos nossos).

Para Bernstein, economista e professor consagrado de Harvard, ao compreender o risco, medi-lo e avaliar suas consequências, o homem converteu o ato de correr riscos em um dos *principais catalisadores* que impelem a sociedade ocidental moderna.

Sem domínio da teoria das probabilidades e outros instrumentos de gestão do risco, os engenheiros jamais teriam projetado grandes pontes, os lares ainda seriam aquecidos por lareiras ou fogareiros, as usinas elétricas não existiriam, não haveria aviões e as viagens espaciais seriam apenas um sonho.

Sem os seguros em suas múltiplas variedades, a morte do pai de família reduziria os filhos jovens à penúria ou caridade, a assistência médica seria possível a um número reduzido de pessoas e somente os ricos teriam casa própria. Se os agricultores não pudessem vender suas safras a um preço estabelecido antes da colheita, produziriam muito menos alimento.

Conviver com o risco é um velho dilema da sociedade: "Proteger-se contra todos os riscos é impossível, porque qualquer oportunidade invariavelmente acarreta riscos". É o que afirma Aaron Wildavsky (1979, p. 32):

> O risco é uma precondição essencial para o desenvolvimento humano; se parássemos de assumir riscos, inovações técnicas e sociais necessárias para solucionar muitos dos problemas mundiais desapareceriam. De fato, muitos dos riscos existentes na sociedade moderna resultam de benefícios gerados por inovações sociais e tecnológicas. Por outro lado, a imprudência insensata também não é uma boa idéia. Em vez disso, precisamos definir um caminho intermediário no qual o acaso – com suas incertezas e ambigüidades inerentes – seja levado em consideração de maneira objetiva, racional e eficiente.

Em 1921, o economista Frank Knight observou, de forma pioneira, que risco e incerteza são manifestações da aleatoriedade, associadas a situações de escolha. Diferenciava incerteza mensurável, o risco propriamente dito, da incerteza não mensurável (BERGAMINI JUNIOR, 2005). Essa distinção é fundamental nas tomadas de decisão sob condições de incerteza: nem toda incerteza merece tratamento.

Assim, *riscos são eventos incertos* ocorridos na prática da operação das organizações e que impactam seus objetivos, e *não qualquer coisa que pode acontecer ou dar errado.*

Podem ser destacados como riscos no setor público situações como falta de medicamentos, falhas nos serviços prestados, diminuição do crescimento econômico, demanda de serviço maior que a oferta, atraso nos cronogramas dos projetos, queda na arrecadação, descontinuidade administrativa, restrição indevida de uma licitação, pagamento por serviços não prestados, desvios de recursos, sobrepreço, superfaturamento, conluio entre licitantes, fraudes, evasão escolar, etc. Eventos incertos, porém mensuráveis, que merecem tratamento.

Por outro lado, eventos de ocorrência improvável, ainda que possível, como *tsunamis*, terremotos, guerras, atentados terroristas, pandemias e epidemias, devem ser foco de técnicas com melhor poder preditivo, e não objetos específicos de gerenciamento de riscos.

Com base nessa perspectiva, estabeleceu-se uma definição formal para risco. Para a ISO 31000/2018, por exemplo, "risco é o efeito da incerteza nos objetivos".

No Brasil, o Tribunal de Contas da União definiu risco como "a possibilidade de algo acontecer e ter impacto nos objetivos, sendo medido em termos de consequências e probabilidades" (art. 1º, V, da Instrução Normativa TCU nº 63/2010).

Esse conceito é muito similar ao adotado na Instrução Normativa Conjunta CGU/MP nº 01/2016, trocando-se "algo" por "evento" e "consequências" por "impactos".

Figura 4 – Definição normativa de risco

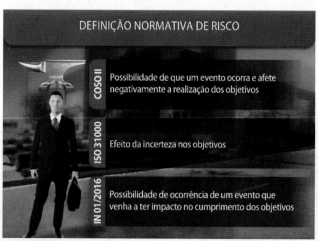

Fonte: Elaborado pelos autores.

Ficou fácil perceber que os riscos permeiam toda a nossa vida e que os enfrentamos o tempo todo, em qualquer atividade na vida pessoal, profissional ou no dia a dia das organizações. Não dá para viver sem riscos. O desafio é lidar com os riscos de forma consciente, sistemática e equilibrada.

E qual é a principal classificação de risco definida pelos modelos de referência?

1.2.1 Classificação de risco

Para o modelo de referência COSO ERM (Gerenciamento de Riscos Corporativos), há dois tipos de risco: inerente e residual. Risco inerente é o que existe independentemente de controles para sua mitigação; residual é o risco que permanece após a resposta da administração (COSO, 2006).

A figura a seguir exemplifica muito bem essa classificação:

Figura 5 – Classificação do risco

Fonte: Elaborado pelos autores a partir dos preceitos do COSO ERM.

O entendimento conceitual dessa classificação é fundamental para o adequado gerenciamento de riscos. Quando se deseja medir a efetividade da estrutura de controle existente, realiza-se a avaliação do risco inerente e residual, permitindo a identificação de possíveis falhas ou excessos na estrutura de controles internos – por exemplo, se existem muitos ou dispendiosos controles para mitigar um risco que inerentemente já é baixo.

É o caso de uma organização que decide investir pesado para mitigar o risco de segurança de pessoas, bens e informações. Para isso, ela decide contratar diversos postos de vigilância armada, investe em porta giratória com detector de metal, catracas, sensores e instala circuito interno de TV por todo o prédio.

Entretanto, se poucas pessoas visitam essa organização, se a entidade não trabalha com informações sigilosas ou não possui bens de grande valor, o risco de violação da segurança pode ser muito baixo, e os controles instituídos podem estar em excesso, representando desperdício de tempo e recursos. Uma adequada gestão de riscos resultará na eliminação de controles desnecessários, sem expor a organização a riscos indesejados.

Imagine que em Pantanal do Norte haja um depósito de bens inservíveis, ou seja, coisas que não se usam mais e que ninguém teve tempo ou disposição para se desfazer. Digamos que todo esse patrimônio seja avaliado em R$1 mil. Agora imagine que se decida contratar vigilância ininterrupta do depósito para proteger tais bens e que para isso sejam gastos R$10 mil por mês.

O que você diria desse controle em relação ao risco? O que um cidadão, se soubesse disso, diria do uso do dinheiro suado que ele investiu no governo municipal? Se você fosse o dono de uma empresa e o seu gerente tomasse essa decisão, como você reagiria ao destino que o seu dinheiro está tomando?

Se você parou para refletir sobre isso, deve estar entendendo por que estamos chamando este livro de "como combater o desperdício". *Controlar bem não é o mesmo que controlar muito.*

Outra situação que justifica medir a efetividade da estrutura de controle existente ocorre quando o controle implementado não está funcionando efetivamente para mitigar determinado risco priorizado. Nesse caso, a organização precisa aprimorar ou implementar novos controles, pois o controle existente não está cumprindo seu papel de reduzir o risco.

Imagine que aquele depósito passou a abrigar medicamentos, que o estoque ali dentro valha R$1 milhão e que haja apenas uma câmera de vigilância, cujo gravador está estragado, servindo de proteção a esse patrimônio.

E agora, como você se sentiria em relação aos riscos? Protegido? Confortável? Preocupado? Desesperado? Bem-vindo ao mundo da gestão de riscos.

E já que estamos falando sobre controles internos, vamos conhecer as principais definições apresentadas para esse tema?

1.3 Controles internos

Controle interno é qualquer medida instituída intencionalmente para modificar o risco. Na vida pessoal, por exemplo, adotamos diversos controles: para evitar atrasos, utilizamos o despertador para acordar; para não errar o caminho ou se perder, usamos o GPS; ao atravessar a rua, olhamos para os lados. Ser atropelado é um risco ao seu grande objetivo de continuar vivo e ser feliz. Mesmo insconscientemente, de modo intuitivo, até por reflexo ou por hábito, adotamos controles para mitigar riscos.

Essas ações instituídas para evitar que os riscos se materializem ou para mitigar seus efeitos são chamadas de controle interno.

Com a publicação do Modelo COSO I – Controle Interno – Estrutura Integrada, em 1992, o nível de abrangência dos controles internos foi ampliado, constituindo um processo, implementado pela alta administração, envolvendo diretores, gerentes e funcionários, com a finalidade de prover razoável garantia quanto à realização dos objetivos, nas seguintes categorias:

i) conceder efetividade e eficiência às operações;

ii) obter confiabilidade no processo de comunicação, especialmente por meio das demonstrações contábeis; e

iii) assegurar a conformidade com as leis e os regulamentos.

As Diretrizes Internacionais para as Normas de Controle Interno do Setor Público adotaram definição similar:

Controle Interno é um processo integrado efetuado pela direção e corpo de funcionários, estruturado para enfrentar os riscos e fornecer razoável segurança de que na consecução da missão da entidade os seguintes objetivos gerais serão alcançados: – execução ordenada, ética, econômica, eficiente e eficaz das operações; – cumprimento das obrigações de *accountability*; – cumprimento das leis e regulamentos aplicáveis; – salvaguarda dos recursos para evitar perdas, mau uso e dano (INTOSAI, 2004).

De igual modo, em suas Normas de Auditoria, o TCU reviu sua definição de controle interno, adotando a seguinte:

Processo efetuado pela administração e por todo o corpo funcional, integrado ao processo de gestão *em todas as áreas e todos os níveis* de órgãos e entidades públicos, estruturado *para enfrentar riscos e fornecer razoável segurança* de que, na consecução da missão, dos objetivos e das metas institucionais, os princípios constitucionais da administração pública serão obedecidos e os seguintes objetivos gerais de controle serão atendidos:
– eficiência, eficácia e efetividade operacional, mediante execução ordenada, ética e econômica das operações;
– integridade e confiabilidade da informação produzida e sua disponibilidade para a tomada de decisões e para o cumprimento de obrigações de *accountability*;
– conformidade com leis e regulamentos aplicáveis, incluindo normas, políticas, programas, planos e procedimentos de governo e da própria instituição;
– adequada salvaguarda e proteção de bens, ativos e recursos públicos contra desperdício, perda, mau uso, dano, utilização não autorizada ou apropriação indevida.

Ainda está muito teórico. É possível dar um exemplo? Vamos lá.

Suponha que a prefeitura de Pantanal do Norte tenha realizado licitação a fim de adquirir medicamentos para distribuição à população. As atividades desenvolvidas seriam as seguintes:

Figura 5 – Etapas de um processo de aquisição de medicamentos

Etapa 1 – prefeitura faz pregão para registro de preços de medicamentos; ao final, vencedores assinam a ata de registro de preços com as condições predefinidas.

Etapa 2 – para repor os estoques, o *farmacêutico* responsável pelo almoxarifado central envia memorando à Secretaria de Saúde, encarregada pelo gerenciamento da ata, com a relação dos produtos necessários.

Etapa 3 – servidor responsável pelo gerenciamento da ata envia "ordem de fornecimento" ou "nota de empenho" para o fornecedor, com a quantidade pretendida e condições de entrega.

Etapa 4 – fornecedor envia produtos, recebidos por comissão de servidores; após a conferência de quantidades, especificações, marca, validade, comissão "atesta" a Nota Fiscal.

Etapa 5 – fornecedor envia NF atestada à Secretaria de Saúde. Com a requisição, ordem de fornecimento, empenho e NF, abre-se um processo de pagamento; consulta-se a regularidade fiscal da empresa e anexa-se o resultado ao processo de pagamento.

Etapa 6 – se tudo estiver bem, o pagamento é autorizado pelo gestor financeiro e pelo ordenador de despesa, emitindo a ordem de pagamento para quitação da obrigação.

Com esse exemplo, vamos agora explicar cada parte da definição de controles internos.

1.3.1 Processo integrado

O controle interno não é apenas um documento, uma norma, um sistema, um registro, um fato ou uma circunstância isolada. É um conjunto de ações interligadas que permeiam todas as atividades, todas as operações, de modo contínuo e coerente (BRASIL, 2012). Diversos procedimentos integrados de controle foram executados em nosso exemplo, dentre os quais podemos destacar: a solicitação pelo almoxarifado central; a notificação da empresa para entrega dos medicamentos; o recebimento dos produtos pela comissão, conferindo as condições de entrega; a conferência da regularidade fiscal e o processamento do pagamento.

1.3.2 Executado por pessoas

Controle interno não se refere apenas a implantar manual de políticas e procedimentos, sistemas e formulários, mas diz respeito, principalmente, às pessoas e às ações que elas tomam em cada nível da organização para executar suas tarefas. Nenhum manual, checklist ou sistema informatizado substitui as pessoas (BRASIL, 2012).

No exemplo, quem emite a demanda (etapa 2), notifica o fornecedor (etapa 3), recebe os produtos (etapa 4) e efetua o pagamento (etapa 6) são servidores da prefeitura. Dessa forma, todos em uma organização executam controles internos, implicando que esses controles são diretamente afetados pela natureza humana.

1.3.3 Auxilia o alcance dos objetivos

Já vimos que controles internos são conduzidos para atingir objetivos em uma ou mais categorias – estratégica, operacional, comunicação e conformidade –, podendo ser objetivos fixados para toda a organização ou estabelecidos para atividades, processos ou operações específicas.

Em nosso exemplo, os controles internos auxiliam, entre outros, os seguintes objetivos da atividade de aquisição de medicamentos:

a) assegurar que as demandas sejam elaboradas após estudos técnicos preliminares e analisadas e aprovadas pela autoridade competente;
b) garantir que o fornecedor tenha sido selecionado, respeitando a isonomia e a proposta mais vantajosa;
c) permitir que o pedido de compra seja adequado às necessidades;
d) garantir que o fornecedor atenda ao pedido de compra no tempo e conforme as condições esperadas;
e) assegurar que o fornecedor receba o pagamento no prazo acordado, desde que tenha cumprido suas obrigações.

1.3.4 Oferece segurança razoável

O controle interno é capaz de proporcionar segurança razoável, mas nunca absoluta, para a estrutura de governança e alta administração de uma entidade governamental. Não importa quão bem planejado ou executado seja, o controle interno não pode dar segurança ilimitada à organização em relação ao alcance dos objetivos e à mitigação de todos os riscos existentes nas atividades (BRASIL, 2012).

A nova definição adotada pelo TCU, alinhada ao conceito do COSO e INTOSAI, apresenta alguns elementos fundamentais para o controle interno, mencionando tanto a "segurança razoável" quanto a consecução dos objetivos.

A segurança razoável reflete a noção sobre a incerteza e os riscos futuros que não podem ser previstos e controlados de forma absoluta. Existem fatores que estão fora do controle ou da influência da organização e que podem afetar sua capacidade de alcançar os objetivos.

As limitações decorrem também do julgamento humano, passível de erro ou engano; ninguém é capaz de prever, com exatidão, o futuro; a administração lida com incertezas que nem sempre estão sob seu domínio; controles podem ser suprimidos por agentes mal-intencionados, geralmente em conluio; gestores, com objetivos obscuros, podem anular controles; descuido, cansaço físico, distração.

Essas limitações impedem que a alta administração, servidores e sociedade em geral tenham certeza absoluta sobre o alcance dos objetivos (BRASIL, 2012).

Um exemplo bem claro disso aconteceu com a Petrobras. Mesmo tendo um dos mais elevados níveis de governança, a Operação Lava Jato, iniciada em 2014, revelou fraquezas materiais que evidenciaram que os controles internos sobre os relatórios financeiros não foram efetivos, levando a empresa de auditoria PricewaterhouseCoopers (PwC) a se recusar a referendar o balanço patrimonial da companhia referente ao ano de 2014.

Dessa forma, para implementar controles internos em uma organização é preciso primeiro estabelecer *objetivos*, identificar e avaliar os *riscos* e tratá-los, definindo quais devem ser modificados por alguma forma de *controle*.

Essa trinca "objetivo, risco e controle" fica mais fácil de entender com uma imagem:

Figura 7 – Relação entre objetivos, riscos e controles

Se você ainda tem dúvidas de que esse negócio de controles internos é importante, que tal saber que uma pesquisa sobre *fraude no Brasil* constatou que, para os empresários do setor privado, o que mais facilita a fraude são sistemas de controles internos insuficientes? Os mesmos empresários acham que a vacina para a fraude é melhorar os controles internos.

Figura 8 – Medidas indicadas para evitar fraude

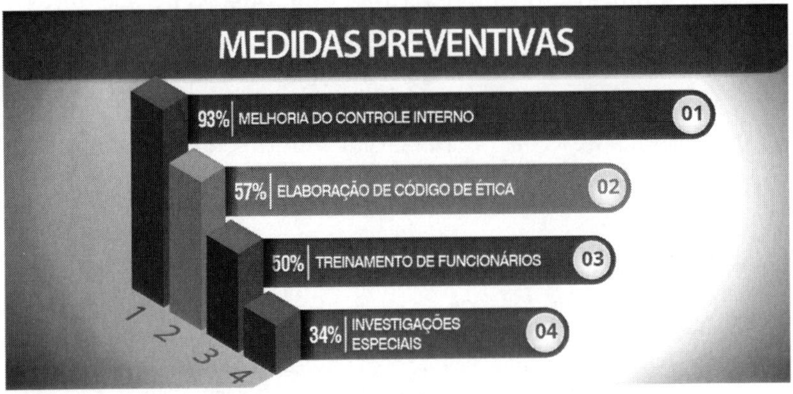

MEDIDAS PREVENTIVAS

93% MELHORIA DO CONTROLE INTERNO 01

57% ELABORAÇÃO DE CÓDIGO DE ÉTICA 02

50% TREINAMENTO DE FUNCIONÁRIOS 03

34% INVESTIGAÇÕES ESPECIAIS 04

Fonte: KPMG, 2009.

Agora que conhecemos a trindade "objetivo, risco e controle", está na hora de conceituar a mistura.

1.4 Gestão de riscos

Existem duas maneiras de lidar com riscos: ser surpreendido por eventos que podem impactar adversamente o alcance dos objetivos da organização e então reagir a eles, o que caracteriza a cultura de "apagar incêndios"; ou antecipar-se a eles, adotando medidas conscientes que mantenham ou reduzam a probabilidade ou o impacto dos eventos nos objetivos. Apenas a segunda maneira pode ser chamada de gestão de riscos (TCU, 2018).

Qualquer organização, seja ela pública ou privada, existe para atender às necessidades e expectativas das partes interessadas, ou seja, todas as pessoas afetadas, direta ou indiretamente, pelas atividades da organização.

No caso do setor público, atender expectativas de servidores públicos, organizações públicas, instituições privadas, cidadãos, grupos de interesse, associações e da sociedade como um todo visa aprimorar relações de qualidade e assegurar o desenvolvimento da organização.

Todas as organizações enfrentam incertezas, e o desafio de seus administradores é determinar até que ponto aceitar essa incerteza, assim como definir como essa incerteza pode interferir no esforço para gerar valor às partes interessadas (COSO, 2006).

A gestão de riscos corporativos diz respeito aos riscos e às oportunidades de criar ou preservar valor, sendo definida pelo COSO da seguinte forma:

> O gerenciamento de riscos corporativos é o processo conduzido em uma organização pelo Conselho de Administração, pela diretoria executiva e pelos demais funcionários, aplicado no estabelecimento de estratégias formuladas para identificar, em toda a organização, eventos em potencial, capazes de afetar a referida organização, e administrar os riscos para mantê-los compatíveis com o seu apetite a risco e possibilitar garantia razoável de cumprimento dos objetivos da entidade (COSO, 2006).

Para a INTOSAI, lidar com as incertezas é fundamental para prestar serviços de qualidade:

> O objetivo da gestão de riscos nas entidades é permitir a administração lidar de modo eficaz com a incerteza e seus riscos e oportunidades associados, reforçando a capacidade de criar valor, para oferecer serviços mais eficientes, eficazes e econômicos, e para orientá-las tendo em conta valores como equidade e justiça (INTOSAI, 2007).

Na esteira dessas definições legais, a gestão de risco, em qualquer dos modelos adotados nos setores público e privado, nacional e internacional (COSO ERM, ISO 31000/2018), é abordagem que privilegia o alcance de resultados.

Ao buscar o gerenciamento dos riscos por meio de controles internos adequados, proporcionais aos riscos, o efeito será maior segurança de que os resultados serão atingidos, o que significa maior eficácia da atuação do gestor governamental.

Aumentar a segurança das operações, reduzir incertezas e ampliar a chance de atingir os resultados é, sobretudo, combater o desperdício, seja de esforços, recursos, dinheiro ou tempo. Menos desperdício representa mais entrega para a sociedade.

A gestão de riscos contribui para a boa governança corporativa ao aumentar a chance de que os resultados pretendidos sejam atingidos. De fato, o processo de gestão de riscos desenvolve o ambiente de controle, o qual, por sua vez, fornece maior garantia de que os objetivos organizacionais sejam alcancados dentro de um grau aceitável de risco residual (KNIGHT, 2003). Além disso, baseado em experiências globais no mercado de gestão de projetos, a gestão adequada dos riscos pode reduzir em até 20% os custos de um projeto (MULCAHY, 2010).

Segundo a ISO 31000/2018, a gestão de riscos pode ser aplicada a toda uma organização, em suas várias áreas e níveis, a qualquer momento, bem como a funções, atividades e projetos específicos.

Em alguns países, a gestão de riscos já é prática consolidada no setor público há bastante tempo. A Secretaria do Tesouro do Canadá adotou oficialmente modelo de gestão de riscos em 2001, o qual vinha sendo a referência na Administração direta daquele país. Em 2010, promoveu revisão ampla do tema e editou novos documentos de referência (*Framework for the Management of Risk*), mas mantendo a continuidade da adoção da gestão de riscos no setor público canadense (Acórdão TCU nº 2.467/2013 – Plenário).

O Reino Unido também tem adotado gestão de riscos no setor público há alguns anos por meio da ferramenta voltada para a avaliação da gestão de risco nos diversos setores do governo (*Risk Management assessment framework: a tool for departments*).

Nos EUA, o escritório de *accountability* governamental publicou a ferramenta de gestão e avaliação de controle interno (GAO, 2001) com o objetivo de auxiliar os órgãos governamentais daquele país a manter e implementar um controle interno efetivo e, quando necessário, ajudá-los a determinar o que, onde e como melhorias podem ser implementadas. Embora seja voltado para controle interno, esta é uma das principais formas de gerenciar riscos (BRASIL, 2013). Entidades como o Banco Mundial, BID e INTOSAI adotam o modelo COSO como referencial para gestão de riscos.

No Brasil, até maio de 2016, não havia aplicação de uma abordagem de controles internos de forma estruturada, sistemática e disciplinada.

Seguindo recomendações do TCU, a CGU e o Ministério do Planejamento determinaram uma série de medidas para a sistematização de práticas relacionadas à gestão de riscos, controles internos e governança, por meio da edição da Instrução Normativa Conjunta CGU/MP nº 01/2016, definindo que o modelo de avaliação de controles internos e gestão de riscos implementado na Administração Pública federal tem como base os princípios e a estrutura estabelecidos pelo COSO 2013. Nessa mesma linha é o Decreto Federal nº 9.203/2017, que estabelece a política de governança no Poder Executivo federal.

A IN CGU/MP nº 01/2016 exigiu que cada órgão e entidade do Poder Executivo federal instituísse, até maio de 2017, sua própria política de gestão de riscos. Também foi determinada a criação de comitê de governança, riscos e controles em cada organização federal.

Esse comitê deve ser composto pelo dirigente máximo e pelos gestores das unidades a ele diretamente subordinados, ou seja, pela alta administração da organização. A obrigatoriedade de se constituir um comitê de governança decorre também do Decreto Federal nº 9.203/2017.

Esse comitê deve ser responsável por: aprovar a política de gestão de riscos; institucionalizar estruturas adequadas de governança, gestão de riscos e controles internos; promover o desenvolvimento contínuo dos agentes públicos; e incentivar a adoção de boas práticas de governança, de gestão de riscos e de controles internos.

Embora essa normatização seja de aplicação obrigatória apenas ao Poder Executivo federal, nada impede que estados, municípios e outras instâncias governamentais passem a dispor de um modelo referencial para implantação e avaliação de gestão de riscos e controles internos em suas unidades. Basta os dirigentes se convencerem que essa é uma medida relevante para melhorar os resultados e modernização das práticas e ferramentas de controle interno.

Aliás, foi o que aconteceu no Distrito Federal, com o Decreto nº 37.302, de 29 de abril de 2016, estabelecendo os modelos de boas práticas gerenciais em gestão de riscos e controle interno na Administração Pública distrital.

Em Pernambuco, o Decreto nº 46.855, de 7 de dezembro de 2018, instituiu a política de governança da Administração Pública estadual.

Outros estados, como Rondônia, Minas Gerais, Goiás e Ceará, têm criado legislação própria, buscando instilar nas estruturas de governo locais as diretrizes da boa governança, gestão de riscos e cultura da integridade, o que demonstra a tendência de crescimento e generalização desses conceitos na gestão pública brasileira. Entretanto, o caminho para a excelência ainda é longo. Em 2013, o TCU (Acórdão nº 2.467/2013 – Plenário) avaliou o nível de maturidade da gestão de riscos nas empresas estatais e agências reguladoras federais. O objetivo era construir e divulgar indicador que estimulasse o aperfeiçoamento da gestão de riscos no setor público e que fornecesse subsídios para planejamento das suas ações de controle.

Como resultado, o levantamento permitiu identificar o índice de maturidade da gestão de riscos das entidades da Administração Federal Indireta.

Mesmo o setor financeiro, que tem o risco como essência do seu negócio, não andava tão bem, alcançando apenas 65% de maturidade em gestão de riscos.

E se a coisa andava fraca para as estatais e agências reguladoras em 2013, cinco anos depois encontraram-se as universidades federais em situação ainda menos avançada. Ao pesquisar 60 instituições em junho de 2018, Bruno Affonso apontou que 24% delas ainda não tinham instituído o comitê de governança, riscos e controles previsto na Instrução Normativa Conjunta MP/CGU nº 01/2016 e apenas 38% tinham implantado política de gestão de riscos. O autor concluiu que apenas 15% das universidades federais haviam cumprido a norma na forma e no prazo estabelecidos (AFFONSO, 2018).

Avaliação mais recente analisou a implantação de mecanismos de governança e de gestão de riscos em um órgão federal, com volumoso orçamento para obras, mostrando esforços para atender aos normativos, sem mudança efetiva na instituição. Instrumentos, apesar de existirem formalmente, não foram efetivamente implementados, praticamente sem disseminação no corpo funcional. O autor observou que publicar uma "política de gestão de riscos" ou um "plano de integridade" não resolve, por si, as dificuldades enfrentadas pelos servidores (ESPÍNOLA, 2021).

Outro estudo avaliou contratações de informática (TIC) em órgãos federais. Constatou-se baixa efetividade da gestão de riscos nos processos de aquisição de bens e serviços de TIC, principalmente nas fases da seleção do fornecedor e gestão contratual (VENTURELLI, 2021).

Também na área de compras de TIC, outro estudo apontou dificuldades pelas quais a *maioria das informações sobre a gestão de riscos em aquisições de TIC não estava visível para todos*, como monitoramento, controle, registro e relato de riscos *no decorrer da execução das fases do processo de aquisição*. Foram identificadas várias *causas para a dificuldade em gerir riscos* nas aquisições de TIC, incluindo: *pessoas:* indefinição de papéis, responsabilidades e rotinas de trabalho; *processos:* indefinição de como as atividades devem ser realizadas; *organização:* falta de padronização de atividades; *tecnologia:* falta de sistematização; *legislação:* falta de detalhamento; *comunicação:* falta de transparência e clareza dos documentos (CARDOSO; ALVES, 2020).

Figura 8-A – Causas-raiz para dificuldades em gerir riscos em aquisições de TIC

Fonte: Cardoso e Alves (2020).

Esses diagnósticos evidenciam que a gestão de riscos ainda é muito incipiente na Administração Pública brasileira, havendo necessidade de aperfeiçoamento, fato que possibilitará benefícios para a sociedade em geral, tanto em termos de melhorias qualitativas nos serviços públicos prestados aos cidadãos quanto na garantia da boa e regular aplicação dos recursos públicos.

Foi pensando nisso que o controlador-geral de Pantanal do Norte, João Coruja, insistiu tanto para que o prefeito Paulo Capivara entendesse os conceitos básicos de objetivo, risco e controle e o poder que a sua gestão apropriada tem de ampliar as chances de sucesso das políticas públicas.

Ao ler os manuais do TCU, a norma da CGU e os livros de referência no tema, João Coruja primeiro se convenceu de que o risco é uma variável fundamental na equação de qualquer empreendimento. Ignorado, acontece e causa danos o tempo todo. E quem está despreparado costuma culpar o destino, o azar, chamar de fatalidade, acaso ou tragédia, o que, na verdade, em muitos casos, poderia ser evitado ou pelo menos ter seus efeitos reduzidos.

Depois que se convenceu, o controlador municipal adotou outra postura em sua rotina de trabalho. Suas auditorias, planos, projetos e atividades passaram a ser executados com o olhar voltado, inicialmente, para os objetivos, os resultados esperados e as ações necessárias para seu atingimento. Em paralelo, João mantinha o olho vivo nos eventos incertos que poderiam atrapalhar, impedir ou dificultar os objetivos, bem como em quais desses eventos valia a pena controlar e em quais era melhor aceitar.

João percebeu que aquilo ajudava bastante a melhorar seus resultados e os da sua equipe. Ele se antecipava a armadilhas, tomava medidas preventivas e preparava alguns mecanismos compensatórios em caso de os riscos acontecerem. Além disso e principalmente, avaliava sistematicamente o que controlar e o que deixar pra lá, porque sabia que os controles devem ser proporcionais ao risco.

Com essa cultura de riscos incorporada à sua própria rotina, João saiu tentando disseminar a ideia na prefeitura. Para isso, ele usou o que aprendeu antes: os modelos de referência para implementação da gestão de riscos nas organizações. Que tal conhecê-los também?

CAPÍTULO 2

MODELOS DE REFERÊNCIA

Os "modelos de referência" são mundialmente conhecidos como estruturas, padrões ou *frameworks*. Essas nomenclaturas são comumente utilizadas para fazer alusão às construções teóricas elaboradas por diversas organizações internacionais, sobretudo na área de gestão de riscos e controles internos que as entidades podem adotar para implantação e avaliação de gestão de riscos.

Esses *frameworks* de gestão de riscos consolidam um conjunto de técnicas, atividades e boas práticas que efetivamente contribuem para o processo de gestão de riscos, contemplando as atividades de identificação, avaliação, tratamento, monitoramento e comunicação dos riscos corporativos.

Como já explicado, a principal abordagem no tratamento dos riscos decorre da implantação de controles internos. Entretanto, se essa implantação não observar as orientações presentes nos modelos de referência consagrados mundialmente, as organizações podem estruturar um conjunto de controles puramente formais, burocráticos, cujo custo econômico e social seja evidentemente superior ao risco, passando a impressão da existência de um eficaz sistema de gerenciamento de riscos, quando, na verdade, não garante efetivamente os benefícios esperados, resultando, assim, em desperdício de tempo e recursos.

Dessa forma, os principais modelos de referência em gestão de riscos utilizados pelas organizações são: ISO 31000/2018 e COSO ERM (*Enterprise Risk Management*).

Apresentamos a seguir as principais características de cada modelo.

2.1 ISO 31000/2018

A abordagem descrita na ISO 31000 propõe-se a fornecer princípios e diretrizes para gerenciar qualquer forma de risco de uma maneira sistemática, transparente e confiável, dentro de qualquer escopo e contexto.

A norma indica que convém que o processo de gestão de riscos seja parte integrante da gestão, seja incorporado na cultura e nas práticas da organização, seja adaptado aos processos de negócio.

Entre outros benefícios, o referencial tem por finalidade ajudar a organização a aumentar a probabilidade de atingir seus objetivos, melhorar sua governança e estabelecer base confiável para tomadas de decisão.

Em 2018, a ISO 31000 foi atualizada. A revisão da norma mantém a mesma arquitetura de gestão de riscos (princípios, estrutura e processo) da norma de 2009, mas oferece um guia mais claro, mais curto e mais conciso, que ajudará as organizações a usarem os princípios de gerenciamento de risco para melhorarem o planejamento e tomarem melhores decisões.

2.2 COSO ERM

Trata-se do modelo de gestão de riscos predominante no cenário corporativo internacional, especialmente na América do Norte. COSO é a sigla de *Committee of Sponsoring Organizations da National Commission* (Comitê das Organizações Patrocinadoras da Comissão *Treadway*), também conhecida como *Treadway Comission*.

Criada em 1985 nos Estados Unidos, constitui uma entidade do setor privado, sem fins lucrativos, voltada para o aperfeiçoamento da qualidade de relatórios financeiros por meio de éticas profissionais, implementação de controles internos e governança corporativa (BRASIL, 2013).

Em 1992, o COSO publicou a obra *Controle Interno – Estrutura Integrada (Internal Control – Integrated Framework)*, que obteve grande aceitação em todo o mundo e tem sido aplicada amplamente. É reconhecida como uma estrutura-modelo para desenvolvimento, implementação e condução do controle interno, bem como para a avaliação de sua eficácia.

Embora tenha havido ampla adesão ao modelo COSO I, isso não foi suficiente para evitar escândalos econômico-financeiros e contábeis envolvendo entidades de grande porte. O COSO, então, intensificou a preocupação com gerenciamento de riscos – em decorrência de uma série de escândalos e quebras de negócios de grande repercussão – e o desenvolvimento de uma estratégia de fácil utilização pelas organizações para avaliar e melhorar o próprio gerenciamento de riscos. O resultado foi a publicação, em 2004, do modelo Gerenciamento de Riscos Corporativos – Estrutura Integrada, também conhecida como COSO ERM ou COSO II (BRASIL, 2013).

Incorporando e ampliando o COSO I, o modelo de gerenciamento de riscos corporativos do COSO ERM definiu quatro categorias de objetivos, que seriam comuns a praticamente todas as organizações, e identificou oito componentes como partes integrantes da estrutura de controles internos e do gerenciamento de riscos.

Segundo o COSO ERM (2004), o modelo é orientado para alcançar os objetivos de uma organização, que podem ser divididos nas seguintes categorias:

a) estratégicos – relacionados à sobrevivência, continuidade e sustentabilidade da organização; consistem em metas gerais, alinhadas e dando suporte à missão da organização;

b) operações – diz respeito à eficácia e eficiência na utilização dos recursos;

c) comunicação – confiabilidade de relatórios, isto é, da informação produzida e sua disponibilidade para a tomada de decisão e para fins de prestação de contas;

d) conformidade – cumprimento de leis e regulamentos aplicáveis à organização.

Por sua vez, os oito componentes do gerenciamento de riscos corporativos considerados indispensáveis para sua eficácia são:

i) ambiente interno – representa o tom da organização e fornece a base pela qual os riscos são identificados e abordados. Inclui a filosofia de gerenciamento de riscos, o apetite a risco, a integridade e os valores éticos, além do ambiente que os cerca;

ii) fixação de objetivos – os objetivos devem ser fixados antes que a administração identifique os eventos em potencial que poderão afetar o alcance destes. Os objetivos estabelecidos devem estar alinhados com a missão da organização e precisam ser compatíveis com seu apetite a risco;

iii) identificação de eventos – os eventos em potencial, oriundos de fontes internas ou externas, que podem afetar a realização dos objetivos da organização devem ser identificados. Durante o processo de identificação, os eventos poderão ser classificados em riscos, oportunidades ou em ambos;

iv) avaliação de riscos – os riscos identificados devem ser analisados com o fim de determinar o modo como serão administrados e, em seguida, associados aos objetivos que podem afetar. Os riscos são avaliados considerando seus efeitos inerentes ou residuais, assim como sua probabilidade e seu impacto;

v) resposta a risco – as respostas aos riscos podem ser: evitar, aceitar, reduzir/mitigar ou transferir/compartilhar. Compete à administração selecionar o conjunto de ações destinadas a alinhar os riscos à tolerância e ao apetite a risco da organização;

vi) atividades de controle – consistem em políticas e procedimentos estabelecidos e implementados com vistas a assegurar que as respostas aos riscos selecionadas pela administração sejam executadas com eficácia;

vii) informações e comunicações – a comunicação é considerada eficaz quando flui na organização em todas as direções e quando os funcionários recebem informações claras sobre suas funções e responsabilidades. A forma e tempestividade com que informações relevantes são identificadas, colhidas e comunicadas permitem que os agentes cumpram com suas atribuições. Assim, para identificar, avaliar e oferecer resposta ao risco, a organização necessita de informações em todos os níveis hierárquicos.

viii) monitoramento – a integridade do processo de gerenciamento de riscos deve ser monitorada para que as modificações necessárias sejam realizadas e a organização possa reagir ativamente segundo as circunstâncias. O monitoramento pode ser feito por meio de atividades gerenciais contínuas, por avaliações independentes ou por uma combinação de ambos.

Esses oito componentes são inter-relacionados e estão integrados ao processo de gestão, voltados para o alcance dos resultados da organização. Para o COSO, existe um relacionamento direto entre os objetivos da organização e os componentes do gerenciamento de riscos corporativos, que representam o que é necessário para a concretização desses objetivos.

Esse relacionamento é apresentado no "cubo de COSO":

Figura 9 – Cubo de COSO

Fonte: COSO ERM.

Os objetivos da organização são representados pelas colunas verticais, enquanto os oito componentes são mostrados nas linhas horizontais. Na terceira dimensão, aparecem as unidades da organização, demonstrando que o gerenciamento de riscos abrange todos os níveis organizacionais (em nível setorial – divisão, unidade, departamento, projeto, seção – ou em nível de atividades – macroprocessos, processos, subprocessos, atividades).

Em 2017, essa estrutura do modelo de referência COSO ERM foi atualizada, estabelecendo uma ligação mais clara e direta entre o gerenciamento de riscos corporativos e as expectativas das partes relacionadas. Além disso, posiciona o risco no contexto da *performance* da organização, e não apenas como foco de um racioncício isolado.

A nova estrutura ficou da seguinte forma:

Figura 10 – *Framework* COSO ERM revisado – 2017

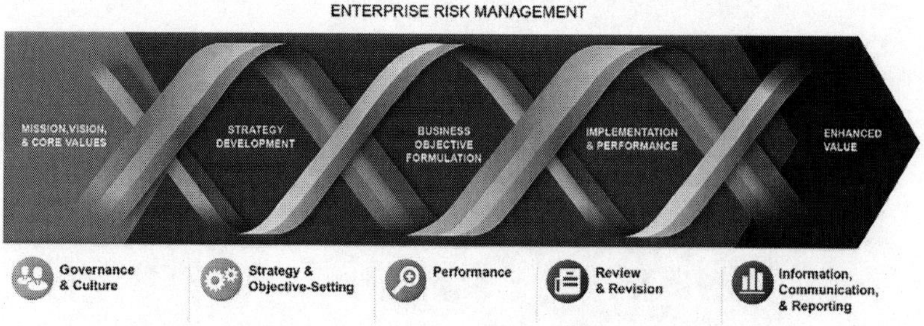

Fonte: COSO ERM – *Enterprise Risk Management, integrating with Strategy and Performance Executive Summary*, 2017.

Como já foi comentado, a Instrução Normativa CGU/MP nº 01/2016 definiu que o modelo de gestão de riscos a ser implementado na Administração Pública federal tem os mesmos componentes do modelo COSO (art. 16).

Além disso, o TCU vem recomendando aos órgãos e entidades da Administração Pública federal que realizem ações visando ao aprimoramento dos controles internos da gestão, com a devida avaliação de riscos, para adoção de procedimentos de forma a minimizar os problemas enfrentados, utilizando como referência modelos consagrados, a exemplo do COSO ERM, com vistas a mitigar os impactos negativos de eventos potencialmente danosos à sua gestão (Acórdão nº 2.754/2014 – Plenário).

Nesse mesmo sentido são os Acórdãos nº 7.128/2013 e 2.429/2015, ambos da 2ª Câmara, nº 1.062/2014, 4.599/2016 e 5.169/2016, todos da 1ª Câmara.

Considerando a ampla utilização do modelo conceitual COSO ERM no setor público em nível nacional e internacional, passaremos a demonstrar como o município hipotético de Pantanal do Norte implementou o gerenciamento de riscos com base nas prescrições desse consagrado referencial, levando em conta, também, todos os elementos relevantes de outros modelos de referência, a exemplo da ISO 31000/2018, tendo em vista a complementariedade de ambos os *frameworks*.

CAPÍTULO 3

COMO FAZER GESTÃO DE RISCOS

3.1 Considerações iniciais

A estrutura conceitual COSO ERM é um dos modelos mais utilizados para estruturação e avaliação do gerenciamento de riscos tanto no setor público quanto no setor privado. Entretanto, faltam referências que traduzam os conceitos abstratos desse modelo, transformando-os em procedimentos de aplicação prática.

Por isso, apresentamos uma sequência de passos práticos que os gestores públicos podem adotar para aplicar o modelo para estruturação do gerenciamento de riscos em suas organizações. No entanto, não se sugere que as técnicas aqui ilustradas sejam obrigatoriamente adotadas em sua plenitude para todo mundo, tendo em vista que a gestão de riscos deve ser feita sob medida para cada organização.

Não se infere que essas descrições sejam os únicos métodos disponíveis. As técnicas que serão apresentadas devem ser tomadas apenas como ponto de partida, devendo seu conteúdo e detalhamento ser discutidos e adaptados às circuntâncias particulares da cada organização, tais como o seu modelo de negócio, estrutura organizacional, práticas internas, cultura e lugares em que ela atua.

Em face do exposto, para implantação da gestão de riscos no setor público com base no modelo de referência COSO ERM, os gestores governamentais podem adotar a seguinte sequência de passos:

Figura 11 – Componentes do modelo COSO II – ERM

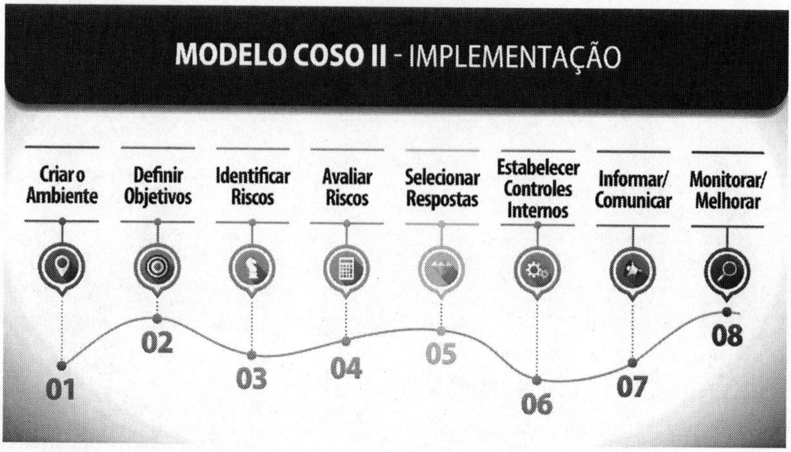

MODELO COSO II - IMPLEMENTAÇÃO

Criar o Ambiente	Definir Objetivos	Identificar Riscos	Avaliar Riscos	Selecionar Respostas	Estabelecer Controles Internos	Informar/ Comunicar	Monitorar/ Melhorar
01	02	03	04	05	06	07	08

Fonte: Elaborado pelos autores a partir dos preceitos do COSO ERM.

3.2 Ambiente interno (criando o ambiente)

O ambiente interno abrange os seguintes aspectos:

[...] a cultura da organização, a influência sobre a consciência de risco de seu pessoal, sendo a base para todos os outros componentes do gerenciamento de riscos corporativos, possibilita disciplina e estrutura. Os fatores do ambiente interno compreendem a filosofia administrativa de uma organização no que diz respeito aos riscos; a supervisão do conselho de administração; os valores éticos e a competência do pessoal da organização; e a forma pela qual a administração atribui alçadas e responsabilidade, bem como organiza e desenvolve o seu pessoal [...] (COSO, 2006).

Nesse sentido, as principais ações a serem adotadas pelos gestores públicos no sentido de *preparar e manter o ambiente interno* da organização para propiciar um adequado gerenciamento de riscos estão demonstradas a seguir.

3.2.1 Filosofia de gerenciamento de riscos

A filosofia de gerenciamento de riscos da alta administração é um conjunto de *convicções e atitudes* que caracterizam a forma como essa organização considera o risco em tudo aquilo que faz –

do desenvolvimento e da implementação de estratégias às suas atividades do dia a dia – e se reflete em virtualmente tudo aquilo que a administração faz para operar a organização (COSO, 2006). A filosofia de gerenciamento de riscos vai determinar como as operações serão administradas, marcando o nível de risco em que esta opera, afetando a sua gestão de riscos e seus controles internos.

O comprometimento da alta administração, ao demonstrar responsabilidade em relação aos riscos, ética nos negócios, monitoramento das atividades e do seu desempenho e a adoção de rituais de planejamento e controle, influencia os demais colaboradores na intensidade de seu uso.

Vale aquela máxima de que a "palavra convence, o exemplo arrasta".

Conforme o Acórdão do TCU nº 2.622/2015 – Plenário, entende-se por alta administração aqueles que dirigem a organização em *nível estratégico*. É o conjunto de gestores com poderes para estabelecer as políticas, os objetivos e a direção geral da organização, como, por exemplo:

- nos ministérios, o ministro e seus secretários diretos;
- nas autarquias e agências, o presidente e diretores;
- nas universidades, o reitor e os pró-reitores;
- nas empresas, o presidente e diretores;
- nas prefeituras, o prefeito e secretários.

Nos termos do inciso III do art. 2º do Decreto nº 9.203/2017, alta administração, no Poder Executivo federal, é definida como "Ministros de Estado, ocupantes de cargos de natureza especial, ocupantes de cargo de nível 6 do Grupo-Direção e Assessoramento Superiores – DAS e presidentes e diretores de autarquias, inclusive as especiais, e de fundações públicas ou autoridades de hierarquia equivalente".

A filosofia da alta administração com o processo de gerenciamento de riscos preconizado pelo COSO é a base para a criação de uma cultura organizacional em que colaboradores e terceiros trabalhem efetivamente pelo fortalecimento da gestão de riscos. Além disso, é um dos aspectos mais efetivos para incentivar seus colaboradores e terceiros a zelar pelas políticas e procedimentos estabelecidos para gerenciar de riscos.

Dessa forma, a alta administração pode demonstrar seu comprometimento com o gerenciamento de riscos, adotando, por exemplo, as seguintes ações:

Figura 12 – Filosofia de gerenciamento de riscos

A estrutura de governança da organização e a alta administração devem exercer suas responsabilidades de governança de riscos, assumindo um compromisso forte e sustentado e exercendo supervisão para obter comprometimento com a gestão de riscos em todos os níveis da organização, promovendo-a e dando suporte, de modo que possam ter uma expectativa razoável de que, no cumprimento da sua missão institucional, a organização entenda e seja capaz de gerenciar os riscos associados à sua estratégia para atingir os seus objetivos de agregar, preservar e entregar valor às partes interessadas, tendo o cidadão e a sociedade como vetores principais.

Além disso, é importante que a alta administração:
- assegure que a cultura da organização e a política de gestão de riscos estejam alinhadas;
- defina indicadores de desempenho para a gestão de riscos que estejam alinhados com os indicadores de desempenho da organização;
- alinhe os objetivos da gestão de riscos com os objetivos e estratégias da organização;

- zele pela conformidade legal e regulatória.

Em Pantanal do Norte, o prefeito Paulo Capivara, convencido de que a gestão de riscos era um caminho apropriado para a redução do desperdício, adotou postura de liderança e convenceu seus secretários de que adotar a cultura de lidar com os riscos de modo sistemático e consciente, em tudo que se fazia dentro da prefeitura, era essencial.

Não porque João Coruja, da controladoria, falava disso o tempo todo, não porque o Tribunal de Contas andava emitindo acórdãos e recomendações sobre o tema, mas porque fazia todo sentido. Deixar o destino decidir o resultado dos projetos não faria com que os pantanenses tivessem mais saúde, educação e segurança. Não era o destino que governava a cidade; era Paulo Capirava e sua equipe. E era deles a responsabilidade de tomar providências para evitar riscos.

Por isso, o prefeito passou a falar de riscos em reuniões, comícios, encontros, debates e despachos, questionava seus liderados sobre os objetivos pretendidos com as decisões e, em seguida, perguntava sobre situações que poderiam impactar esses objetivos. Incentivou, patrocinou e participou ativamente de eventos de disseminação e capacitação sobre governança e gestão de riscos.

Paulo Capivara também criou um comitê, a quem encomendou uma política de gestão de riscos, o documento que daria base para as ações, atribuições e supervisão da gestão de riscos na prefeitura.

3.2.1.1 Política de gestão de riscos

A organização deve dispor de políticas e estratégias de gestão de riscos definidas, comunicadas e postas em prática, de maneira que o risco seja considerado na definição da estratégia, dos objetivos e planos em todos os níveis críticos da entidade e gerenciado nas operações, funções e atividades relevantes das diversas partes da organização. A política de gestão de riscos é o instrumento que formaliza a avaliação de risco em uma organização.

Segundo a ISO 31000/2009, política de gestão de riscos é a "declaração das intenções e diretrizes gerais de uma organização relacionadas à gestão de riscos" (ABNT, 2018). O modelo britânico também sugere a aprovação da política de gestão de riscos pela alta administração para nortear as ações na organização.

Por meio do Acórdão nº 240/2015 – Plenário, o TCU recomendou a diversas agências reguladoras que desenvolvessem uma política de gestão de risco.

Para o TCU, a política de gestão de riscos deve especificar, por exemplo:

Tabela 1 – Requisitos de uma política de gestão de riscos

ITEM	DESCRIÇÃO
1	Objetivos organizacionais com relação à gestão de riscos.
2	Integração da gestão de riscos a processos e políticas organizacionais.
3	Responsabilidade por gerenciar riscos.
4	Diretrizes sobre como riscos devem ser identificados, avaliados, tratados e monitorados.
5	Consultas e comunicação com partes internas e externas sobre assuntos relacionados a risco.
6	Diretrizes para a medição do desempenho da gestão de riscos.
7	Compromisso de analisar criticamente e melhorar a política e a estrutura da gestão de risco em resposta a um evento ou mudança nas circunstâncias.

Fonte: Levantamento para avaliação da gestão de riscos e controles internos na Administração Pública federal indireta, Tribunal de Contas da União, 2012.

Além disso, a política corporativa de gestão de riscos deve ser desdobrada em um plano de gestão de riscos ou outros instrumentos normativos, procedimentos operacionais etc., estabelecendo diretrizes claras para identificação, avaliação, tratamento e monitoramento dos riscos;

É importante lembrar ainda que a ausência de uma política corporativa de gestão de riscos impede a formação de uma base para o desenvolvimento de estratégias para tratamento dos riscos identificados (resposta a risco), de maneira a diminuir a probabilidade de sua ocorrência e/ou a magnitude de suas consequências.

Ademais, a ISO 31000/2018 dispõe que "a política de gestão de riscos seja comunicada apropriadamente".

3.2.1.2 Papéis e responsabilidades

Além das diretrizes, é importante que a alta administração defina claramente as responsabilidades pela gestão de riscos na entidade. O modelo britânico, por exemplo, recomenda verificar se:
- a) os funcionários do *staff* recebem delegação clara e apropriada para gerenciar riscos e aproveitar oportunidades;
- b) os gestores compreendem e assumem a responsabilidade pelo gerenciamento do risco em suas áreas;
- c) a alta administração assegura clara estrutura de responsabilidades para a gestão do risco (REINO UNIDO, 2009).

Uma forma de descrever quem faz o que no processo de gestão de riscos é por meio da Matriz RACI, também conhecida como Matriz de Responsabilidades.

Esse instrumento serve para deixar claros os papéis desempenhados e as atividades ou artefatos a serem entregues por cada um. O acrônimo "RACI" descreve (em inglês) os papéis:
- a) responsável (*responsible*) – quem executa a atividade;
- b) autoridade (*accountable*) – quem aprova a tarefa ou produto. Pode delegar a função, mas mantém a responsabilidade;
- c) consultado (*consulted*) – quem pode agregar valor ou é essencial para a implementação;
- d) informado (*informed*) – quem deve ser notificado de resultados ou ações tomadas, mas não precisa se envolver na decisão.

A Matriz RACI depende da estrutura da unidade que realiza a gestão de risco, indicando, preferencialmente, o cargo dos envolvidos, de maneira a atribuir claramente as funções de cada um no processo.

Quadro 1 – Exemplo de Matriz RACI na gestão de riscos

Atividade/ responsável	Comitê de gestão de riscos	Secretário ou equiva-lente da unidade	Coorde-nadores ou asses-sores da unidade	Servidor 1	Servidor 2	Servidor 3
Estabelecer o contexto específico	I	I	A/C	R	C	C
Identificar os riscos	I	I	I	C	C	R
Analisar os riscos	I	I	I	C	C	R
Avaliar os riscos	I	I	I	A	R	C
Tratar os riscos	I	I	I	A	R	C
Elaborar o plano de tratamento de riscos	I	I	A	C	R	C
Monitorar e acompanhar	R/I	C	C	R	C	I

Fonte: Adaptado do plano de gestão de riscos do TST, 2015.

Outro método para atribuir as responsabilidades é a descrição de atividades que cada agente desempenhará, por meio da política de gestão de riscos, de modo genérico ou do plano de gestão de riscos, de modo mais detalhado.

Por exemplo, em Pantanal do Norte, o prefeito municipal tem entre as suas atribuições: a deliberação sobre o grau de apetite a riscos, a criação do comitê de gestão de riscos e a aprovação da política de gestão de riscos.

Já o comitê de gestão de riscos desempenha os papéis de: assessorar o prefeito, elaborar a política de gestão de riscos, monitorar, acompanhar e estimular a gestão de riscos.

Mesmos existindo um comitê, é importante destacar que a gestão de riscos não é uma atividade autônoma, separada das principais atividades e processos da organização. A gestão de riscos é parte integrante de todos os processos organizacionais.

Vamos exemplificar: é comum quando se está implementando a gestão de riscos que os servidores acreditem que terão mais trabalho com essa nova abordagem. Um pregoeiro, por exemplo, poderia achar que, além de processar e julgar uma licitação, terá que parar as suas atividades para fazer gestão de riscos, tendo, consequentemente, mais trabalho.

Isso não é verdade. No nosso exemplo, a gestão de riscos deve estar presente em todas as atividades do pregoeiro, que, ao analisar os documentos de habilitação, proposta de preços ou adjudicar o objeto ao licitante vencedor, deve identificar o que pode dar errado e se antecipar a esses eventos. Ou seja, gestão de risco é uma mudança na forma de trabalhar, uma mudança na postura diante dos riscos, e não necessariamente mais trabalho.

Por sua vez, os gestores proprietários de riscos (secretários, coordenadores, diretores e outros chefes de setores) em Pantanal do Norte executam o gerenciamento dos riscos inerentes às suas atividades, identificando-os, avaliando-os e tratando-os.

Os demais colaboradores são responsáveis por operar os controles e comunicar e monitorar os riscos que venham a observar em suas atividades, reportar ao comitê de riscos e seu superior hierárquico e se responsabilizar pela implantação da política e pela plena execução dos planos de gestão de riscos.

E ainda existe o papel desempenhado pela controladoria municipal (CGM), que atua como auditoria interna, fazendo avaliação dos procedimentos de gestão de riscos e de controles internos, reportando diretamente ao prefeito e auxiliando as demais áreas no monitoramento.

Esse papel representado pela CGM de Pantanal do Norte está alinhado com a atuação da Controladoria-Geral da União (CGU) no governo federal. As diretrizes do sistema de controle interno do Poder Executivo federal, do qual a CGU é o órgão central, são expressas na Instrução Normativa SFC nº 03/2017. No citado normativo, está declarado que um dos objetivos fundamentais da CGU é a avaliação dos controles internos administrativos das unidades ou entidades sob seu exame.

Assim, pode-se entender que a atribuição essencial da auditoria interna é auxiliar a monitorar a eficácia dos controles internos por meio de avaliações e recomendações aos gestores. Isso ficará mais claro quando falarmos do modelo de três linhas de defesa, mais à frente.

A figura 13 ilustra esse exemplo de papéis e responsabilidades na gestão de riscos.

Figura 13 – Exemplo de papéis e responsabilidades em gestão de riscos

3.2.1.3 Priorização de processos críticos

Toda organização, pública ou privada, desenvolve no seu cotidiano inúmeras atividades rotineiras que levam à produção dos mais variados resultados na forma de produtos e serviços. Tais atividades, devido à sua natureza, podem ser enquadradas na forma de processos organizacionais, que, de forma integrada, trabalham no sentido de promover a consecução dos objetivos principais da organização, diretamente relacionados à sua missão.

Nesse sentido, processo é um conjunto de recursos e atividades inter-relacionadas ou interativas que transformam insumos (entradas) em serviços/produtos (saídas). Esses processos são geralmente planejados e realizados para agregar valor (BRASIL, 2005).

A licitação é um bom exemplo de processo. Ela se inicia com o Documento de Formalização da Demanda (DFD), que é um insumo da fase de planejamento da contratação. Após a elaboração do DFD, a organização pratica uma série de atividades inter-relacionadas, como estimativa de quantidade, pesquisa de preços, elaboração do projeto básico e do termo de referência, elaboração da minuta do edital e emissão do parecer jurídico. No final, tal processo resultará em um produto: o edital completo.

Esse edital – *produto* da fase de planejamento da contratação – transforma-se em *insumo* da fase de seleção do fornecedor, que, após a execução de outras atividades (julgamento, habilitação, homologação e adjudicação), transformará esse insumo em um novo produto, que é o contrato assinado.

Para determinar quais processos serão priorizados no gerenciamento dos riscos, a organização pode utilizar método para classificar os seus principais processos. Esse método é chamado de priorização de processos críticos.

Para o Gespública (Programa de Gestão Pública e Desburocratização), críticos são aqueles processos que têm natureza estratégica para o sucesso institucional, sejam eles finalísticos ou de apoio.

O Ministério do Planejamento, por exemplo, utiliza um método de priorização de processos que leva em conta dois enfoques: quantitativo e qualitativo. Na avaliação quantitativa, os processos são verificados quanto à sua materialidade, necessidade de recursos humanos (qualificação técnica especializada) e recursos tecnológicos para a execução. Já na avaliação qualitativa, são verificados fatores como processo estratégico, demandas dos órgãos de controle, relevância do processo para a organização, reclamações registradas na ouvidoria, canal de denúncia etc. (BRASIL, 2017). A planilha desenvolvida encontra-se disponível no sítio do Ministério do Planejamento.

Na CGU, ficou definido no art. 5º da Portaria nº 915, de 12 de abril de 2017, que o gerenciamento de riscos deverá ser implementado de forma gradual em todas as áreas, com prioridade para processos que impactam diretamente o atingimento dos objetivos estratégicos definidos no planejamento estratégico da CGU.

No caso hipotético de Pantanal do Norte, Maria Carcará, diretora de compras da prefeitura, decidiu começar a implantar a gestão de riscos pelo processo de licitações, considerando que um dos objetivos estratégicos da prefeitura era "modernizar e inovar a gestão, promovendo a integração física e sistêmica da instituição", com meta de "reduzir 50% do tempo médio de resposta nas aquisições por licitação".

Além disso, problemas nessa área são recorrentes, especial-mente em razão de especificações e pesquisas de preços deficientes, recursos e impugnações contra editais e contra os resultados, falta de dotação orçamentária, aditivos contratuais em razão de estimativas inadequadas, entre outros.

Maria Carcará também levou em conta que a licitação tem forte relação com a geração de resultados para os habitantes de Pantanal do Norte. Praticamente toda e qualquer atividade da prefeitura passa por licitação, desde a construção de creches, escolas e estradas até a aquisição de gêneros alimentícios para a merenda escolar, medicamentos para os programas da saúde, pneus, peças e combustível para o transporte escolar.

Ela ainda ficou sabendo, por meio do controlador-geral, de um relatório de 2014 da ACFE (*Association of Certified Fraud Examiners*) que chegou à conclusão que esquemas de corrupção são um risco elevado para todos os departamentos, mas são um risco particularmente elevado na área de compras (74% dos casos).

E por falar em nosso município-modelo, está na hora de conhecer a *política de gestão de riscos de* Pantanal do Norte.[7]

O documento será apresentado em sua íntegra para servir de modelo ou referência. Há muitas políticas de gestão de riscos publicadas, especialmente em função da IN CGU/MP nº 01/2016, que também servem como referência.

Há certa similaridade nesses documentos, pois partem de uma estrutura homogênea. Em Pantanal do Norte, a opção foi por inserir, na própria política, um conjunto de procedimentos e escalas que, em outros casos, fazem parte de um "plano", metodologia ou outro documento operacional que descreve como executar a gestão de riscos.

3.2.1.4 Política de gestão de riscos de Pantanal do Norte

ESTADO DE MATO GROSSO
PREFEITURA MUNICIPAL DE PANTANAL DO NORTE
PORTARIA Nº 001/2018

Institui o Comitê de Gestão de Riscos da Prefeitura de Pantanal do Norte

O Prefeito do Município de Pantanal do Norte/MT, no exercício da atribuição que lhe confere a Lei Orgânica do Município,
RESOLVE:
Art. 1º Fica instituído o Comitê de Gestão de Riscos, composto por:
I – Secretário de Planejamento;
II – Secretário de Gestão;
II – Secretário da Fazenda; e

---

[7] Para facilitar a identificação do que se refere ao exemplo de Pantanal do Norte, as páginas do exemplo terão um padrão de fundo diferente.

III – Assessor-Chefe de Gestão Estratégica.
§1º O Comitê será presidido pelo Secretário de Planejamento e, na sua ausência, pelo Secretário de Gestão.
§2º Cabe à Assessoria de Gestão Estratégica secretariar as reuniões.
§3º O Comitê poderá convocar representantes das unidades da prefeitura para participarem das reuniões.
§4º O Comitê poderá reunir-se em quórum mínimo de dois membros, presentes, necessariamente, o Sec. de Planejamento e o Sec. de Gestão.
§5º As decisões do Comitê serão tomadas por maioria simples.
§6º O Controlador-Geral do Município participará das reuniões na condição de convidado.
Art. 2º Compete ao Comitê de Gestões de Riscos:
I – Definir a Política de Gestão de Riscos;
II – Fomentar práticas de Gestão de Riscos;
III – Monitorar a execução da Política de Gestão de Riscos;
IV – Revisar a Política de Gestão de Riscos periodicamente;
V – Estimular a cultura de Gestão de Riscos na Prefeitura.
Art. 3º As reuniões ordinárias ocorrerão na primeira semana de janeiro, maio e setembro do ano.
Art. 4º Esta portaria entra em vigor na data de sua publicação.

Pantanal do Norte/MT, em 04 de janeiro de 2018.

Paulo Capivara/PREFEITO MUNICIPAL

ESTADO DE MATO GROSSO
PREFEITURA MUNICIPAL DE PANTANAL DO NORTE
PORTARIA Nº 002/2018

Institui a Política de Gestão de Riscos da Prefeitura de Pantanal do Norte e dá outras providências.

O Prefeito do Município de Pantanal do Norte/NT, no exercício da atribuição que lhe confere a Lei Orgânica do Município,

RESOLVE:

Art. 1º Instituir a Política de Gestão de Riscos da Prefeitura de Pantanal do Norte/MT, na forma do anexo I, que compreende:

I – Objetivos;

II – Definições;

III – Integração aos processos;

IV – Princípios;

V – Diretrizes sobre o processo de gestão de riscos; e

VI – Papéis e responsabilidades;

Art. 2º Determinar que a Política de Gestão de Riscos deverá abranger todos os níveis e unidades organizacionais de Pantanal do Norte/MT e ser efetivamente implantada no prazo máximo de 2 (dois) anos, a partir da data de publicação desta portaria.

Art. 3º O apetite ao risco é o nível de risco julgado aceitável pelo município. Representa quanto o município está preparado para assumir e deve servir de base na decisão sobre como os riscos serão tratados. Dessa forma, o município estabelece que aceitará o nível de risco baixo e médio, conforme escala definida no item 5.5.1 – Priorização do Riscos do anexo I – Política de Gestão de Riscos.

Art. 4º Esta portaria entra em vigor na data de sua publicação.

Pantanal do Norte/MT, em 23 de janeiro de 2018.

Paulo Capivara/PREFEITO MUNICIPAL

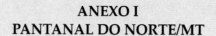

POLÍTICA DE GESTÃO DE RISCOS CORPORATIVOS 2018

Introdução

Uma organização deve dispor de um sistema de gestão eficaz, que assegure a prestação eficiente dos serviços públicos. Uma cultura de gestão de riscos é um elemento fundamental de qualquer sistema de gestão eficiente, sendo crucial para a obtenção dos resultados planejados pela entidade. Sendo assim, a prefeitura de Pantanal do Norte deve identificar, entre os processos que permeiam suas atividades, quais são as situações que geram riscos e que podem impactar no alcance de seus objetivos.

Os riscos são diferentes para cada organização, pois são peculiares a seu modelo de negócio, práticas internas e lugares em que ela atua. Com base na identificação e análise dos seus riscos, deve-se desenvolver e aplicar políticas e procedimentos para prevenir, detectar e remediar a ocorrência de riscos que possam ameaçar seus objetivos, incluindo aqueles relacionados a fraudes e corrupção. Essas políticas devem ser coordenadas entre si e devem ser de fácil compreensão e aplicação na rotina de trabalho dos servidores.

O instrumento que formaliza o processo de gerenciamento de riscos corporativos é a Política de Gestão de Riscos (PGR), que, segundo a ISO 31000/2018, é a "declaração das intenções e diretrizes gerais de uma organização relacionadas à gestão de riscos".

Na esteira desse entendimento, esta Política de Gestão de Riscos tem como objetivo aplicar na Prefeitura de Pantanal do Norte, em todos os níveis e unidades organizacionais, o gerenciamento de riscos diante da visão de portfólio de riscos a que a entidade está exposta, de modo a identificar eventos em potencial cuja ocorrência poderá afetar os objetivos estabelecidos.

Política de Gestão de Riscos é uma declaração das intenções e diretrizes gerais de uma organização relacionadas à gestão de riscos.

Esta Política vincula-se ao Planejamento Estratégico da Prefeitura de Pantanal do Norte e se baseia no modelo conceitual COSO ERM – Gerenciamento de Riscos Corporativos.

Ademais, descreve também os papéis e responsabilidades de todos os envolvidos no processo para assegurar o efetivo funcionamento do Gerenciamento de Riscos na Prefeitura de Pantanal do Norte.

1 Objetivos organizacionais

1.1 Objetivo geral

Estabelecer princípios, diretrizes e responsabilidades da gestão de riscos da Prefeitura de Pantanal do Norte, de forma a orientar os processos de identificação, análise, avaliação, tratamento, priorização, monitoramento e comunicação dos riscos inerentes às atividades desenvolvidas pela Prefeitura, aplicando-se a todas as suas atividades.

1.2 Objetivos específicos

- Assegurar a existência de processo estruturado de gestão de riscos que vise à concretização dos objetivos estratégicos, sustentabilidade das operações e cumprimento da missão institucional.

- Incorporar a Gestão de Riscos à tomada de decisões em conformidade com as melhores práticas de Governança Corporativa.

2 Definições

Para os fins desta política, aplicam-se as seguintes definições:

TERMO	DEFINIÇÃO
Apetite ao risco	Quantidade, grau de impacto e tipo de risco que uma organização está preocupada em manter ou assumir na execução de suas competências e atribuições regimentais.
Gestão de riscos	Processo aplicado no desenvolvimento de estratégias formuladas para identificar em toda organização eventos em potencial capazes de afetá-la e administrar os riscos de modo a mantê-los compatíveis com o apetite a risco da organização.
Evento	Ocorrência ou mudança em um conjunto específico de circunstâncias que pode consistir em uma ou mais ocorrências e ter várias causas, decorrentes de um incidente ou um acidente.
Matriz de risco	Instrumento gráfico em que são listados os riscos, organizados conforme impacto e probabilidade.
Comitê de riscos	Órgão consultivo permanente que tem por objetivo auxiliar na identificação, comunicação, análise, avaliação, tratamento e monitoramento dos riscos.
Parte interessada	Pessoa ou organização que pode afetar, ser afetada ou perceber-se afetada por um evento.

TERMO	DEFINIÇÃO
Plano de gestão de riscos	Documento que específica a abordagem, os componentes, os recursos e os procedimentos a serem aplicados para gerenciar riscos em cada unidade organizacional.
Risco	Possibilidade de que um evento ocorra e afete negativamente a realização dos objetivos.
Efeito	Um desvio em relação ao esperado.
Riscos prioritários	Grupo de riscos mais relevantes, que devem ser monitorados regularmente devido ao impacto potencialmente elevado para o negócio.
Objetos de gestão	Elementos que dão suporte à realização dos objetivos da Prefeitura, como processo de trabalho, atividade, projeto, iniciativa ou ação institucional.

3 Integração aos processos organizacionais

O processo de gestão de riscos deve estar devidamente integrado aos processos organizacionais, de forma a garantir a identificação de eventos de riscos inerentes a todas as áreas de negócios da organização. A boa governança exige que a gestão de riscos seja incorporada à cultura da organização. Assim, o prefeito e os gestores de todos os níveis devem reconhecer que a gestão de riscos é uma parte integrante de suas atividades, desenvolvendo-se em um processo contínuo.

4 Princípios

- Adotar as melhores práticas de gestão de riscos, controles internos e governança corporativa no âmbito da prefeitura de Pantanal do Norte/MT, de maneira a assegurar a existência de um processo estruturado de gestão de riscos.
- Estabelecer papéis e responsabilidades de cada um dos colaboradores envolvidos no processo de gestão de riscos.
- Estabelecer e manter a infraestrutura (tecnologia, processos e pessoas) necessária para a gestão integrada de riscos, estabelecendo mecanismos de comunicação claros e objetivos.

5 Diretrizes sobre o Processo de Gestão de Riscos

As diretrizes apresentadas nesta política definem e caracterizam as macroetapas do processo de gestão integrada de riscos. Elas servem de base para o desenvolvimento do Plano de Gestão de Riscos, levanto em consideração o planejamento estratégico, sendo compreendido pelas seguintes atividades.

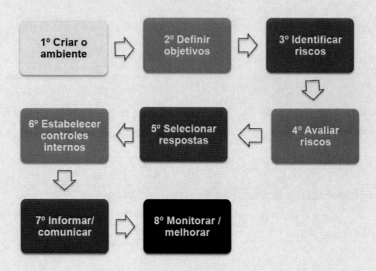

5.1 Ambiente interno

A alta administração deve preparar o ambiente interno da organização para propiciar o gerenciamento de riscos.

5.2 Definição de objetivos

Toda organização enfrenta uma variedade de riscos oriundos de fontes internas e externas, sendo o estabelecimento de objetivos condição prévia para a identificação de eventos, avaliação de riscos e resposta a riscos.

5.3 Identificação de riscos

A identificação de riscos deve reconhecer e descrever os riscos aos quais a organização está exposta. Nesta etapa, devem ser definidos eventos, fontes, impactos e responsáveis por cada risco. A identificação dos riscos deve ser realizada com a participação de todos os envolvidos nos negócios da unidade, em seus diferentes níveis.

5.4 Avaliação de riscos

Após a identificação dos riscos, devem ser realizadas análises qualitativas e quantitativas, visando à definição dos atributos de impacto e vulnerabilidade, utilizadas na priorização dos riscos a serem tratados. Essa etapa deve incluir o levantamento e análise dos controles já existentes, apurando, assim, os riscos residuais.

5.5 Resposta a riscos

Posteriormente à avaliação dos riscos importantes, a organização determina de que forma responderá a estes. As respostas incluem:

- evitá-los;
- reduzi-los ou mitigá-los pela definição de planos de ação e controles internos;
- compartilhá-los; ou
- aceitá-los.

A decisão depende fundamentalmente do grau de apetite ao risco da prefeitura de Pantanal do Norte, homologado pelo prefeito no art. 3º da Portaria nº 002/2016, que aprova esta Política de Gestão de Riscos.

5.5.1 Priorização de riscos

Consiste em comparar e classificar os riscos quanto aos seus respectivos níveis de probabilidade e impacto, identificando aqueles que necessitam de maior atenção e, em seguida, priorizar o tratamento daqueles considerados mais graves. Os riscos podem ser classificados nas seguintes categorias:

Legenda Nível de Risco		Probabilidade				
Extremo Alto Médio Baixo		**1** **Muito baixa**	**2** **Baixa**	**3** **Média**	**4** **Alta**	**5** **Muito Alta**
	5 **Muito Alto**					
	4 **Alto**				Extremo	
Impacto	**3** **Médio**			Alto		
	2 **Baixo**		Médio			
	1 **Muito Baixo**	Baixo				

Nível de risco	Descrição	Diretriz para resposta
Extremo	Indica um nível de risco absolutamente inaceitável, muito além do apetite a risco da organização.	Qualquer risco encontrado nessa área deve ter uma resposta imediata. Admite-se postergar o tratamento somente mediante parecer do dirigente da unidade ou cargo equivalente.
Alto	Indica um nível de risco inaceitável, além do apetite a risco da organização.	Qualquer risco encontrado nessa área deve ter uma resposta em um intervalo de tempo definido pelo dirigente da unidade ou cargo equivalente. Admite-se postergar o tratamento somente mediante parecer do dirigente da unidade ou cargo equivalente.
Médio	Indica um nível de risco aceitável, dentro do apetite a risco da organização.	Não se faz necessário adotar medidas especiais de tratamento, exceto manter os controles já existentes e monitorar.
Baixo	Indica um nível de risco muito baixo, em que há possíveis oportunidades de maior retomo que podem ser exploradas.	Explorar as oportunidades, se determinado pelo dirigente da unidade ou cargo equivalente.

5.6 Estabelecer controles internos

A entidade deve implementar ações por meio de políticas e pelos procedimentos que contribuem para assegurar que as respostas da organização aos riscos sejam executadas.

5.7 Informação e comunicação dos riscos

A comunicação durante todas as etapas do processo de gestão integrada de riscos deve atingir todas as partes interessadas, sendo realizada de maneira clara e objetiva, respeitando as boas práticas de governança exigidas.

5.8 Monitoramento dos riscos

No processo de monitoramento, deve-se acompanhar o desempenho dos indicadores de riscos, supervisionar a implantação e manutenção dos planos de ação e verificar o alcance das metas estabelecidas por meio de atividades gerenciais contínuas e/ou avaliações independentes.

6 Compromisso de analisar e melhorar a PGR

A prefeitura de Pantanal do Norte assume o compromisso de analisar periodicamente a Política de Gestão de Riscos, buscando assegurar a eficácia do gerenciamento de riscos por meio de revisões frequentes, favorecendo o cumprimento de seus objetivos estratégicos.

7 Papéis e responsabilidades

As áreas da estrutura organizacional devem sempre zelar pelo atendimento dos objetivos delineados na política de gestão de riscos corporativos. Sendo assim, ficam estabelecidas suas responsabilidades, a saber:

7.1 Prefeito municipal

- Deliberar sobre o grau de apetite a riscos da organização e suas faixas de tolerância.
- Aprovar a Política de Gestão de Riscos, assim como quaisquer futuras revisões necessárias, definindo estratégias adotadas.
- Definir as políticas, a abrangência e os objetivos estratégicos da prefeitura de Pantanal do Norte relacionados ao processo de gestão de riscos por meio de direcionadores estratégicos e da orientação geral ao Comitê de Gestão de Riscos;
- Patrocinar a implantação da gestão de riscos na organização.
- Alocar recursos necessários ao processo e definir a infraestrutura apropriada às atividades de gerenciamento de riscos.
- Criar o Comitê de Gestão de Riscos.

7.2 Comitê de Gestão de Riscos

- Assessorar, na qualidade de órgão consultivo, o prefeito no cumprimento das responsabilidades de fixação de diretrizes fundamentais do município, com atribuições específicas de análise, acompanhamento e recomendação sobre questões relacionadas à gestão de riscos, em particular, acompanhando os riscos de negócio de Pantanal do Norte e recomendando ações de mitigação.
- Elaborar a Política de Gestão de Riscos da prefeitura de Pantanal do Norte e submeter à aprovação do prefeito.

- Interagir com todos os envolvidos e partes interessadas a fim de avaliar possíveis interferências nos empreendimentos, evitando impactos negativos dos riscos.
- Submeter à validação do prefeito os limites de tolerância aos diferentes riscos identificados.

7.3 Gestores das áreas proprietárias de riscos

- Gerenciar os riscos inerentes aos objetos de gestão sob sua responsabilidade, identificando-os, avaliando-os e tratando-os de modo a otimizar suas decisões, com o intuito de manter e obter vantagens competitivas e garantir a geração de valor para a organização.
- Monitorar o risco ao longo do tempo visando garantir que as respostas adotadas mantenham o risco em níveis aceitáveis.
- Proporcionar difusão adequada de informações sobre o risco, garantindo que estejam disponíveis em todos os níveis da organização.

7.4 Demais colaboradores

- Operar os controles, comunicar e monitorar os riscos que venham a observar em suas atividades, reportar ao Comitê de Riscos e seu superior hierárquico e se responsabilizar pela implantação desta Política e pela plena execução dos Planos de Gestão de Riscos em sua plenitude.

7.5 Controladoria-Geral do Município

- Auxiliar a monitorar a eficácia do controle interno mediante avaliações e recomendações endereçadas à administração.

8 Treinamentos

A Prefeitura de Pantanal do Norte divulga amplamente esta Política de Gestão de Riscos e prevê aplicação de treinamentos periódicos à alta direção, colaboradores, prestadores de serviço e demais partes interessadas, abordando o conhecimento das funções e responsabilidades associadas e a disseminação e promoção da cultura de gestão de riscos na organização.

9 Disposições gerais

- Esta política deve ser acompanhada pelo Comitê de Gestão de Riscos no que tange à aplicação de procedimentos de acompanhamento e controle de suas diretrizes.

- O presente documento deve ser considerado em conjunto com outros padrões, normas e procedimentos aplicáveis e relevantes, adotados pelo município de Pantanal do Norte/MT.

- Esta política deve ser desdobrada em outros documentos normativos específicos, sempre alinhados às diretrizes e princípios aqui estabelecidos.

- Deverá ser dada ampla publicidade ao presente documento.

10 Referências

ABNT – NBR ISO 31000:2018 – Princípios e Diretrizes da Gestão de Riscos.

Norma ABNT ISO GUIA 73:2009 – Gestão de Riscos: Vocabulário.

COSO. *Committee Of Sponsoring Organizations of the Treadway Commission* (Org.). Gerenciamento de riscos corporativos: estrutura integrada. (Sumário Executivo. Estrutura).

ANEXO II – ESCALAS

1) Escala de probabilidade

Descrição	Frequência	Peso
Muito baixa	Evento extraordinário para os padrões conhecidos da gestão e operação do processo.	1
Baixa	Evento casual, inesperado. Muito embora raro, há histórico de ocorrência conhecido por parte de gestores e operadores do processo.	2
Médio	Evento esperado, de frequência reduzida e com histórico de ocorrência parcialmente conhecido.	3
Alta	Evento usual, corriqueiro. Devido à sua ocorrência habitual, seu histórico é amplamente conhecido por parte de gestores e operadores do processo.	4
Muito alta	Evento se reproduz muitas vezes e repete-se seguidamente, de maneira assídua, numerosa e não raro de modo acelerado. Interfere de modo claro no ritmo das atividades, sendo evidentes mesmo para os que conhecem pouco o processo.	5

2) Escala de impacto

Descrição	Impacto qualitativo nos objetivos	Peso
Muito baixo	Não afeta os objetivos.	1
Baixo	Torna duvidoso seu atingimento.	2
Médio	Torna incerto.	3
Alto	Torna improvável.	4
Muito alto	Capaz de impedir alcance.	5

3) Matriz de impacto x probabilidade

Legenda Nível de Risco Extremo Alto Médio Baixo		Probabilidade				
		1 Muito baixa	2 Baixa	3 Média	4 Alta	5 Muito Alta
Impacto	5 Muito Alto				Extremo	
	4 Alto					
	3 Médio			Alto		
	2 Baixo		Médio			
	1 Muito Baixo	Baixo				

4) Escala para definição da eficácia do controle

Eficácia do controle	Situação do controle existente	Multiplicador do risco inerente
Inexistente	Ausência completa do controle.	1
Fraca	Informal; sem disseminação; sem aplicação efetiva; quase sempre falha.	0,7
Mediana	Formalizado, conhecido e adotado na prática; funciona na maior parte das vezes; pode ser aprimorado.	0,4
Forte	Mitiga o risco em todos os aspectos relevantes; sem falhas detectadas; pode ser enquadrado em um nível de "Melhor Prática".	0,1

Fonte: Elaboração própria, com base em DANTAS *et al.*, 2010, e AVALOS, 2009.

3.2.2 Padrões de conduta e código de ética

A eficácia do gerenciamento de riscos corporativos não deve estar acima da integridade e dos valores éticos das pessoas que criam, administram e monitoram as atividades da organização (COSO, 2004).

A boa reputação de uma organização pode ser tão valiosa que os seus padrões de comportamento devem estender-se além do mero cumprimento de normas. Os gerentes de organizações bem administradas aceitam cada vez mais o conceito que a ética compensa e que o comportamento ético é um bom negócio.

Nesse contexto, é importante para os controles internos que haja integridade e valores éticos dentro da organização, realmente praticados pela liderança e difundidos para todos. As pessoas tendem a imitar o exemplo de seus líderes e a seguir aquilo que é demonstrado sobre o que é certo ou errado.

A integridade dos servidores e da alta Administração é um dos princípios da Governança Pública (inciso II, art. 21, da IN CGU/MP nº 01/2016 e art. 3º do Decreto nº 9.203/2017).

Determinados indivíduos poderão cometer atos desonestos, ilegais ou antiéticos simplesmente porque a organização lhes propicia forte incentivo ou tentação para agir dessa forma.

Para implementar adequados padrões de conduta ética na organização, pode-se focar nos seguintes aspectos:

3.2.2.1 Estabelecimento de padrões de ética e de conduta

A existência e divulgação de um código de ética ou de conduta nas organizações são recomendadas pelo Código das Melhores Práticas de Governança Corporativa do Instituto Brasileiro de Governança Corporativa, pelo Referencial Básico de Governança do Tribunal de Contas da União e pelo Guia de Integridade Pública da Controladoria-Geral da União.

Os padrões de comportamento esperados e proibidos de todos dentro da organização, incluindo os colaboradores, alta administração e terceiros, tais como fornecedores e prestadores de serviço, devem estar definidos em códigos de ética e conduta formalmente instituídos.

O código de ética ou de conduta é um dos principais instrumentos de governança e deve tratar de forma clara, ampla e direta dos valores e condutas esperadas e proibidas de todos dentro da organização, incluindo os colaboradores e alta direção. Ambientes liderados por gestores que não respeitam os padrões de ética e conduta favorecem a ocorrência de fraudes e irregularidades.

Esse documento deve ser destinado e aplicado a todos aqueles que atuam na entidade e deve esclarecer as razões e objetivos da adoção de determinados valores.

Deve conter linguagem acessível, independentemente do nível de escolaridade do público-alvo, e contemplar disposições aplicáveis a terceiros que atuam na cadeia produtiva ou de fornecimento da entidade.

Adicionalmente, o código de ética deve contemplar outros aspectos, sobretudo com relação à prevenção de fraudes e corrupção, tais como:

Tabela 2 – Requisitos de um código de ética

ITEM	DESCRIÇÃO
1	Referência às políticas da entidade para prevenir fraudes e ilícitos.
2	Estabelecimento sobre vedações expressas, tais como aquelas relativas: a) aos atos de prometer, oferecer ou dar, direta ou indiretamente, vantagem indevida a agente público, nacional ou estrangeiro, ou a pessoa a ele relacionada; b) aos atos de solicitar ou receber, direta ou indiretamente, vantagem indevida em razão da função pública exercida ou aceitar promessa de tal vantagem; c) à prática de fraudes, especialmente com relação a licitações e contratos públicos; d) ao nepotismo; e) à manutenção de situações de conflito de interesses.
3	Esclarecimento sobre a existência e a utilização de canais de denúncias e de orientações sobre questões de integridade.
4	Orientações quanto à proibição de retaliação a denunciantes e aos mecanismos para protegê-los.
5	Previsão de medidas disciplinares para casos de transgressões às normas e às políticas da organização governamental.

Fonte: Guia de Implantação de Programas de Integridade nas Empresas Estatais, CGU, 2015.

É desejável que o Código de Ética contemple o potencial conflito de interesse de quem atua na organização, como o recebimento de brindes, presentes ou vantagens nas relações com fornecedores.

Assim, pode-se estabelecer, por exemplo, que os colaboradores não poderão receber presentes, pagamentos ou vantagens de fornecedores, em seu nome ou no de sua família, que caracterizem conflito de interesse ou comprometimento na licitação; pleitear, com base em seu cargo, descontos em aquisições de bens ou serviços para uso ou consumo de caráter pessoal; usar informações confidenciais para obter vantagens; etc.

O conflito de interesse surge no momento em que o interesse privado se sobressai ao interesse público. Algumas diretrizes foram estabelecidas na tentativa de coibir essa prática, como a Lei nº 12.813/2013, que dispõe sobre o conflito de interesses no exercício de cargo ou emprego do Poder Executivo Federal, e o Decreto nº

7.203/2010, que dispõe sobre a vedação do nepotismo no âmbito da Administração Pública federal.

O STF ratificou a constitucionalidade das normas antinepotismo por meio da Súmula Vinculante nº 13, consolidando a proibição do nepotismo no Poder Público nas três esferas.

Além disso, é importante que o Código de Ética e de Conduta discipline a participação em eventos externos por parte da alta administração e servidores quando tais eventos são promovidos pelo setor privado.

Algumas ações podem ser adotadas para demonstrar o comprometimento da organização com integridade e valores éticos, tais como:

i) formalização e comunicação a todos dentro da organização de um código de conduta;

ii) disponibilização de um *link* direto na primeira página do *site* da organização na internet (ou intranet) para a declaração de valores e do código de conduta, para facilitar sua utilização, enviando uma mensagem a respeito de sua importância;

iii) criação de canais formalmente estabelecidos e divulgados para recebimento de denúncias, códigos e informações correlatas disponíveis eletronicamente, facilitando o acesso e eliminando a necessidade de cópias impressas;

iv) confirmação de recebimento das informações sobre gestão da ética pelos servidores; etc.

3.2.2.2 Tratamento de desvios éticos

Os desvios em relação às normas de conduta devem ser tratados de forma tempestiva e coerente. Dependendo da gravidade do desvio, o servidor pode receber uma advertência, censura ética, sanções administrativo-disciplinares, divulgação de punições aos públicos interno e externo e sanções informais (supervisão).

Todo sistema de gestão de integridade e valores éticos depende de um elemento punitivo para produzir os efeitos desejados, fazendo com que as pessoas percebam que, uma vez adotadas determinadas condutas contrárias às normas, sofrerão as punições cabíveis.

As normas relacionadas à ética e integridade não podem ser percebidas como providas de caráter meramente recomendatório. Devem também resultar em aplicação de sanções nos casos de violação das regras de conduta da organização, com vistas a manter a legitimidade do sistema de integridade.

Para tratar de transgressões éticas, é fundamental a criação de uma comissão de ética com recursos humanos, financeiros, materiais e tecnológicos, plano de trabalho anual, reportando ao mais alto nível hierárquico da entidade, e estabelecimento de protocolos de investigação formalmente definidos para conduzir e documentar as investigações de violação das normas de integridade e valores éticos.

A criação e o efetivo funcionamento de uma Comissão de Ética ou equivalente encontram amparo no art. 2º, parágrafo único, do Decreto nº 1.171/94 e inciso XVI de seu anexo e arts. 5º e 8º, II, do Decreto nº 6.029/2007, no âmbito do Poder Executivo federal.

A título de exemplo, a Comissão de Ética da CGU foi instituída por meio da Portaria CGU nº 1.988, de 20 de novembro de 2008, e regulamentada pelo seu regimento interno (Portaria CGU nº 700, de 14 de março de 2017).

À Comissão de Ética da CGU compete orientar, supervisionar e atuar como instância consultiva de dirigentes e servidores, além de acolher e analisar denúncias.

Além disso, com a edição da Portaria CGU nº 2.120, de 24 de outubro de 2013, a Comissão passou a assumir também atribuições relativas ao cumprimento da Lei de Conflito de Interesses, a exemplo: da análise preliminar de pedidos de autorização e consultas dos servidores quanto à existência de potencial conflito de interesses entre as atribuições do cargo e atividade privada que desejem desempenhar; e da prestação de informações e orientações sobre como prevenir ou impedir esses conflitos.

É importante destacar, ainda, que a transgressão das normas éticas não implicará, necessariamente, violação de lei, mas, principalmente, descumprimento de um compromisso moral e dos padrões qualitativos estabelecidos para a conduta dos servidores e da alta administração.

Em consequência, a punição prevista é de caráter político: advertência e "censura ética", que fica marcada no currículo do servidor. Além disso, é prevista a sugestão de exoneração de cargo em comissão, dependendo da gravidade da transgressão.

Como exemplo, destacam-se os seguintes agentes que sofreram punição pela Comissão de Ética Pública da Presidência da República:

Quadro 2 – Punição da Comissão de Ética Pública

Agente	Punição	Motivo
Ex-presidente do CADE	Advertência	Repreendido por não ter tomado as providências necessárias para se desfiliar de determinado partido político.
Ex-diretor da Petrobras	Censura ética	Condenado por ter sonegado dados relevantes no processo de compra da refinaria Pasadena.
Ex-ministro do Trabalho	Pedido de exoneração	Exoneração recomendada em 2011 por denúncias de cobrança de propina em sua pasta. Quatro dias depois do pedido da Comissão de Ética, o governo divulgou que o ministro havia pedido demissão.

Ademais, a organização deve dispor de instrumentos de apoio ao tratamento de situações que possam conduzir a conflito de interesse da alta administração e servidores.

No âmbito do Poder Executivo federal, existe o SeCI (Sistema Eletrônico de Prevenção de Conflito de Interesses), que permite ao servidor ou empregado público federal fazer consultas e pedir autorização para exercer atividade privada, bem como acompanhar as solicitações em andamento e interpor recursos contra as decisões emitidas, tudo de forma simples e rápida.

3.2.2.3 Treinamentos em integridade e valores éticos

Para que o Código de Ética seja efetivo, é fundamental que a alta administração promova ações de disseminação e capacitação para seus colaboradores focadas em temas relacionados à integridade e valores éticos, tais como: código de ética; prevenção da ocorrência de conflito de interesse; relacionamento com os demais agentes públicos; corrupção ativa e passiva; gestão de riscos e fraudes; utilização de canal de denúncias; etc. Isso demonstra ação concreta do nível estratégico na promoção da ética na organização.

As organizações devem ter um plano de capacitação com o objetivo de treinar as pessoas sobre o conteúdo e os aspectos práticos relacionados à ética e às políticas de integridade. As regras não terão efetividade se as pessoas não souberem como e quando aplicá-las, isso porque, embora as normas de conduta possam proibir, por exemplo, práticas encaradas como conflito de interesses (recebimento de brindes, presentes e hospitalidades), a organização deve reforçar essas normas por meio de comunicações e treinamentos de conscientização.

Destaca-se, também, que a organização pode realizar campanhas, criar programas, para disseminar boas condutas de práticas éticas e de integridade. Um exemplo é a campanha do antigo Ministério do Planejamento (MP) "NÃO É LEGAL", que faz parte do Programa de Integridade do MP e destaca, de forma ilustrativa, práticas incompatíveis com o Código de Ética e de Conduta do Ministério.

É recomendado, ainda, que a entidade realize treinamento com colaboradores de várias áreas da organização, tais como novos servidores, pessoal da área operacional e administrativa, dirigentes e alta administração e gerentes, e até mesmo fornecedores, em horários e locais que facilitem a participação do público visado, inclusive com cursos a distância.

Adicionalmente, pode-se prever que a participação nos treinamentos seja utilizada como critério em avaliações de desempenho.

Em situações similares, o TCU tem recomendado às organizações sob sua esfera de atuação sobre a importância da implantação do Código de Ética, em especial a necessidade de:

a) adotar código de ética formalmente, inclusive avaliando a necessidade de complementar o código de ética do servidor público federal ante as suas atividades específicas;

b) promover ações de disseminação, capacitação ou treinamento do código de ética;

c) constituir comissão de ética ou outro mecanismo de controle e monitoramento do cumprimento do código de ética instituído (itens 9.3.1 a 9.3.3, TC-025.068/2013-0, Acórdão nº 2.622/2015 e Acórdão nº 1.414/2016, ambos do Plenário).

3.2.2.4 Avaliação de desempenho em relação às normas de conduta

A entidade deve adotar método para avaliar o desempenho e adesão dos colaboradores e das equipes em relação às normas de conduta da entidade, tais como índices de treinamento concluídos, resultados das atividades de monitoramento, casos de assédios etc., para identificar problemas e tendências relacionadas às normas de conduta da organização, inclusive prestadores de serviços terceirizados.

3.2.3 Estrutura organizacional

A estrutura organizacional de uma organização é fundamental para o alcance de seus objetivos. Por meio da estrutura, a entidade poderá planejar, executar e verificar os desvios por meio do controle e monitoramento das suas atividades. Independentemente do tipo de estrutura adotado, a entidade deve estar estruturada de forma a permitir um eficaz gerenciamento de riscos e desempenhar suas atividades de modo a alcançar seus objetivos.

Normalmente, a estrutura organizacional de uma entidade é formalizada por meio de um organograma e complementada por um manual, regimento interno, resolução, portaria etc., que estabelece as competências e responsabilidades das unidades e cargos que a compõe.

Cada organização define seu próprio modelo de organograma, segundo suas necessidades, objetivos, tamanho e estilo de gerenciamento, complexidade das operações, área geográfica, entre outros fatores.

Dependendo do porte da organização, pode ser necessária uma estrutura mais robusta, contemplando um conselho de administração, comitês de auditoria e outros comitês e comissões, de forma a promover um equilíbrio entre as partes interessadas.

Segundo D'Ávila e Oliveira (2002), algumas entidades se organizam por linhas de produto, outras por atuação geográfica ou por canais de distribuição. Outras organizações, incluindo muitas unidades governamentais federais, municipais e estaduais e instituições sem fins lucrativos, são estruturadas por função de governo (saúde, educação, segurança, agricultura, transporte, meio ambiente etc).

A revisão e avaliação contínua da estrutura organizacional no que se refere à realização dos objetivos da entidade pública permitem realinhá-los com novas prioridades, a exemplo de novas leis e regulamentos (Lei Anticorrupção, Lei de Acesso à Informação, Lei de Conflito de Interesses etc.) e racionalizá-los (eliminando áreas ou unidades operacionais, secretarias, ministérios etc.) para permitir uma visão mais abrangente e integrada do controle interno.

No estado de Mato Grosso, o Decreto nº 268/2015 exige no art. 7º que os regimentos internos sejam obrigatoriamente atualizados quando:

I – a cada nova edição do decreto de estrutura do órgão ou entidade, no prazo máximo de 150 (cento e cinquenta) dias após a publicação do decreto;

II – em decorrência de alteração do processo organizacional que altere a missão, as competências de unidades ou as atribuições dos servidores.

Para a criação de uma cultura organizacional em que todos trabalhem efetivamente para o adequado funcionamento da gestão de risco, é fundamental que a alta administração implante uma estrutura de governança de riscos, a exemplo da criação de comitê de riscos; superintendência, diretoria, coordenação ou gerência de riscos e controles internos; auditoria interna etc.

Dessa forma, deve obrigatoriamente compor a estrutura organizacional dos órgãos e entidades do Poder Executivo federal um comitê de governança, riscos e controles, nos termos previstos no art. 23 da Instrução Normativa Conjunta CGU/MP nº 01/2016 e no art. 14 do Decreto nº 9.203/2017.

Nesse contexto, o TCU emitiu recomendação a uma empresa pública para que definisse "estrutura funcional, instituindo responsabilidades e competências para conduzir e dar suporte ao processo de gestão de riscos da empresa" (Acórdão nº 1.220/2015 – Plenário).

Na CGU, a estrutura de governança foi instituída por meio da Portaria nº 1.308/2015, composta por um comitê de gestão estratégica e um comitê gerencial.

Como exemplo de estrutura de governança de riscos de uma entidade da administração pública federal, apresentamos a seguir um modelo dividido em três camadas ou três linhas de defesa.

Figura 14 – Instâncias de supervisão/linhas de defesa

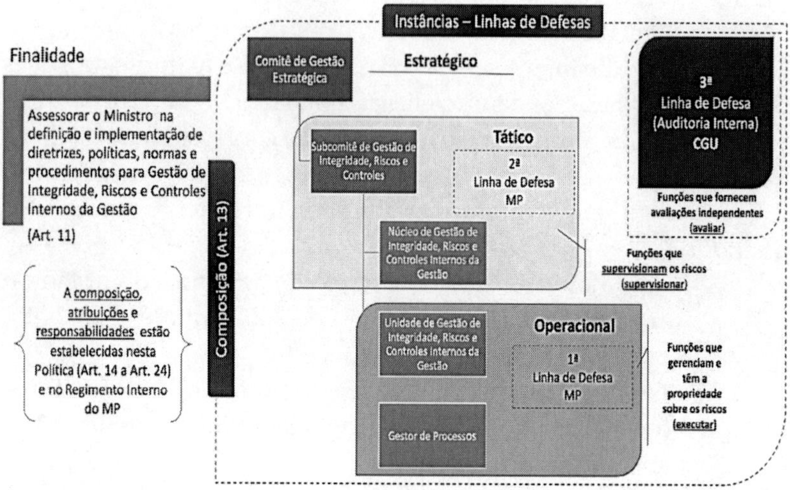

Fonte: Manual de Gestão de Integridade, Riscos e Controles Internos da Gestão, 2017.

As instâncias de supervisão têm a finalidade de assessorar o Ministro de Estado na definição e implementação de diretrizes, políticas, normas e procedimentos para gestão de integridade, riscos e controles internos da gestão (BRASIL, 2017).

Na 1ª linha de defesa – gestão operacional –, estão as funções que gerenciam e têm propriedade sobre os riscos e que são responsáveis por implementar ações corretivas para resolver deficiências em processos e controles.

Também existe a atribuição de identificar, avaliar, controlar e reduzir os riscos, guiando o desenvolvimento e a implementação de políticas e procedimentos internos e garantindo que as atividades estejam de acordo com as metas e objetivos (BRASIL, 2017).

No âmbito do Ministério do Planejamento (MP), essas funções são de responsabilidade do nível operacional, sendo representadas pelo gestor do processo e pela Unidade de Gestão de Integridade, Riscos e Controles Internos da Gestão (UIRC).

Na 2ª linha de defesa – gerenciamento de riscos e conformidade –, estão as funções que supervisionam os riscos e que são responsáveis por: (i) ajudar a desenvolver e/ou monitorar os controles da primeira linha de defesa; (ii) apoiar as políticas de gestão, definir papéis e responsabilidades e estabelecer metas para implementação; (iii) auxiliar no desenvolvimento de processos e controles para gerenciar riscos; (iv) fornecer orientações e treinamento sobre processos de gerenciamento de riscos; (v) facilitar e monitorar a implementação de práticas eficazes de gerenciamento de riscos por parte da gerencia operacional – 1ª linha de defesa –; (vi) monitorar a adequação e a eficácia do controle interno, a precisão e a integridade do reporte, a conformidade com leis e regulamentos e a resolução oportuna de deficiência (BRASIL, 2017).

No âmbito do MP, essas funções são de responsabilidade do nível tático, sendo representadas pelo Núcleo de Gestão de Integridade, Riscos e Controle Interno da Gestão (NIRC), vinculado à Assessoria Especial de Controle Interno (AECI) e pelo Subcomitê de Gestão de Integridade, Riscos e Controles Internos da Gestão (SIRC).

Na 3ª linha de defesa – auditoria interna –, está a função de avaliações abrangentes, independentes e objetivas sobre a eficácia da governança, do gerenciamento de riscos e controle. Assim como a primeira e a segunda linhas de defesa, alcançam os objetivos de gerenciamento de riscos e controles (BRASIL, 2017).

No âmbito do Administração Pública federal, essa função é de responsabilidade da Controladoria-Geral da União (CGU).

A estrutura de três linhas de defesa também é muito difundida pelo Instituto de Auditores Internos (IIA). A lógica é a mesma já descrita: o primeiro combate, a barreira mais ampla aos riscos é a defesa realizada pelos gestores. A gerência operacional define, estabelece e mantém controles internos incorporados à rotina diária.

Essa estrutura nem sempre é suficiente para manter tudo protegido. Aí entram em campo mecanismos adicionais para ajudar a desenvolver e monitorar os controles da primeira linha de defesa.

Aqui fica o Comitê de Gestão de Riscos, por exemplo. Há entidades que criam áreas de *compliance* ou de integridade para ajudar com riscos relacionados a fraudes e conformidade. Setores de supervisão de controle interno também são comuns.

Para realizar avaliações independentes, existe a Auditoria Interna. E há ainda uma linha adicional de defesa, representada pela Auditoria Externa, executada pelos Tribunais de Contas. Tudo isso para tentar manter os riscos sob controle e defender a missão e os objetivos organizacionais.

Figura 15 – Modelo de três linhas do IIA

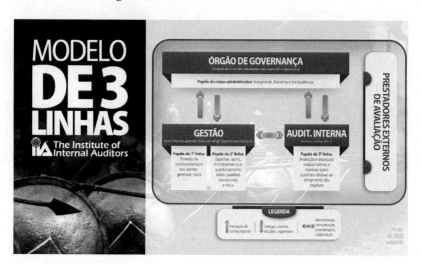

Fonte: IIA, 2020, adaptado.

3.2.4 Padrões de recursos humanos

É essencial que os empregados estejam preparados para enfrentar novos desafios na medida em que as questões e os riscos por meio da organização se modificam e adquirem maior complexidade – em parte devido à rápida mudança de tecnologias e da intensificação da concorrência. Ensino e treinamento, sejam eles mediante instruções na sala de aula, no autoestudo ou no treinamento na própria função, devem contribuir para que o pessoal se mantenha atualizado e trabalhe com eficácia um ambiente em fase de transição (COSO, 2013).

As pessoas na organização devem estar bem informadas, habilitadas e autorizadas para exercer seus papéis e suas responsabilidades no gerenciamento de riscos e controles; entender esses papéis e os limites de suas responsabilidades, e como os seus cargos se encaixam na estrutura de gerenciamento de riscos e controle interno da organização.

Conforme definição adotada pelo COSO, os controles internos são executados por pessoas. Nesse sentido, a qualidade dos servidores da organização afeta diretamente o ambiente de controle e, por consequência, todos os demais componentes de um sistema de controle interno eficaz.

Para se implantar adequados padrões de recursos humanos para gerenciar riscos em uma entidade pública, pode-se focar nos seguintes aspectos:

3.2.4.1 Formalização de políticas e procedimentos de recursos humanos

Políticas e procedimentos de recursos humanos são um guia de conduta no qual estão as regras de conduta ética, integridade e competência esperadas dentro da organização. Envolvem desde contratações, treinamentos, avaliações, promoções e até demissões.

As políticas e procedimentos visam maximizar a contribuição de cada uma das funções para a consecução dos objetivos da área de gestão de pessoas, os quais devem estar alinhados com a estratégia organizacional.

É de fundamental importância que seja desenvolvido um plano que não apenas preveja como serão alocados os recursos disponíveis no ano, mas que defina estratégias na área de pessoal para suportar os objetivos de longo prazo da organização dispostos em seu plano estratégico, conforme recomendações já prolatadas pelo TCU (Acórdão nº 3.023/2013 – Plenário, item 9.1.1.1; Acórdão 2.212/2015 – Plenário, itens 9.1.1, 9.2.1 e 9.3.1; entre outros).

As políticas e procedimentos de recursos humanos devem dispor sobre:

a) Seleção: a organização deve estabelecer requisitos adequados de conhecimento, experiência (habilidades) e atitudes (integridade) para as contratações de seu pessoal. Além disso, podem ser definidos objetivos, indicadores e metas de desempenho para a função de recrutamento e seleção.

Cabe destacar que gestores mal selecionados ou mal capacitados podem administrar a organização de forma ineficiente, alocando pessoas e recursos e tomando decisões estratégicas de forma equivocada. Além disso, limitações no processo de seleção desses gestores, como indefinição dos critérios e falta de transparência, podem interferir negativamente na imagem e credibilidade da organização.

b) Compromisso com a competência: organizações com ambiente interno efetivo contratam e mantêm pessoas competentes para desempenhar suas tarefas e exercer suas responsabilidades de maneira eficaz.

c) Avaliação de desempenho: devem ser ligadas às metas e aos objetivos definidos no plano estratégico da organização e em seus desdobramentos. Os funcionários devem receber *feedback*, aconselhamento e sugestões de melhoria sobre seu desempenho. Recomenda-se, ainda, definir objetivos, indicadores e metas para a função de gestão de desempenho.

d) Promoções, recompensas e rotatividade: devem estar atreladas à avaliação de desempenho e ao nível de capacitação alcançado pelo servidor.

e) Sanção: medidas disciplinares devem ser adotadas, quando cabíveis, para transmitir rigorosamente a ideia de que desvios não são tolerados.

Podem ser citados como exemplos de políticas e procedimentos de recursos humanos:

i) Política de Formação Gerencial ou Plano de Desenvolvimento de Competências;

ii) Programa Interno de Desenvolvimento de Lideranças e Futuros Líderes;

iii) Plano de sucessão para as ocupações críticas (art. 5º, §§4º e 5º, da Lei nº 11.416; art. 17 da Lei nº 13.303/2016; no art. 3º, inciso III, do Decreto nº 5.707/2006; e Acórdão nº 2.212/2015 – TCU – Plenário – itens 9.1.2, 9.2.2 e 9.3.2);

iv) Programa de qualidade de vida no trabalho;

v) Planejamento da força de trabalho (quantidade de pessoal por unidade organizacional ou por processo de trabalho);

vi) Definição de competências e características para o exercício de cargos em comissão devidamente mapeadas e divulgadas;

vii) Identificação das lacunas de competências da organização;

viii) Pesquisa Anual de Clima Organizacional (essa avaliação é fundamental, pois permite diagnósticos que servem de insumos para a melhoria da gestão);

ix) Realização de pesquisa de antecedentes quando da contratação de novos servidores;

x) Definição de perfis profissionais desejados para cada ocupação ou grupo de ocupações de colaboradores (área finalística, gestão de contratações, gestão de pessoas, tecnologia da informação, etc.); e

xi) Existência de regras e controles formalmente definidos para a contratação de servidores, terceirizados, comissionados e estagiários.

3.2.4.2 Avaliação da competência dos colaboradores

A organização deve dispor de uma política de avaliação de desempenho dos colaboradores (estabelecimento de metas de desempenho individuais e/ou de equipes alinhadas com as metas das unidades) e prestadores de serviços (acordo de nível de serviços).

O processo de gestão do desempenho é elemento integrador de diversas práticas de gestão de pessoas, pois oferece insumos para a melhoria de programas de capacitação, pagamento de gratificação de desempenho, política de promoção e progressão no cargo ou carreira e identificação de falhas em equipes, gestores, processos, fluxos e condições de trabalho (Relatório de Levantamento TC nº 017.245/2017-6, TCU).

Além disso, contribui para alinhar os processos de trabalho com a missão e com os objetivos estratégicos da organização, assim como para estabelecer um diálogo contínuo com os colaboradores a respeito dos resultados desejados pelas diversas partes interessadas (Relatório de Levantamento TC nº 017.245/2017-6, TCU).

Esse processo possui grande relevância nos processos de gestão organizacional e também no arcabouço legal que rege diversas carreiras federais. Salvo poucas exceções, os colaboradores da Administração Pública federal, por mandado legal, devem ser avaliados sistematicamente segundo o seu desempenho.

Isso significa a avaliação segundo o desempenho individual das tarefas e atividades a eles atribuídas, conforme se observa, por exemplo, nas Leis nº 11.784/2008, 12.300/2010 e 10.356/2001.

É fortemente recomendado que as organizações estabeleçam metas de desempenho individuais ou de equipes vinculadas ao planejamento estratégico da unidade. Essa vinculação está prevista, por exemplo, no art. 149, inciso II, da Lei nº 11.784/2008, aplicável a diversas carreiras do Poder Executivo.

A organização deve realizar formalmente a avaliação de desempenho individual, com atribuição de nota ou conceito, tendo como critério de avaliação o alcance das metas previstas no plano da unidade.

Essa avaliação de desempenho deve ser adequada para o tamanho e porte da organização e deve estar ligada às metas e aos objetivos definidos no plano estratégico da organização.

Recomenda-se, ainda, que as avaliações de desempenho sejam realizadas periodicamente para todos os níveis hierárquicos da entidade (no máximo a cada dois anos), vinculando todas as promoções e progressões na carreira ao resultado da avaliação de desempenho, quando possível.

Cabe ressaltar que a gestão de pessoas por competências é diretriz na Administração Pública federal, tanto no Poder Executivo (Decreto nº 5.707/2006, art. 1º, III, e art. 5º, III) quanto no Poder Judiciário (Lei nº 11.416/2010, art. 10 c/c art. 1º do Anexo III da Portaria Conjunta STF/CNJ/STJ/CJF/TST/CSJT/STM/TJDFT nº 3/2007).

3.2.4.3 Elaboração de um plano de capacitação

A capacitação é requisito fundamental para que a gestão de riscos e controles internos possa ser bem conduzida pelos gestores. São pessoas que lidam com riscos e controles internos, sejam elas membros da alta administração, gestores ou demais servidores.

Segundo o GAO, unidade de controle externo federal nos Estados Unidos:

a) os conhecimentos, as competências e as habilidades necessários para gestão de risco devem ser identificados e levados ao conhecimento dos empregados;

b) a organização deve enfatizar a necessidade de capacitação contínua e dispor de mecanismo de controle para assegurar que todos os empregados recebam capacitação apropriada para gestão de riscos e controles internos.

A função de treinamento e desenvolvimento contribui decisivamente para que a organização execute suas estratégias e cumpra sua missão institucional. Possui também influência positiva no desempenho individual e, como consequência, no organizacional. A contribuição de ações educacionais para o desenvolvimento das potencialidades individuais as coloca em posição de destaque nas estratégias organizacionais.

Além disso, esses treinamentos devem contemplar colaboradores de várias áreas da organização, tais como novos servidores, pessoal da área operacional e administrativa, dirigentes e alta administração e gerentes.

É importante que as capacitações ocorram em horários e locais que facilitem a participação do público-alvo visado e, ainda, que a organização disponha de ferramentas para avaliar a efetividade dos treinamentos ministrados, tais como:

i) aplicação de testes depois (ou antes e depois) das capacitações;

ii) pesquisas de satisfação após os treinamentos;

iii) avaliação de possíveis melhoras na aplicação das políticas e procedimentos, após a realização dos treinamentos;

iv) avaliação da contribuição das ações educacionais realizadas para o resultado da organização, como, por exemplo, contribuição para redução dos custos, melhoria do clima organizacional, aumento de produtividade, satisfação dos clientes, etc.

Cabe ressaltar que o TCU tem recomendado aos órgãos e entidades jurisdicionados que promovam a capacitação dos agentes envolvidos no processo de gerenciamento de riscos e na definição de seus controles internos, de forma que possam adotar e implementar com eficiência os modelos de gestão de riscos

COSO I e COSO II (Acórdão nº 8.522/2016 – 2ª Câmara e Acórdão nº 8.071/2016 – 2ª Câmara).

Por meio do Acórdão nº 2.501/2016 – Plenário, o TCU recomendou às unidades jurisdicionadas que:

> Adotem providências com vistas ao aperfeiçoamento de seu plano de capacitação e desenvolvimento, de modo que contemple, anualmente, a oferta de ações educativas necessárias ao pleno cumprimento das atribuições de cada setor e servidor, bem como que seja dotado de controles administrativos que permitam acompanhar e monitorar as capacitações realizadas.

É importante destacar que o TCU tem realizado periodicamente levantamento com objetivo de avaliar o nível de maturidade em gestão de pessoas das organizações, de modo a produzir informações para estruturação e aperfeiçoamento da gestão de recursos humanos das entidades federais.

O RISCO DO RISCO

Gerenciar riscos também é arriscado. Seu próprio objetivo, de garantir razoável segurança ao cumprimento dos objetivos da organização, pode ser comprometido se o ambiente de controle interno da entidade for inadequado.

Tratar gestão de riscos apenas como exigência legal, sem entender e se convencer da sua relevância, sem criar as condições efetivas para sua disseminação e aplicação, *pode levar ao fracasso* dessa iniciativa. Daí a essencialidade de engajamento da alta direção, construindo o ambiente propício.

Em Pantanal do Norte, nosso município hipotético, o prefeito Paulo Capivara seguiu esses passos para implantar a gestão de riscos, já que estava convencido de que precisava agir com firmeza para evitar problemas em sua gestão.

Desde menino, o prefeito aprendeu que as palavras podem inspirar, e o exemplo é capaz de arrastar. Então, mais do que criar um comitê de gestão de riscos, ele se empenhou pessoalmente em divulgar, difundir e disseminar a nova postura de preocupação sistemática com riscos e a relevância dos controles internos na prefeitura. Houve reuniões, um seminário, uma audiência pública e diversos eventos em que o tema foi abordado, e o prefeito fez questão de estar presente.

Paulo Capivara também manteve intensa supervisão sobre os passos de seus secretários durante a implantação da gestão de riscos em Pantanal do Norte, especialmente no começo, quando foi mais difícil convencê-los de que essa era uma boa ideia e que valia a pena o esforço.

Os secretários, por sua vez, atuaram no comitê e elaboraram a política de gestão de riscos, além de se engajarem nos eventos de disseminação sobre o tema. Eles também participaram de capacitações que a prefeitura promoveu.

Além disso, a controladoria, que foi responsável por introduzir o interesse pelo tema na prefeitura, por meio de recomendações, palestras e reuniões, ficou responsável por avaliar a política de gestão de riscos e sua implantação, especialmente a mensuração da eficácia dos controles internos administrativos instituídos para mitigar os riscos.

O prefeito aprovou a política de gestão de riscos, disciplinando e sistematizando o processo de identificação, avaliação, tratamento, monitoramento e comunicação dos riscos, definiu o apetite a risco na prefeitura e determinou aos seus subordinados a manutenção de esforços para fazer a coisa funcionar de verdade. Ele passou a falar sobre riscos e controles até mesmo fora do seu município.

Foram realizadas ações de capacitação com superintendentes, diretores, coordenadores e gerentes para que pudessem conduzir a implantação da gestão de riscos em suas áreas. Outros servidores foram capacitados para operar os controles internos e entender o seu papel no processo.

O código de ética foi atualizado, a comissão de ética foi reforçada, os canais de denúncia dentro da prefeitura foram incrementados, o portal na internet foi remodelado para aumentar a transparência e difundir ações ligadas à gestão de riscos. As políticas de recursos humanos foram revisadas e aprimoradas.

Assim, o município preparou o ambiente e construiu o alicerce para encarar os riscos de uma maneira profissional e consciente, buscando dar mais efetividade e melhores resultados aos cidadãos. Era hora de começar a levantar paredes e, para isso, era preciso definir os objetivos da gestão.

3.3 Fixação de objetivos (onde se quer chegar)

Uma precondição para avaliar riscos é ter objetivos relacionados aos vários níveis da entidade. Esses objetivos se alinham à entidade e apoiam o cumprimento das diretrizes estratégicas. Embora a fixação de estratégias e objetivos não seja parte do processo de controle interno, os objetivos formam a base para implementar e conduzir as abordagens de avaliação de riscos e para estabelecer as atividades de controle subsequente (COSO, 2013).

Estudamos com mais detalhes sobre definição de objetivos no capítulo um deste livro. Por esse motivo, neste tópico enfatizaremos os desdobramentos do planejamento estratégico para a identificação e avaliação dos riscos.

Para o TCU, "a organização, a partir de sua visão de futuro, da análise dos ambientes interno e externo e da sua missão institucional, deve formular suas estratégias, desdobrá-las em planos de ação e acompanhar sua implementação, oferecendo os meios necessários ao alcance dos objetivos institucionais e à maximização dos resultados" (BRASIL, 2013).

Não é possível falar em governança em organizações que não tenham estratégia definida, em especial, que não tenham definido seus objetivos, pois a finalidade maior da governança é que a organização atinja seus objetivos.

Infelizmente, há realidades ainda precárias no setor público brasileiro em termos de capacidades gerenciais e estruturas de governança. Exemplo disso é o resultado de uma pesquisa com 34 prefeituras de Alagoas, em 2017. Nenhuma delas possuía planejamento estratégico, nem objetivos claramente definidos. As metas dos programas e ações não eram gerenciadas e não havia ações para evitar a paralisação de atividades críticas (SILVA, 2017).

Difícil avaliar quanto dessa realidade é causa ou consequência da posição de Alagoas como o pior índice de desenvolvimento humano (IDH) do país. O fato é que essas prefeituras – como muitas outras Brasil afora – não possuem recursos, nem capacidade administrativa para planejar, executar e evitar riscos no caminho.

Como exemplo oposto, de uma boa estrutura de planejamento, podemos destacar o Mapa Estratégico do Ministério da Justiça 2015-2019, aprovado e publicado em sua página na internet, que tem por missão "trabalhar para a consolidação do Estado Democrático de Direito". Ele apresenta, entre outros, os seguintes objetivos estratégicos, indicadores e metas:

Quadro 3 – Planejamento estratégico do Ministério da Justiça

Objetivo estratégico	Indicador estratégico	Finalidade do indicador	Meta estratégica
1. Reduzir homicídios	Redução do número de homicídios	Identificar a redução do número de homicídios no país	5% ao ano por 3 anos ou 15% no final de 2018
2. Reduzir a violência no trânsito das rodovias federais	Taxa de acidentes graves	Apurar a eficácia e efetividade das ações da PRF na redução da gravidade dos acidentes	260/1 milhão de veículos da frota nacional
3. Fortalecer o enfrentamento da criminalidade com foco em organizações criminosas, tráfico, corrupção, lavagem de dinheiro e atuação na faixa de fronteira	Quantidade de operações especiais de polícia judiciária desencadeadas pelo Departamento de Polícia Federal (DPF)	Mensurar o esforço de atuação do DPF relativo à quantidade de operações especiais de polícia judiciária desencadeadas no período sob apuração	2016: 398 operações especiais 2017: 406 operações especiais 2018: 414 operações especiais 2019: 422 operações especiais
4. Aprimorar a gestão da logística e a infraestrutura interna	Quantidade de processos licitatórios prioritários concluídos	Monitorar o nível de atingimento das licitações consideradas prioritárias	80%

Fonte: Indicadores e metas estratégicos do Ministério da Justiça.

É importante ainda que, no processo de elaboração do planejamento estratégico da organização, sejam identificadas e priorizadas as demandas das partes interessadas (*stakeholders*), com vistas a garantir que a estratégia definida contemple as demandas dos cidadãos.

Em Pantanal do Norte, a prefeitura participa do Programa de Desenvolvimento Institucional Integrado (PDI), instituído em 2012 pelo Tribunal de Contas de Mato Grosso com o objetivo de contribuir para a melhoria da eficiência dos serviços públicos, fomentando a adoção de um modelo de administração pública orientada para os resultados para a sociedade.

Uma das ações do PDI é desenvolver o plano estratégico. Pantanal do Norte definiu o seu para o período 2018-2027, estabelecendo como missão: "Garantir melhor qualidade de vida ao cidadão, por meio de políticas públicas efetivas e sustentáveis". Esse é o principal objetivo da gestão municipal.

Para concretizar essa missão, diversos objetivos foram definidos; dentre eles, o fortalecimento da economia local sustentável. Para atingir esse objetivo, diversas metas foram fixadas, como, por exemplo, dobrar o percentual de participação da agricultura familiar nas aquisições de gêneros alimentícios da merenda escolar.

E para dar conta dessa meta, diversas ações foram planejadas, sendo uma delas a capacitação dos profissionais de nutrição para privilegiar a produção familiar quando da elaboração dos cardápios da alimentação escolar.

Outro exemplo de objetivo estratégico de Pantanal do Norte é "modernizar a gestão", que se desdobra em vários objetivos secundários, sendo um deles a redução no tempo médio de realização das aquisições por licitação. A meta nesse caso é baixar pela metade, até 2027, o tempo atual. Para isso, a prefeitura pretende realizar diversas ações, como implantar sistema eletrônico de gestão de compras.

Perceba que cada um desses objetivos estratégicos, que se desdobram em objetivos operacionais, metas e ações, guarda em si um resultado a ser atingido e um caminho a ser percorrido – o que fazer para chegar ao destino pretendido.

No meio do caminho pode haver muitas pedras. E uma pedra no meio do caminho, atrapalhando o objetivo, a gente pode chamar de risco.

Para deixar o caminho livre e aumentar as chances de chegar onde queremos, precisamos identificar as pedras, saber o seu tamanho, seu formato e como evitá-las ou removê-las do nosso caminho.

Vamos começar aprendendo a identificar essas pedras – quer dizer, riscos – e os eventos que podem atrapalhar os nossos objetivos. Antes disso, porém, vamos acompanhar a diretora de compras de Pantanal do Norte, Maria Carcará, definindo as atividades e seus objetivos dentro do processo de licitações.

3.3.1 Atividades do processo de licitação

De acordo com a Organização para a Cooperação e Desenvolvimento Econômico (OCDE), a partir da década de 1990, observou-se um incremento de relevância das compras governamentais, passando sua concepção de um conjunto de atos operacionais a uma ferramenta estratégica, de modo a "aprimorar a eficiência em organizações públicas, regular mercados e promover o desenvolvimento sustentável" (OCDE, 2012, p. 5).

Nesse sentido, as licitações têm papel fundamental na atividade administrativa do Estado, uma vez que toda aquisição, a princípio, se encontra vinculada à obrigação de licitar, obrigação esta constante da Constituição Federal (artigo 37, XXI). Mesmo nas hipóteses taxativas de exceção, em que a licitação é dispensável ou inexigível, deve-se respeitar os princípios fundamentais da Administração Pública.

A necessidade de se aperfeiçoarem continuamente os controles internos das contratações decorre da sua forte relação com a geração de resultados para a sociedade, uma vez que é o principal meio de implementação de políticas públicas e envolve elevada materialidade de gastos associados, da ordem de 15% do PIB, conforme levantamento do TCU (Acórdão nº 2.622/2015). Portanto, estamos falando de R$500 bilhões por ano.

E tão superlativa quanto esse número é a quantidade de casos de fraudes e corrupção que vemos e ouvimos todos os dias associados às compras governamentais. É um tema recorrente na mídia e um risco permanente na gestão pública. Daí a relevância de disseminar técnicas que possam ajudar a combater esse risco e outros que existem no processo de licitações.

Por esse motivo, é fundamental que a alta administração das organizações implemente estruturas e processos de governança e gestão de contratações. Sobre esse assunto, a nova Lei de Licitações e Contratos (Lei nº 14.133/2021), que incorporou boas práticas de governança em seus dispositivos, transferiu, em seu art. 11, parágrafo único, à alta administração do órgão ou entidade, a responsabilidade por promover a governança das contratações e implementar processos e estruturas para avaliar, direcionar e monitorar os processos licitatórios e os respectivos contratos.

De acordo com a referida norma, ao percorrer esse caminho, pretende-se ampliar o alcance dos objetivos do processo licitatório (seleção da proposta mais vantajosa, tratamento isonômico, justa competição, incentivo à inovação e desenvolvimento nacional sustentável), além de promover um ambiente íntegro e confiável, assegurar o alinhamento das contratações ao planejamento estratégico e às leis orçamentárias e promover eficiência, efetividade e eficácia nas contratações (Acórdão nº 2.164/2021 – P).

Devido à importância do tema, a Secretaria de Gestão do Ministério da Economia editou a Portaria nº 8.678/2021, que dispõe sobre a governança das contratações públicas no âmbito da Administração Pública Federal direta, autárquica e fundacional.

A figura a seguir apresenta respostas de 369 organizações da Administração Pública federal ao TCU com respeito à criticidade das aquisições para as suas *três ações orçamentárias consideradas mais relevantes*. Observa-se que somente 4% das organizações afirmaram não ter suas atividades relevantes afetadas pelas aquisições, ao passo que praticamente metade das organizações, sem aquisições, teria que parar imediatamente suas principais ações.

Figura 16 – Criticidade das aquisições na Administração Pública federal

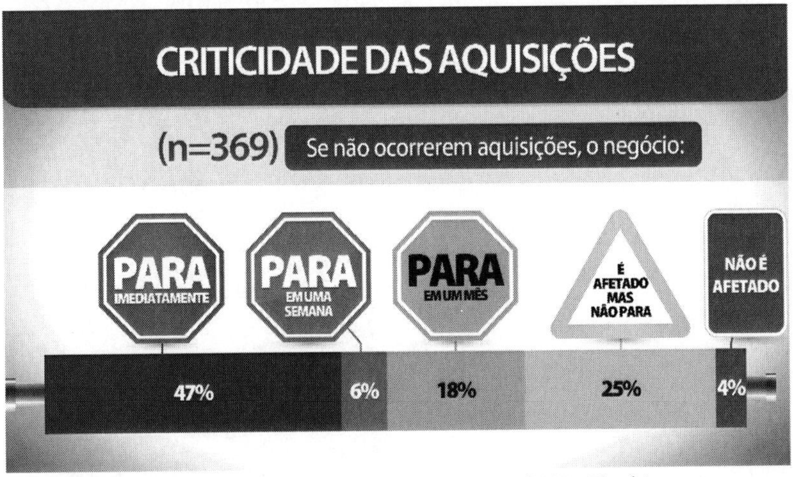

Fonte: Elaboração própria a partir de Acórdão TCU nº 2.622/2015 – Plenário.

A licitação é um procedimento administrativo, de observância obrigatória pelas entidades governamentais e similares, em que, observado o tratamento isonômico entre os participantes, deve ser selecionada a proposta apta a gerar o resultado mais vantajoso, uma vez preenchidos os requisitos mínimos necessários ao bom cumprimento das obrigações.

Os objetivos do processo licitatório estão definidos no art. 11 da Lei nº 14.133/2021, conforme apresentado a seguir:

- assegurar a seleção da proposta apta a gerar o resultado de contratação mais vantajoso para a Administração Pública, inclusive no que se refere ao ciclo de vida do objeto;
- assegurar tratamento isonômico entre os licitantes, bem como a justa competição;
- evitar contratações com sobrepreço ou com preços manifestamente inexequíveis e superfaturamento na execução dos contratos; e
- incentivar a inovação e o desenvolvimento nacional sustentável.

Conjugar ao mesmo tempo isonomia, vantajosidade e sustentabilidade é tarefa das mais complexas. É preciso equilibrar requisitos do objeto pretendido, características sustentáveis, critérios de seleção do fornecedor que assegurem capacidade efetiva de cumprir o contrato, garantir isonomia e competitvidade e ainda respeitar políticas de incentivo a certos tipos de fornecedores.

Para realizar esse malabarismo de propósitos, existe um conjunto bem amplo de etapas, procedimentos, ações e atividades a serem desempenhados. Um emaranhado de conceitos e operações, ilustrado na figura a seguir.

Figura 17 – Representação do processo licitatório – Projeto Fractal

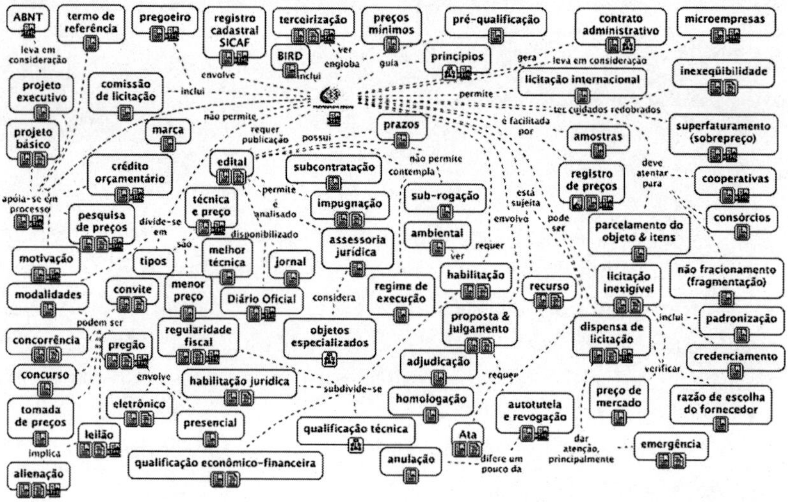

Fonte: Projeto Fractal. Disponível em: www1.previdencia.gov.br/fractal/index.html.

É facil perceber que, no meio desse labirinto de elementos, podem se esconder diversos e numerosos riscos. Antes, porém, de tratar desses riscos, precisamos entender de modo mais claro como funciona uma licitação, onde ela começa, por onde passa e onde termina. Podemos tentar simplificar o emaranhado da figura anterior em um conjunto menor de etapas, compreendendo o macroprocesso de contratação pública.

Figura 18 – Macroprocesso de contratação pública

Fonte: Elaboração própria a partir de RCA, do TCU.

Agora podemos visualizar as etapas que envolvem o processo de contratação. Ele nasce de uma necessidade, que exige o desenho de uma solução, cuja demanda deve ser oficializada e gerar o planejamento da contratação. Depois, é preciso gerar um edital, com as regras que nortearão o julgamento para seleção do fornecedor, com quem será assinado um contrato, do qual, espera-se, será obtida a solução contratada para que se produzam os resultados que atendam aquela necessidade que deu origem a tudo.

Cada etapa se desdobra em atividades: elaborar estudo preliminar; avaliar soluções; selecionar solução; definir especificações; gerar demanda; pesquisar preços; avaliar orçamento; definir modalidade e tipo; autorizar abertura; elaborar projeto; minutar edital; emitir parecer jurídico; publicar aviso; receber propostas; receber e julgar impugnações; realizar sessão de abertura; julgar documentos e propostas; receber e julgar recursos; adjudicar; homologar; publicar resultado.

Tudo isso antes de assinar o contrato e começar, de fato, a obter a solução pretendida.

Foi sobre esse cenário complexo que Maria Carcará, diretora da central de compras de Pantanal do Norte, se debruçou para decidir como fazer a gestão de riscos na área de licitações da prefeitura.

3.3.2 Atividades relevantes nas licitações de Pantanal do Norte

Para compreender melhor os objetivos de cada etapa e atividade no processo licitatório, Maria Carcará consultou livros de referência, navegou pela página de Riscos e Controles em Aquisições (RCA) mantida pelo TCU, revisou as normas internas da central de compras e da coordenadoria de licitações e conversou bastante com quem mais entende do assunto: os servidores que executam as ações.

Maria falou com Joana Capivara, coordenadora de licitação; Ivan Tucano, presidente da Comissão Permanente de Licitações (CPL); Cláudio Garça, pregoeiro; João Coruja, controlador municipal e com Charles Carcará, assessor jurídico.

Cada um desses personagens ofereceu à diretora de compras sua visão sobre o processo de licitações dentro da prefeitura, como ele acontece e o que costuma ou pode dar errado. Com base nessas informações, Maria e seus colaboradores desenharam um mapa de processo, selecionando 20 atividades mais relevantes na coordenadoria de licitações.

Tabela 3 – Atividades do processo de licitação em Pantanal do Norte

(continua)

ATIVIDADE	OBJETIVO
1 – Identificação da necessidade de bens e serviços	Garantir que as demandas sejam justificadas e fundamentadas, com identificação de quem declarou a necessidade e especificou a solução.
2 – Setor específico com atribuições definidas	Assegurar objetividade e especialização quando do acompanhamento das atividades e correta separação de responsabilidades pela execução das tarefas.

CAPÍTULO 3
COMO FAZER GESTÃO DE RISCOS | 109

(continua)

ATIVIDADE	OBJETIVO
3 – Elaboração do plano anual de aquisição	Estabelecer diretrizes estratégicas para nortear a gestão de aquisições no exercício, bem como informar os fornecedores para que se organizem no sentido de melhor atender às necessidades da administração.
4 – Elaboração de um manual de normas e procedimentos para a atividade de licitação	Garantir que sejam normatizadas e padronizadas as atividades relacionadas à área de licitação.
5 – Padronização de especificações técnicas dos bens e serviços mais comuns	Garantir que as aquisições observem o princípio da padronização.
6 – Padronização do planejamento em contratação direta	Assegurar que dispensas e inexigibilidades adotem os mesmos artefatos (modelos) utilizados no planejamento de contratação por processo licitatório.
7 – Elaboração do projeto	Garantir que as demandas sejam elaboradas após estudos técnicos preliminares materializados no Termo de Referência (TR) ou Projeto Básico (PB).
8 – Estimativa de quantidade de bens e serviços	Garantir a disponibilidade dos bens e serviços previamente selecionados nas quantidades adequadas e no tempo oportuno para atender as necessidades da organização.
9 – Disponibilidade orçamentária	Produzir informações que possibilitem tomadas de decisão em relação às dotações orçamentárias disponíveis no exercício.
10 – Normatização de critérios para pesquisa de preços	Garantir que as pesquisas de preços reflitam os preços praticados no mercado.
11 – Elaboração do edital e minuta do contrato	Garantir que a elaboração do edital atenda à legislação, observando o princípio constitucional da isonomia.
12 – Elaboração de parecer jurídico	Garantir que a aprovação da minuta do edital e anexos esteja em conformidade com a legislação.
13 – Publicidade do edital	Garantir que o edital de licitação seja devidamente divulgado, em observância aos princípios constitucionais da isonomia e da publicidade.
14 – Elaboração de políticas de aquisições	Elaborar um conjunto de diretrizes estratégicas que orientem escolhas nos processos de licitação.
15 – Análise dos documentos e comportamentos das licitantes	Garantir que o processo licitatório seja realizado em obediência ao princípio constitucional da isonomia, sem ocorrência de fraudes e conluios.
16 – Consulta a registros impeditivos de contratação	Garantir que o processo licitatório seja realizado em conformidade com a legislação, evitando a contratação de empresas impedidas, inidôneas e suspensas.
17 – Habilitação e julgamento das propostas	Garantir que o julgamento das propostas de habilitação e de preços seja realizado em conformidade com o Estatuto de Licitações e Contratos.

(conclusão)

ATIVIDADE	OBJETIVO
18 – Acompanhamento gerencial das etapas do processo licitatório	Produzir informações que possibilitem aos gestores as tomadas de decisão e avaliar o desempenho na execução das atividades de licitação.
19 – Segregação de funções	Garantir que as atividades desempenhadas pelos servidores envolvidos nas contratações públicas sejam realizadas observando o princípio da segregação de função.
20 – Responsabilização de entes privados	Produzir informações que possibilitem as tomadas de decisão em relação a empresas com possibilidades de penalização.

A partir do momento em que conheceu as atividades da área de licitação, Maria Carcará precisava descobrir o que poderia dar errado em cada uma delas.

3.4 Identificação de eventos (o que pode dar errado)[8]

A Administração identifica os eventos em potencial que, se ocorrerrem, afetarão a organização e determina se estes representam ameaças que possam ter algum efeito adverso na sua capacidade de implementar adequadamente a estratégia e alcançar os objetivos. Eventos de impacto negativo representam riscos que exigem avaliação e resposta da administração (COSO, 2006).

A etapa de identificação deve reconhecer e descrever os riscos aos quais a organização está exposta e que, caso ocorram, possam afetar negativamente os objetivos do processo e, consequentemente, os da entidade. Nessa etapa, são definidos eventos, fontes, causas, consequências e responsáveis por cada risco. Só depois é que vem avaliação, tratamento, comunicação e monitoramento. O que não for identificado não será tratado. Daí o desafio e a importância dessa etapa.

De acordo com a ISO 31000/2018, na identificação de riscos é recomendado que a organização:

> Identifique as fontes de risco, áreas de impactos, eventos (incluindo mudanças nas circunstâncias) e suas causas e consequências potenciais.

---

[8] Parte do texto desse item é reprodução de artigo de um dos autores: *A arte e a técnica de identificar riscos*, publicado em 2018 no livro da Editora Forum *Compliance, gestão de riscos e combate à corrupção: integridade para o desenvolvimento*, coordenado por Rodrigo Pironti Aguirre de Castro e Marco Aurélio Borges de Paula.

A finalidade desta etapa é gerar uma lista abrangente de riscos baseada nestes eventos que possam criar, aumentar, evitar, reduzir, acelerar ou atrasar a realização dos objetivos. É importante identificar os riscos associados com não perseguir uma oportunidade. A identificação abrangente é crítica, pois um risco que não é identificado nesta fase não será incluído em análises posteriores.

Como auxílio na etapa de identificação de riscos, para cada objetivo elencado, o gestor responsável pelo levantamento pode formular questionamentos a respeito das situações futuras que venham dificultar, impedir ou atrapalhar os resultados pretendidos.

Ao se preparar para uma viagem, é comum que a gente faça uma lista mental – até intuitivamente, sem perceber – do que pode dar errado. Pode ser até uma lista escrita, auxiliada por *checklist* ou outros instrumentos de gestão de viagens.

Há chances de problemas com o transporte, bagagem, medicamentos, hospedagem, clima, documentos. Isso é identificação de riscos. E o que a gente faz a respeito é tratamento, geralmente por meio de controles internos. Não adianta reclamar, a vida está cheia de deles!

De modo semelhante ao que fazemos antes de viajar, um gestor pode adotar uma postura sistemática de questionar os possíveis eventos futuros que impactarão os objetivos mais relevantes de sua área. Para ajudá-lo nessa tarefa, ele pode utilizar um questionário, anotando respostas que representem ameaças possíveis.

Em pesquisa de mestrado, Ramos (2020) sistematizou um conjunto de perguntas para ajudar o gestor a identificar riscos, de modo geral, em sua organização:

- Há o risco de falhas relacionadas à *comunicação interna* prejudicarem o andamento do programa ou política?
- Há o risco de falhas no *fluxo das atividades* prejudicarem o andamento do programa ou política?
- Há o risco de falhas relacionadas à *segurança física* (segurança no ambiente de trabalho, acesso a áreas físicas críticas, entre outros) impactarem o alcance de um ou mais objetivos do programa ou política?
- Há riscos relacionados à *gestão de pessoas* (rotatividade, capacitação, dimensionamento da força de trabalho, conduta, entre outros) que possam afetar o andamento do programa ou política?

- Há risco de falhas relacionadas ao *ambiente tecnológico* (infraestrutura, soluções de TI, segurança da informação, entre outros) que possam afetar o atingimento dos objetivos do programa ou política?
- Há risco de falhas relacionadas a *desconformidades normativas* que possam prejudicar o alcance de um ou mais objetivos do programa ou política?
- Quais *eventos externos* (desastres naturais, ambiente regulatório, cenário socioeconômico, fornecedores) podem afetar o alcance de um ou mais objetivos do programa ou política?
- Há o risco de *insuficiência de recursos* (orçamentário, financeiro, tecnológico ou de pessoas) afetarem o alcance de um ou mais objetivos do programa ou política?
- Há o risco de ocorrência de eventos relacionados ao programa ou política que possam afetar a *imagem* da instituição?
- Há o risco de ocorrência de eventos relacionados ao programa ou política que afetem diretamente o alcance de *objetivos estratégicos* da instituição?
- Há o risco de haver *fraudes ou desvios éticos* na execução do programa ou política?

Figura 19 – Questões para identificar riscos

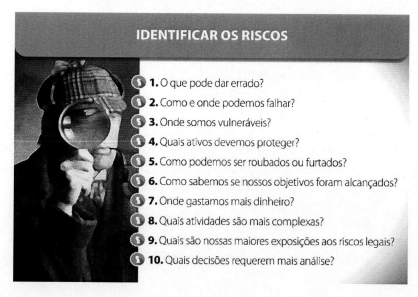

Claro que o gestor não precisa fazer essa identificação sozinho. Por isso, é relevante capacitar e convencer toda a equipe sobre a metodologia de gestão de riscos, envolvendo técnicas de identificação, avaliação e tratamento. A equipe reunida tem muito mais chances de elencar os eventos adversos que podem afetar os resultados pretendidos.

Além de um conjunto de perguntas, existem diversas técnicas que podem ser utilizadas para identificação de riscos que afetem a realização dos objetivos. A escolha da técnica mais adequada depende das particularidades de cada organização. Essas técnicas podem ser utilizadas periódica ou continuamente.

Há uma boa variedade de ferramentas e técnicas disponíveis para identificar riscos, destinadas a maximizar a oportunidade de identificar todos os eventos que podem afetar os objetivos. Basicamente, os métodos se enquadram em três categorias: passado, presente e futuro. Do passado, pode-se fazer uma revisão histórica, procurando aprender com falhas, erros e eventos que já ocorreram, seja naquele mesmo projeto ou organização, seja em contextos semelhantes. Do presente, é possível extrair uma avaliação de condições atuais e compará-las com modelos e referências. Mediante exercícios de criatividade, pode-se pensar no futuro e em seus múltiplos cenários hipotéticos.

Para maximizar resultados, é importante reunir tanto material de referência quanto possível sobre o objeto de risco que se está buscando analisar, sendo coisas como:

– planejamento estratégico, tático e operacional;
– documentação disponível do projeto, atividade, setor ou organização;
– especificações e resultados pretendidos;
– cronogramas;
– orçamentos;
– normas, leis e regulamentos pertinentes;
– notícias relacionadas;
– livros, artigos e pesquisas especializados;
– registros de desempenho histórico;
– planos de segurança.

A identificação de riscos não é uma ciência exata. É mais uma arte, uma técnica, que vai sendo aprimorada com o tempo e iterações sucessivas. À medida que o projeto avança ou se desenvolve, novas rodadas de identificação podem ser conduzidas.

Mudanças de fase, pessoal, infraestrutura, legislação ou outros aspectos relevantes podem trazer diferentes experiências e pontos de vista, e isso pode afetar o reconhecimento de riscos. Por isso, é recomendável tratar a identificação como um processo contínuo, periodicamente atualizado. Em geral, as organizações revisam os riscos no período mínimo de um ano e no máximo a cada dois anos.

A técnica mais conhecida e utilizada para identificar riscos é o *brainstorming*.

Brainstorming é uma abordagem para provocar efervescência de ideias entre um grupo de pessoas. É usado em muitas áreas e ambientes, sendo intensamente aplicado e citado na literatura de riscos. Há algumas variantes apontadas na literatura, mas a essência é bem simples: reunir pessoas e estimulá-las a formular proposições da maneira mais livre e criativa possível.

Há abordagens estruturadas, em que se estabelecem rodadas com limite de tempo, trocas de cartões escritos, subgrupos, diferentes modos de liderança, e abordagens livres, basicamente uma reunião caótica.

Em geral, no *brainstorming*, toda participação deve ser respeitada, sem críticas, visando obter o máximo de ideias. Ninguém está errado. Qualquer risco apontado por qualquer pessoa deve ser levado em conta, mesmo que outros não considerem significativo. É comum existir um facilitador para definir as regras e motivar a equipe.

Como elemento de suporte à formulação de ideias, para cada objetivo elencado o facilitador pode formular questionamentos a respeito das situações futuras que venham a dificultar, impedir ou atrapalhar os resultados pretendidos.

Claro que registros, bancos de dados, relatórios e outros elementos históricos são excelentes fontes de informação para pensar em riscos, mas esses elementos podem não estar disponíveis. A maior parte do conhecimento e da experiência pode estar mesmo é dentro da cabeça das pessoas. Acessar essa base de dados mental é o objetivo do *brainstorming*.

Conhecimentos técnicos, experiências, relações pessoais e dinâmicas de grupo são as chaves para a identificação bem-sucedida dos riscos.

A proposta do método é promover interação, confiança mútua e comunicação franca, essenciais para a identificação efetiva do risco. Medo, timidez, apatia e intimidação produzem opiniões relutantes ou silêncio. Nenhum dos dois é bom.

A formação do grupo também pode influenciar fortemente o resultado. Um grupo heterogêneo tende a produzir diferentes perspectivas, seja em termos de conhecimento, experiências ou personalidades, desde que isso não se torne um ingrediente para conflitos.

Pessoas são influenciadas pelo ambiente, cultura, contexto e uma diversidade enorme de variáveis. Por isso, o *brainstorming* pode acabar enviesando resultados, seja por tendências culturais da equipe, seja pela atuação proeminente de uma liderança ou superior hierárquico. Podem também acontecer divergências de entendimento sobre terminologias, conceitos e metodologia da gestão de riscos. A duração prolongada das sessões pode desmotivar o grupo. A atuação de um facilitador pode induzir melhores resultados, assim como uma lista de fatores de risco pode ajudar.

Em sua pesquisa de mestrado, Antônio Netto[9] desenvolveu o que chamou de "artefato de identificação de riscos". Trata-se de uma lista com 95 fatores relacionados às cinco etapas de um processo genérico de contratação pública de TI. Uma equipe de planejamento que já havia elaborado análise de riscos para uma contratação utilizou a lista em uma nova rodada de análise, resultando em outros riscos identificados, com apoio do novo artefato. Originalmente, apenas seis riscos foram identificados. Com o uso do artefato abrangente, a conta subiu para 23.

Isso demonstra que a aplicação de instrumentos de apoio como o artefato elaborado por Antônio Netto pode auxiliar a equipe ao apontar mais fatores que envolvem o objeto de análise, contribuindo para uma visão mais crítica da etapa de identificação de riscos no *brainstorming* e em outras técnicas.

Por falar em outras técnicas, destaca-se ainda o diagrama de causa e efeito, também conhecido como espinha de peixe ou

---

[9] SOARES NETTO, Antônio Fernandes. *Proposta de artefato de identificação de riscos nas contratações de TI da Administração Pública Federal, sob a ótica da ABNT NBR ISO 31000 – Gestão de Riscos*. Dissertação (Mestrado em Engenharia Elétrica) – UnB, Brasília, 2013.

diagrama de Ishikawa, que é uma técnica para identificação de uma possível causa raiz de um problema.

No diagrama, cada "espinha" refere-se a uma causa, e a "cabeça" refere-se ao problema que as causas levam. Esse método pode ser aplicado em *workshops* e *brainstormings*, partindo da identificação de um problema e, em seguida, das suas possíveis causas.

Figura 20 – Exemplo de diagrama de Ishikawa

Fonte: Elaboração própria a partir de TCU, 2018.

Além disso, também pode ser utilizado em conjunto com a técnica dos 5 porquês, aumentando o grau de profundidade de cada causa ou "espinha do peixe" ao se questionar o porquê das causas (BRASIL, 2017).

A técnica dos 5 porquês consiste em fazer perguntas sequenciais sobre o motivo de um problema, tentando explicar o motivo anterior, em busca da verdadeira causa em vez das consequências (COSTA, 2016).

O problema poderia ser, digamos, um sobrepreço. Pantanal do Norte aceitou uma proposta para comprar dexametasona 0,1 mg/ml elixir a R$18,23 a unidade. No entanto, o preço aceitável seria R$1,15. Mais de 1.400% de diferença.

Por que isso aconteceu?
1. Porque o preço estimado estava errado. Por quê?
2. Porque a pesquisa de preços foi malfeita. Por quê?
3. Porque só tinha um orçamento, da vencedora da licitação. Por quê?
4. Porque o orçamentista não sabia fazer de outro jeito. Por quê?
5. Porque não existe uma norma para padronizar a pesquisa de preços.

A causa, portanto, é a coleta insuficiente de preços ou falta de método para tratar os preços obtidos, levando ao risco de produzir estimativas de preços inadequadas, acarretando, como consequência, a aceitação de preços acima da faixa praticada no mercado (sobrepreço) ou superfaturamento.

Existe ainda o método da gravata borboleta (*bow-tie*), que consiste em identificar e analisar os possíveis caminhos de um evento de risco, dado que um problema pode estar relacionado a diversas causas e consequências, conforme apresentado a seguir:

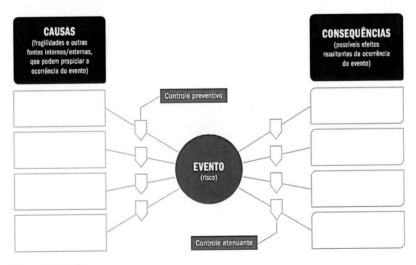

Fonte: TCU, 2018.

A imagem a seguir apresenta as principais ferramentas e técnicas de identificação de riscos:

O ponto central desta etapa é gerar uma lista abrangente de riscos. Por isso, é importante a participação de pessoas com perspectivas distintas e que conheçam o negócio para ajudar na identificação de riscos.

Para cada risco, buscam-se as causas e consequências. A causa descreve a situação ou evento que origina o risco. Pode haver mais de uma causa e, quanto mais completa for a lista de origens de um risco, mais eficaz será a sua mitigação.

Para o TCU, as causas seriam a associação de uma fonte a vulnerabilidades (inexistência, inadequação, insuficiência), conforme demonstrado na tabela a seguir:

Tabela 4 – Fontes de causa x vulnerabilidades

(continua)

FONTES DE CAUSA	VULNERABILIDADES
1. Pessoas	Em número insuficiente; sem capacitação; perfil inadequado; desmotivadas, mal intencionadas.
2. Processos	Mal concebidos (exemplo: fluxo, desenho); sem manuais ou instruções formalizados (procedimentos, documentos padronizados); sem segregação de funções.

(conclusão)

FONTES DE CAUSA	VULNERABILIDADES
3. Sistemas	Obsoletos; sem manuais de operação; sem integração com outros sistemas; inexistência de controles de acesso lógico/*backups*.
4. Infraestrutura física	Localização inadequada; instalações ou leiautes inadequados; inexistência de controles de acesso físico.
5. Estrutura organizacional	Falta de clareza quanto às funções e responsabilidades; deficiências nos fluxos de informação e comunicação; centralização excessiva de responsabilidades; delegações exorbitantes.
6. Tecnologia	Técnica ultrapassada/produto obsoleto; falta de investimento em TI; tecnologia sem proteção de patentes; processo produtivo sem proteção contra espionagem.
7. Eventos externos	Mudança climática brusca; eventos não gerenciáveis.

Por sua vez, a consequência descreve o impacto que o risco em questão trará nos objetivos do processo de trabalho ou da organização.

Vejamos dois exemplos de causa > risco > consequência para ficar mais claro.

Figura 21 – Exemplo de evento de risco

A escolha da técnica ou do conjunto de técnicas apropriadas depende do grau de maturidade em gestão de riscos da organização ou equipe, da filosofia de gestão, do porte, do volume de recursos envolvidos e da natureza dos objetivos.

Existe uma norma inteira dedicada às técnicas de avaliação de riscos: é a ISO 31010/2012,[10] que dá suporte ao padrão ISO 31000/2009. São cerca de 30 técnicas diferentes, embora algumas sejam inter-relacionadas.

Uma delas é a entrevista. Pode ser estruturada quando os entrevistados respondem a um conjunto predefinido de perguntas, encorajando-os a apresentarem suas próprias perspectivas. É uma forma de coletar informações relevantes de responsáveis por posições-chave.

O *checklist* também é citado como técnica da ISO 31010. Uma lista de riscos ou falhas de controle já identificados em ocasiões anteriores pode ser construída a partir de experiências, registros ou auditorias. O problema com essa abordagem é acabar limitando a identificação aos riscos já listados. Por isso, é recomendável usar essa técnica como complemento a outras.

SWIFT é um acrônimo para *structured "what-if" technique* ou "técnica 'e se' estruturada", em tradução livre. É um exercício sistemático em grupo no qual um facilitador utiliza um conjunto de palavras ou frases para estimular a identificação de riscos. Por exemplo: "e se no meio da viagem você ficar doente"?

Parecida com a SWIFT é a técnica de análise de cenário. Uma breve descrição de um cenário, uma situação hipotética de como um evento futuro poderia acontecer ou se apresentar. Para esse cenário apresentado, os participantes pensam em consequências e causas potenciais. Um cenário poderia ser: "Um delator acaba de confessar que fraudou diversas licitações de nossa organização, auxiliado por agentes internos". Como isso poderia ter acontecido?

Outro ponto importante é a adoção de instrumentos para documentar a identificação dos riscos, pois viabiliza o armazenamento e organização de cada risco em uma planilha ou sistema informatizado e facilita o processo de avaliação global dos riscos.

---

[10] ABNT. *NBR ISO 31010:2012*. Gestão de Riscos: Técnicas para o processo de avaliação de riscos Gestão de Riscos. Rio de Janeiro, 2012.

Nesse sentido, no Acórdão nº 1.220/2015 – Plenário, o TCU recomendou a uma empresa pública que desenvolvesse ou adquirisse sistema informatizado para dar suporte às etapas de identificação, avaliação, tratamento e monitoramento do processo de gestão de riscos.

A ISO 31000/2018 preconiza, ainda, que os riscos identificados e priorizados para tratamento devem ser atribuídos a pessoas que tenham responsabilidade e autoridade para gerenciá-los. A designação dos proprietários dos riscos é fundamental para que haja um gerenciamento de riscos efetivo.

Nesse mesmo sentido é a orientação prevista no art. 20 da Instrução Normativa Conjunta CGU/MP nº 01/2016, ao dispor que "cada risco mapeado e avaliado deve estar associado a um agente responsável formalmente identificado". Esse agente deve ser o gestor com alçada suficiente para orientar e acompanhar as ações de mapeamento, avaliação e mitigação do risco.

É relevante que novos processos e projetos, ao serem iniciados, devem ter seus riscos identificados, respeitando-se a política e demais regras estabelecidas para a gestão de riscos na organização.

Cada nova licitação, por exemplo, deve ter seus riscos específicos identificados para, em seguida, serem tratados. Isso já é regra nas contratações da área de tecnologia da informação no Governo Federal. Por meio da IN SGD nº 01/2019, exige-se que a fase de planejamento da contratação inclua "análise de riscos", contemplando a identificação e avaliação dos principais riscos e a definição de ações a serem tomadas para tratá-los.

Mais recentemente, a IN SEGES nº 5/2017 tornou obrigatória a análise de riscos também para a contratação de serviços gerais com dedicação exclusiva de mão de obra. Assim, a cada nova licitação, deverão ser identificados os riscos das fases de planejamento, seleção do fornecedor e gestão contratual.

Imagine que a prefeitura de Pantanal do Norte decidisse contratar um serviço de levantamento de potenciais focos de mosquitos da dengue, usando *drones*. Já pensou nos riscos de as imagens dos cidadãos e suas residências serem usadas fora do contexto de saúde pública? O prefeito poderia ter uma enorme dor de cabeça com isso, não acha? Esse seria apenas um dos eventos que poderiam impactar os objetivos dessa contratação. Portanto, antes de contratar, seria necessário pensar nesses riscos e no modo de lidar com eles.

E se Pantanal do Norte resolvesse comprar mochilas escolares para seus alunos? Uma reunião da equipe de planejamento da contratação para discutir os riscos poderia imaginar cenário em que o tamanho das mochilas não fosse compatível com todas as faixas etárias atendidas. Isso levaria ao mapeamento do risco e o seu possível tratamento.

Recomenda-se ainda que a organização adote um *dicionário de riscos* que possa ser efetivamente utilizado como linguagem padronizada, visto que não há na literatura especializada uma definição de como os riscos devem ser classificados. Um dicionário ou vocabulário de riscos descreve todas as categorias de riscos que a organização está exposta em suas atividades, tais como: riscos estratégicos, operacionais, financeiros, de conformidade, liquidez, crédito, mercado, negócios, imagem, ambiental, etc.

Para os órgãos e entidades do Poder Executivo federal, o art. 18 da Instrução Normativa Conjunta MP/CGU nº 01/2016 estabelece que, ao efetuarem o mapeamento e avaliação dos riscos, deverão considerar, entre outras possíveis, as seguintes tipologias de riscos:

a) riscos operacionais: eventos que podem comprometer as atividades do órgão ou entidade, normalmente associados a falhas, deficiência ou inadequação de processos internos, pessoas, infraestrutura e sistemas;

b) riscos de imagem/reputação do órgão: eventos que podem comprometer a confiança da sociedade (ou de parceiros, de clientes e de fornecedores) em relação à capacidade do órgão ou da entidade em cumprir sua missão institucional;

c) riscos legais: derivados de alterações legislativas ou normativas que podem comprometer as atividades do órgão ou entidade; e

d) riscos financeiros/orçamentários: eventos que podem comprometer a capacidade do órgão ou entidade de contar com os recursos orçamentários e financeiros necessários à realização de suas atividades, ou eventos capazes de comprometer a própria execução orçamentária, como atrasos no cronograma de licitações.

Essa iniciativa justifica-se pelo fato de garantir padronização no levantamento dos riscos da organização, além de auxiliar no gerenciamento do esforço para construção de matrizes de risco direcionadas aos problemas centrais da entidade. São pessoas que lidam com riscos, sejam elas membros da alta administração, gestores ou demais servidores.

Neste livro, estamos assumindo os riscos apenas sob o enfoque negativo. Essa é a abordagem preconizada pelo COSO ERM.

A versão mais recente do COSO atualizou essa visão, passando a incorporar o que outros *frameworks* já faziam: a noção de os riscos também serem reconhecidos como incertezas positivas. Chances de alavancar mais resultados do que o esperado. Esse é um debate vigoroso na área de gestão de riscos. Devo ou não considerar "oportunidades" como "risco"? Ou risco é só o que pode dar errado?

Não temos dúvida de que a palavra "risco" representa uma ameaça, um evento potencialmente danoso. É o que vem imediatamente à cabeça quando pensamos na palavra.

No entanto, se a sua abordagem, caro leitor, contempla risco como um evento que pode ser positivo, como é o caso do PMBoK e da ISO 31000/2018, então as técnicas aqui apresentadas devem levar em conta essa perspectiva. Pode ser bem mais desafiador pensar em risco dessa forma.

Nesse caso, a análise SWOT pode ajudar.

Nessa técnica, busca-se identificar forças e fraquezas organizacionais, assim como oportunidades e ameaças. Pode ser conjugada com *brainstorming* para encontrar essas quatro dimensões.

Qualquer que seja a técnica adotada, o importante é estar convencido de que os riscos existem, mesmo que tentemos ignorá-los. Seja projetando uma nova política pública, comprando um carro ou gerenciando pessoas, onde houver um objetivo, haverá incerteza do seu atingimento.

Identificar os riscos é o primeiro passo para dominar minimamente as forças do destino e garantir que o futuro seja do jeito que imaginamos.

Para lidar com riscos, o mínimo exigido é que se compreendam os conceitos, categorias e terminologias da gestão de riscos, que devem ser registrados na política e em outros documentos de referência.

E no setor de licitações de Pantanal do Norte, de modo geral, como seria possível lidar com os riscos? Incialmente, seria preciso identificá-los. É o que veremos agora, com o mapeamento de riscos que a diretora de compras Maria Carcará elaborou.

A diretora se preocupou, inicialmente, em reunir informações sobre o tema que estava procurando gerenciar: riscos conhecidos e documentados da área de conhecimento, de modo geral, bem como registros, dados e relatórios do setor na prefeitura.

Sabendo, entretanto, que o conhecimento mais relevante poderia estar na experiência pessoal de cada servidor envolvido com as atividades, Maria Carcará se encarregou, ela mesma, de entrevistar pessoas que ela julgava importantes para o levantamento da percepção de cada um a respeito dos resultados, processos e problemas mais comuns.

Reunidas as informações de que precisava, a diretora de compras sentiu-se preparada para realizar o grande evento de identificação e avaliação de riscos: um *brainstorming* com os principais personagens envolvidos na área.

Veja que esse procedimento sistematizado, organizado e abrangente foi realizado para gerenciar os riscos estruturais da área de licitações, do chamado metaprocesso de contratação. Não foram abordados os riscos específicos de cada contratação. Isso seria realizado durante o planejamento e processamento individual da contratação. É importante separar *riscos estruturais e riscos pontuais*. Ambos podem ser gerenciados com técnicas semelhantes, mas, em geral, exigem esforços e investimentos proporcionais.

3.4.1 Riscos nas licitações de Pantanal do Norte

Depois que relacionou as atividades mais relevantes e respectivos objetivos na área de licitações, Maria Carcará partiu para a etapa de identificação dos riscos.

Para essa tarefa, ela considerou, inicialmente, o documento *online* Riscos e Controles em Aquisições (RCA) mantido pelo TCU, que sistematiza informações sobre legislação, jurisprudência, acórdãos, normas, padrões, estudos e pesquisas relacionados às aquisições públicas.

Ali estão descritos 117 riscos e 150 possíveis controles internos para mitigá-los, com foco na etapa de planejamento da contratação, considerando que nessa etapa se concentram riscos que afetam as fases seguintes de escolha do fornecedor e da execução contratual.

Além desse estudo genérico, a diretora de compras de Pantanal do Norte colecionou informações que julgou relevantes, relacionadas com as licitações realizadas na prefeitura, para contextualizar os possíveis riscos específicos.

Os documentos que ela reuniu foram:

- organograma da central de compras;
- extrato de entrevistas com agentes ligados ao processo avaliado;
- relação de processos de penalização de empresas licitantes;
- relatório de auditoria elaborado pela controladoria-geral do município tratando das licitações realizadas em 2017.

Maria pesquisou na internet e encontrou a pesquisa de Cardoso e Alves (2020), apontando riscos mais comuns, barreiras e facilitadores para a gestão de riscos em aquisições de tecnologia da informação e comunicação (TIC), o que poderia ajudá-la a identificar riscos em sua unidade de compras em Pantanal do Norte, conforme Figuras 21-A e 21-B:

Figura 21-A – Barreiras e facilitadores para a gestão
de riscos em aquisições de TIC

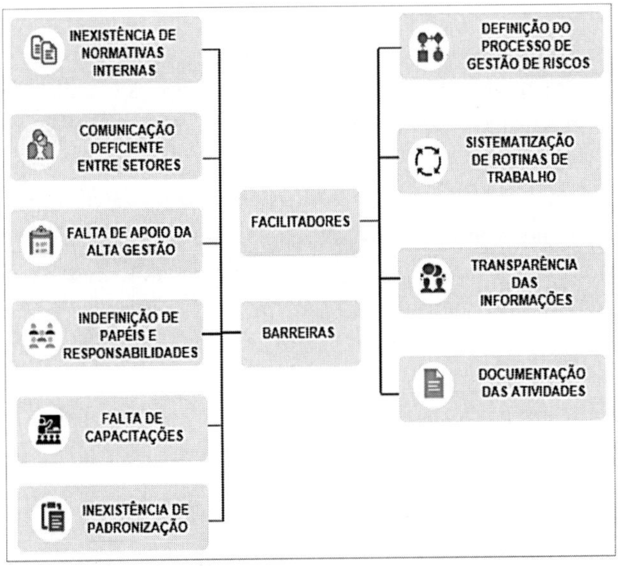

Fonte: Cardoso e Alves (2020).

Figura 21-B – Riscos comuns em aquisições de TIC

Fonte: Cardoso e Alves (2020).

Com todas as informações coletadas, Maria estava pronta para realizar uma reunião de *brainstorming* com seus colaboradores.

Um cuidado importante que Maria teve foi reunir pessoas com diversas perspectivas sobre riscos em licitação. Por isso, participaram da reunião a coordenadora de licitações, o pregoeiro e o presidente da Comissão Permanente de Licitação, pois são pessoas com notório conhecimento sobre as fragilidades do processo. O assessor jurídico e o controlador municipal também foram ouvidos.

Além disso, a diretora de compras levou em consideração o perfil de risco de cada pessoa, chamando para participar da reunião aqueles que são avessos ao risco, outros que têm gosto pelo risco e alguns neutros.

Essa movimentação de pessoas diversas, de setores diferentes e perfis variados, para tratar de riscos, vai ao encontro de recomendações de boas práticas na área. Em entrevista para o *Ementário da Gestão Pública*, Andreia Rego (2020), que elaborou o *Manual de*

Riscos Gerais em Projeto do STF, afirmou que não é possível garantir que o conhecimento sobre riscos será disseminado e aplicado na organização, mas uma parte importante da missão é torná-lo explícito. Mais do que pensar em implementar um controle, vale o empenho em *fomentar uma mentalidade de riscos*, de forma que o gestor racionalize mais suas decisões e reflita em termos de impacto de sua conduta. Com o tempo e, buscando a aplicação do processo de gestão de riscos aos casos concretos, pode-se ter um resultado mais efetivo (REGO, 2020).

Seguindo essa lógica, em Pantanal do Norte, a ata da reunião de identificação de riscos descreve os passos que o grupo tomou e o resultado, um mapa de riscos contendo 20 eventos, suas causas e consequências principais.

3.4.1.1 Organograma da central de compras

3.4.1.2 Extrato de entrevistas

EXTRATO DE ENTREVISTAS
Assunto: Levantamento do processo de licitação e seus riscos
Entrevistados: Joana Capivara (coordenadora de licitações); Ivan Tucano (presidente da CPL); Claudio Garça (pregoeiro); João Coruja (controlador) e Charles Carcará (assessor jurídico)
Data das entrevistas: 06.03.2018. De 9h15 a 12h20.
Local: Central de Compras

(A) Joana Capivara, coordenadora de licitação

Afirma não ter condições de corrigir, sozinha, todas as falhas. Alega carência de pessoal, falta de estrutura física e orçamento. Reconhece que existem problemas, como atrasos nos processos licitatórios, recursos e impugnações nos certames, falhas na execução contratual, inadimplência de terceirizadas, etc.

Em sua visão, a situação hoje é bem melhor do que antes de sua gestão. Aos poucos, foi introduzindo alguns controles, mas sabe que é preciso melhorar. A respeito dos riscos mais relevantes da atividade, cita: falhas nas especificações pelas unidades demandantes; estimativa de preços incorreta; demora na condução do processo, especialmente na análise jurídica; fraudes cometidas pelas empresas licitantes; erros na gestão de atas de registro de preços.

A entrevistada afirmou que gostaria de proporcionar melhor capacitação à sua equipe, pois sabe que a área de licitação é muito complexa, mas precisa de apoio do secretário de gestão, sobretudo quanto a recursos materiais e humanos apropriados para trabalhar.

(B) Ivan Tucano, presidente da CPL

Na sua opinião, a coordenadoria de licitação tem muitos pontos críticos, a começar pela falta de servidores. Em muitas licitações, tem percebido baixa qualidade na entrega, o que seria causado por especificação frágil.

Para Ivan, há muita demora no processo licitatório, sobretudo na pesquisa de preços e na emissão do parecer jurídico. Os preços estimados são irreais, baseados em três orçamentos de fornecedores. Na sua opinião, os pareceres jurídicos, além de demorados, são apenas formais, sem análise aprofundada.

As quantidades em registros de preços são muito superiores à demanda efetiva. Isso acaba iludindo o fornecedor, que se nega a entregar pequenas quantidades.

Diz ainda que falta capacitação e qualificação profissional. Só fez dois cursos e, mesmo assim, muito teóricos, não ensinaram nada na prática. Já solicitou aquisição de livros e revistas especializadas, mas nunca teve seu pedido atendido.

(C) Cláudio Garça, pregoeiro

Para ele, os maiores riscos nos pregões são recursos e impugnações aos editais, pesquisas de preços sem fundamento e empresas contratadas, que dão muitos problemas na execução contratual. Afirma que não tem tempo suficiente para executar todas as rotinas necessárias, pois os processos licitatórios são feitos sempre em cima da hora, sem muito planejamento. Informa que, embora tenha apenas 2 (dois) anos na prefeitura, nunca foi convidado a participar de nenhum projeto de organização do setor.

Atualmente, muitos produtos cadastrados estão com especificações técnicas erradas, gerando dupla interpretação por parte do licitante. Isso prejudica o trabalho do pregoeiro, que, muitas vezes, não tem entendimento técnico suficiente para avaliar uma proposta comercial apresentada pela empresa licitante.

Entende que parte desses problemas poderia ser minimizada se houvesse uma efetiva atuação da assessoria jurídica. Além disso, os processos são demorados, chegando a ficar mais de 1 (um) mês só para emissão do parecer jurídico.

(D) João Coruja, controlador municipal

Em 2015, detectou edital de obras com diversas restrições à competitividade e, logo em seguida, uma fraude nos documentos de uma empresa num pregão.

O controlador entende que os diversos problemas decorrem da falta de modelos padronizados de editais e outros documentos, falta de norma de pesquisa de preços e falta de padrão na descrição de produtos adquiridos com frequência.

João também avalia que são raras as penalidades aplicadas por não cumprimento de condições contratuais no município e, na maioria das vezes, a identificação de práticas prejudiciais ao município não é utilizada como informação em outros processos de aquisição. Percebe também que a coordenadoria de licitação não é valorizada, tendo poucos servidores e poucos recursos materiais, financeiros e tecnológicos para bem desempenhar sua função. Disse que já presenciou conflitos entre as áreas demandantes e a coordenadoria de licitações, principalmente sobre os prazos e qualidade dos bens adquiridos.

(E) Charles Carcará, assessor jurídico

É o único assessor jurídico concursado do município. Afirma que, por esse motivo, mesmo trabalhando muito, os pareceres normalmente são demorados.

Embora tenha pouco tempo na prefeitura, já constatou que existem muitos problemas na atividade de licitação, tais como aquisição de produtos de qualidade e desempenho inadequados, recursos contra supostas cláusulas restritivas, especificações restritivas impugnadas pelos licitantes, julgamento negligente ou deficiente do pregoeiro ou CPL, etc. Porém, como ele apenas emite pareceres sobre atos administrativos, não praticando diretamente atos de gestão de recursos públicos, entende que não pode ser responsabilizado, visto que os pareceres são apenas opinativos, cabendo ao gestor decidir pela prática ou não do ato.

Maria Carcará
Diretora de Compras

3.4.1.3 Processos de penalização de licitantes

ESTADO DE MATO GROSSO
PREFEITURA MUNICIPAL DE PANTANAL DO NORTE/MT
PROCESSOS DE PENALIDADES A LICITANTES

2017

Empresa	MEDPAN COMÉRCIO DE MEDICAMENTOS LTDA.
CNPJ	01.234.567/0001-99
Pena a que se sujeita	Multa e impedimento de licitar e contratar com o município pelo prazo de três anos
Período de vigência	
Motivo	Não entregar materiais
Nº do processo	08.661.003592/2017-72
Data de início do processo	10.08.2017
Fase do processo	Fase inicial/autuação. Iniciado em 10.08.2015

Empresa	RAPA CANOA PRESTADORA DE SERVIÇOS LTDA.
CNPJ	02.345.678/0001-00
Pena a que se sujeita	Inidoneidade pelo período de três a cinco anos
Período de vigência	
Motivo	Fraudar licitação (Pregão nº 01/2015 – Limpeza)
Nº do processo	08.661.000873/2016-73
Data de início do processo	01.04.2017
Fase do processo:	Análise e decisão da defesa prévia

Pantanal do Norte/MT, 14 de março de 2018.

      Maria Carcará   Joana Capivara
   Diretora de Compras   Coordenadora de Licitação

3.4.1.4 Relatório de auditoria de avaliação de licitações

ESTADO DE MATO GROSSO
PREFEITURA MUNICIPAL DE PANTANAL DO NORTE/MT
CONTROLADORIA-GERAL DO MUNICÍPIO
ANÁLISE DE PROCESSOS LICITATÓRIOS
Amostragem de auditoria

A auditoria teve por objetivo avaliar a regularidade das contratações efetuadas em atendimento à demanda apresentada pela diretora de compras.

Em consulta ao sistema de compras, foram obtidos os seguintes dados:

Licitações realizadas em 2017							
Quantidade total Processos licitatórios	Volume total de recursos dos processos licitatórios (R$)	Amostra avaliada	Volume de recursos avaliados (R$)	Qtde. em que foi detectada alguma falha	Volume dos recursos em que foi detectada alguma falha
06 – Concorrências	8.456.908,00	02	6.780.985,00	02	6.780.985,00
06 – Tomada de preços	9.890.765,00	02	5.800.920,00	02	5.800.920,00
22 – Pregões presenciais	22.458.650,00	14	8.650.900,00	14	8.650.900,00
04 – Dispensas	8.960.980,00	02	2.408.505,00	02	2.408.505,00
02 – Inexigibilidade	250.560,00	-	-	-	-
TOTAL	50.017.863,00	20	23.641.310,00	20	23.641.310,00
Fonte: Sistema de Compras de Pantanal do Norte/MT, fevereiro/2018.					

Para a avaliação, foram selecionados 20 processos, totalizando R$23.641.310,00 (47,27% do total). Desses processos, são 8 (oito) compras, 8 (oito) contratações de serviços e 4 (quatro) licitações de obras. Esses processos foram selecionados com base em critérios de materialidade, relevância e risco, resultando em uma amostragem não probabilística.

CAPÍTULO 3
COMO FAZER GESTÃO DE RISCOS | 133

Dessa forma, os resultados da análise da amostra dos processos licitatórios auditados estão demonstrados nos *checklist* e registro de inconformidades apresentados a seguir.

CHECKLIST. PROCESSO LICITATÓRIO. COMPRAS
Resposta esperada = NÃO em todos os quesitos.

Procedimentos **1. Projeto básico/termo de referência**	S(%)	N(%)
1.01 O objeto está definido de forma imprecisa, insuficiente	50	50
1.02 Há especificações que direcionam para fornecedor/marca ou restringem competição		100
1.03 O autor do projeto tem algum vínculo com o licitante		100
1.04 Há fracionamento com fuga da modalidade adequada ou para dispensar		100
1.05 O objeto é divisível, mas não houve parcelamento e não há justificativa		100
1.06 A previsão orçamentária é inadequada		100
1.07 Os preços de referência foram estimados de forma inadequada	50	50
1.08 Deixou-se de adotar o pregão eletrônico e não há justificativa	100	
1.09 As quantidades licitadas são incompatíveis com a demanda	75	25
2. Cláusulas do edital		
2.01 Veda-se apresentação de documentos via postal, fax, telegrama ou *e-mail*	50	50
2.02 Proíbe-se a participação de empresa em litígio judicial com o órgão comprador		100
2.03 Exige-se cadastro prévio irregular (prazo indevido em TP, obrigatório nas outras)		100
2.04 Exige-se alvará ou comprovação de localização do licitante em município específico		100
2.05 Exige-se quitação em vez de regularidade fiscal	100	
2.06 Exige-se idoneidade financeira ou bancária		100
2.07 Exige-se garantia de proposta irregular (valor, prazo, forma, com CS ou PL)		100
2.08 Exigem-se índices contábeis incomuns e sem justificativa		100
2.09 Exige-se saúde financeira exagerada (capital integralizado, acima do limite)		100
2.10 Exige-se certidão negativa de corregedoria de justiça		100

2.11 Exige-se certidão negativa de protesto		100
2.12 Exige-se certificado de qualidade não obrigatório por lei (ABIC, ABNT, ISO)		100
2.13 Exigem-se atestados indevidos (mín, máx ou fixo, parcela irrelevante, subjetivo)		100
2.14 Exige-se carta de solidariedade ou compromisso do fabricante do produto		100
2.15 Exige-se amostra irregular (sem critérios ou subjetivo, como habilitação)	50	50
3. Publicidade		
3.01 O acesso ao edital é restritivo (aquisição presencial, preço exorbitante, etc.)		100
3.02 A publicação do aviso foi inadequada (tipo e abrangência, forma, data)		100

Data: 18.03.2018	Responsáveis pela análise: José Onça e Gilberto Tuiuiú

CHECKLIST. PROCESSO LICITATÓRIO. SERVIÇOS
Resposta esperada = NÃO em todos os quesitos.

Procedimentos 1. Projeto básico/termo de referência	S(%)	N(%)
1.01 O objeto está definido de forma imprecisa, insuficiente		100
1.02. Há especificações que direcionam a fornecedor ou restringem a competição		100
1.03. O autor do projeto tem algum vínculo com o licitante		100
1.04 Há fracionamento com fuga da modalidade adequada ou para dispensar		100
1.05 O objeto é divisível, mas não houve parcelamento e não há justificativa		100
1.06 A previsão orçamentária é inadequada		100
1.07 Os preços de referência foram estimados de forma inadequada	13	87
1.08 Deixou-se de adotar o pregão eletrônico e não há justificativa		100
1.09 As quantidades licitadas são incompatíveis com a demanda		100
2. Cláusulas do edital		
2.01 Veda-se apresentação de documentos via postal, fax, telegrama ou *e-mail*	75	25

2. Cláusulas do edital		
2.02 Proíbe-se a participação de empresa em litígio judicial com o órgão comprador		100
2.03 Exige-se cadastro prévio irregular (prazo indevido em TP, obrigatório nas outras)		100
2.04 Exige-se alvará ou comprovação de localização do licitante em município específico		100
2.05 Exige-se quitação em vez de regularidade fiscal		100
2.06 Exige-se idoneidade financeira ou bancária	75	25
2.07 Exige-se garantia de proposta irregular (valor, prazo, forma, cumulativo CS ou PL)		100
2.08 Exigem-se índices contábeis incomuns e sem justificativa		100
2.09 Exige-se saúde financeira exagerada (capital integralizado, acima do limite)		100
2.10 Exige-se certidão negativa de corregedoria de justiça		100
2.11 Exige-se certidão negativa de protesto	25	75
2.12 Exige-se responsável técnico restringindo a forma de vínculo	50	50
2.13 Exige-se atestado indevido (mínimo, máximo, fixo, parcela irrelevante, > 50%)		100
2.14 Exige-se visita obrigatória irregular (desnecessária, data única, somente RT etc.)		100
2.15 Exige-se registro indevido em conselho profissional (CRA, por exemplo)		100
3. Publicidade		
3.01 O acesso ao edital é restritivo (aquisição presencial, preço exorbitante, etc.)	13	87
3.02 A publicação do aviso foi inadequada (tipo e abrangência, forma, data)		50
Data: 18.03.2018	Responsáveis pela análise: José Onça e Gilberto Tuiuiú	

CHECKLIST. PROCESSO LICITATÓRIO. OBRAS

Resposta esperada = NÃO em todos os quesitos.

Procedimentos	S%	N%
1. Projeto básico/termo de referência		
1.01 O objeto está definido de forma imprecisa, insuficiente		100
1.02. Há especificações que direcionam a fornecedor ou restringem a competição		100

Procedimentos 1. Projeto básico/termo de referência	S%	N%
1.03. O autor do projeto tem algum vínculo com o licitante		100
1.04 Há fracionamento com fuga da modalidade adequada ou para dispensar		100
1.05 O objeto é divisível, mas não houve parcelamento e não há justificativa		100
1.06 A previsão orçamentária é inadequada		100
1.07 Os preços de referência foram estimados de forma inadequada		100
2. Cláusulas do edital		
2.01 Veda-se apresentação de documentos via postal, fax, telegrama ou *e-mail*		100
2.02 Veda-se a participação de consórcios sem a devida motivação		100
2.03 Exige-se cadastro prévio irregular (prazo indevido em TP, obrigatório nas outras)		100
2.04 Exige-se alvará ou comprovação de localização do licitante em município específico		100
2.05 Exige-se quitação em vez de regularidade fiscal		100
2.06 Exige-se idoneidade financeira ou bancária		100
2.07 Exige-se garantia de proposta irregular (valor, prazo, forma, com CS ou PL)	50	50
2.08 Exigem-se índices contábeis incomuns e sem justificativa		100
2.09 Exige-se saúde financeira exagerada (capital integralizado, valor acima do limite)	50	50
2.10 Exige-se posse, propriedade ou localização prévia de máquinas, equiptos ou outros		100
2.11 Exige-se certidão negativa de protesto		100
2.12 Exige-se responsável técnico do quadro, restringindo a forma de vínculo		100
2.13 Exige-se atestado indevido (mín, máx, fixo, parcela irrelevante, > 50 do licitado)	50	50
2.14 Exige-se visita obrigatória irregular (desnecessária, data única, só resp. técnico, etc.)	100	
2.15 Exige-se visto do CREA do local de execução da obra	100	
2.16 Exige-se certificado de qualidade como requisito de habilitação		100

3. Publicidade		
3.01 O acesso ao edital é restritivo (aquisição presencial, preço exorbitante, etc.)	50	50
3.02 A publicação do aviso foi inadequada (tipo e abrangência, forma, data)		100

Data: 18.03.2018	Responsáveis pela análise: José Onça e Gilberto Tuiuiú

REGISTRO DE INCONFORMIDADES
LICITAÇÕES DE COMPRAS – 2017

1 Objeto definido de forma imprecisa e insuficiente

Vários produtos estão descritos de forma inadequada. Como exemplo, os medicamentos do Pregão nº 03/2017. Segundo o Manual Padrão Descritivo de Medicamentos do Ministério da Saúde, publicado em 2011, a unidade de fornecimento deve ser a menor possível (ex.: comprimido, ampola, frasco).

Embalagens diversas: caixas com 1.000 ampolas, 1.000 frascos, 500 pacotes. Até "caixa" sem quantidade de unidades. O produto "seringa" não informa se é *com* ou *sem* agulha. Há casos sem concentração ou volume do produto. Exemplo: "CLORETO DE SÓDIO INJETÁVEL"; "SORO FISIOLÓGICO GRANDE".

2 Preços de referência acima do mercado

No Pregão nº 03/2017, de aquisição de medicamentos, do total de 387 itens e R$4,6 milhões, foram verificados os 10 maiores produtos, somando R$2,1 milhões ou 46,4% do total. Dos produtos analisados, 8 (80%) estão acima dos preços praticados no mercado.

Tabela 1 – Preços estimados x preços
referenciais levantados pela CGM

(continua)

Item	Descrição do produto	Unid Forn	Qte	R$/Unid	Total	Ref. CGM	R$ Acima Ref	% Acima Ref
98	ESTREPTO-QUINASE INJ.	UND	400	1.980,00	792.000,00	473,58	602.568,00	318%
65	DEXAME-TASONA 0,1 MG/ML ELIXIR	UND	600	18,23	10.938,00	1,15	10.248,00	1485%

(conclusão)

Item	Descrição do produto	Unid Forn	Qte	R$/Unid	Total	Ref. CGM	R$ Acima Ref	% Acima Ref
35	CARBONATO CALCIO 600 MG + VIT D CPR	UND	300.000	3,07	921.930,00	0,34	819.930,00	804%
2	AC GRAXOS+VIT A, E 100 ML	UND	5.000	7,70	38.490,00	3,90	18.990,00	97%
8	SOL. FIS. 0,9% 500 ML	UND	16.000	4,25	68.000,00	2,00	36.000,00	113%
9	SOL. FIS. 0,9% 250 ML	UND	20.000	3,37	67.400,00	1,61	35.200,00	109%
115	HIDROCLORO-TIAZIDA 25 MG CPR	UND	300.000	0,07	20.820,00	0,02	14.820,00	247%
236	METRONIDAZOL 400 MG	UND	20.000	1,93	38.662,00	0,21	34.462,00	821%
52	CAPTOPRIL 25 MG CPR	UND	1.000.000	0,02	20.000,00	0,02		
58	AMOX + CLAV POT S. O. 50 MG + 12,5 MG/ML	UND	50.000	4,58	229.000,00	5,18		
TOTAL					2.207.240,00		1.572.218,00	248%

Não há comprovantes que fundamentem o preço estimado de cada item. Todos foram adjudicados pelo preço estimado. Conclui-se que os valores atualmente praticados para os primeiros oito itens da Tabela 1 são antieconômicos.

No Pregão nº 04/2017, de aquisição de materiais permanentes, foi analisada amostra dos 10 maiores itens, somando R$8,54 milhões em valores registrados. A ata de registro de preços ainda não gerou pagamentos. Foi identificado sobrepreço em todos os itens.

Tabela 2 – Preços registrados x preços
referenciais levantados pela CGM

(continua)

(A) Nº	(B) Produto	(C) Preço unitário		(D) Qtde	(E) Preço a pagar		(F) Sobrepreço (E1 – E2)
		(C1) Registrado	(C2) Aceitável		(E1) Registrado	(E2) Aceitável	
01	Ar condic. 24.000 BTU/H, Split	4.230,80	3.567,18	294	1.243.855,20	1.048.750,92	195.104,28

							(conclusão)
02	Ar condic. 36.000 BTU/H, *Split*	6.950,10	5.968,68	196	1.362.219,60	1.169.861,28	192.358,32
03	Mesa de desenho	690,00	550,00	1.400	966.000,00	770.000,00	196.000,00
04	Cadeira escolar	345,00	265,00	3.760	1.297.200,00	996.400,00	300.800,00
05	Estação de trabalho	5.870,00	5.120,00	107	628.090,00	547.840,00	80.250,00
06	Placa controladora vídeo	380,00	361,00	1.495	568.610,00	539.695,00	28.915,00
07	Poltrona escritório	945,00	672,00	757	715.365,00	508.704,00	206.610,00
08	Penetrômetro	101.300,00	93.500,00	5	506.500,00	467.500,00	39.000,00
09	Quadro branco	1.890,00	1.379,99	294	555.660,00	405.717,06	149.942,94
10	Cadeira fixa	438,00	250,00	1.593	697.734,00	398.250,00	299.484,00
TOTAL					8.541.233,80	6.852.718,26	1.688.515,54
Percentual do sobrepreço							**24,64% (*)**

(*) Sobrepreço S(%) = Sobrepreço (R$)/Aceitável (R$) [Acórdão TCU nº 157/2009 – Plenário].

Verificou-se que, em todos esses casos, a pesquisa de preços foi realizada com 3 (três) orçamentos obtidos junto a fornecedores, sem levar em conta outras fontes. Os preços estimados de maneira equivocada acabaram por fundamentar a aceitação de preços registrados acima do aceitável.

A consequência dessa situação é o prejuízo potencial ao erário.

3 As quantidades licitadas são incompatíveis com a demanda

Para a amostra da Tabela 1, as quantidades registradas são, em geral, muito superiores às compras dos últimos 12 meses.

Tabela 3 – Registrado x comprado nos últimos 12 meses

Item	Descrição do produto	Unid Forn.	Qtde Registrada	Qte Comprada 12 meses (*)	Diferença	Diferença %
98	ESTREPTOQUINASE INJ.	UND	400	120	280	233%
65	DEXAMETASONA 0,1 MG/ML ELIXIR	UND	600	200	400	200%
35	CARBONATO CALCIO 600 MG + VIT D CPR	UND	300.000	30.000	270.000	900%
2	AC GRAXOS + VIT A, E 100 ML	UND	5.000	756	4.244	561%
8	SOL. FIS. 0,9% 500 ML	UND	16.000	5.500	10.500	191%
9	SOL. FIS. 0,9% 250 ML	UND	20.000	12.000	8.000	67%
115	HIDROCLOROTIAZIDA 25 MG CPR	UND	300.000	45.000	255.000	567%
236	METRONIDAZOL 400 MG	UND	20.000	18.000	2.000	11%
52	CAPTOPRIL 25 MG CPR	UND	1.000.000	220.000	780.000	355%
58	AMOX + CLAV POT S.O.50MG + 12,5MG/ML	UND	50.000	12.000	38.000	317%

(*) Quantidade comprada = notas fiscais atestadas

Os dados da Tabela 3 demonstram divergências muito expressivas entre a programação de compras que deu origem às quantidades registradas para 12 meses (vigência da ata) e a efetiva aquisição histórica de produtos.

4 Pregões presenciais sem justificativa por não usar forma eletrônica

Não consta justificativa nos processos que explique os motivos pelos quais não foi realizada a licitação no formato eletrônico.

5 Vedação à apresentação de recursos e impugnações por *e-mail* ou fax

O edital proibiu recursos ou contrarrazões por *e-mail*, fac-símile ou outro meio eletrônico, em desacordo com entendimento do TCU.

6 Quitação em vez de regularidade fiscal

O edital exigiu certificado de quitação em vez de regularidade fiscal, em desacordo com a jurisprudência do TCU.

7 Exigência irregular de amostras

Em quatro processos, foram exigidas amostras de todos os licitantes, mas o TCU permite somente do licitante provisoriamente classificado em primeiro lugar.

LICITAÇÕES DE SERVIÇOS – 2017

1 Fraude em documentos de habilitação

Em um pregão, a empresa, já habilitada e prestes a ser contratada, havia apresentado atestados de capacidade técnica falsos e registros contábeis inidôneos. Foi inabilitada após recomendação da controladoria.

2 Exigência indevida de declaração de idoneidade financeira

Essa exigência é irregular, podendo caracterizar restrição ao caráter competitivo.

3 Exigência indevida de certidão negativa de protesto

Essa exigência está em desacordo com entendimento do TCU.

4 Exigência indevida de comprovação de quadro permanente

Foi exigida carteira de trabalho para comprovar vínculo do profissional com a licitante, sem permitir outros meios, em desacordo com a jurisprudência.

5 Prazo da licitação reduzido indevidamente

O Pregão nº 01/2017 foi publicado em 26.01.2017, prevendo abertura em 03.02.2017. A publicação ocorreu nos meios adequados, mas o prazo entre a publicação e a abertura foi de seis dias úteis, quando deveria ser de oito dias úteis.

6 Insumos indevidos na planilha de custo e formação de preços

No Pregão nº 03/2017, para contratação de vigilância armada, a planilha de custo e formação de preços previu elementos de custo que oneram indevidamente a estimativa:

a) inseridos IRPJ e CSLL na composição dos tributos da planilha de custo;
b) inclusão de custo com vale-transporte sem justificativa;
c) percentual de FGTS superior ao estabelecido pela legislação;
d) previsão indevida de custos com seleção de pessoal.

LICITAÇÕES DE OBRAS – 2017

1 Qualificação econômico-financeira indevida

Foi exigido capital social ou patrimônio líquido mínimo concomitantemente com a garantia para a participação no certame. O TCU não admite essa cumulação.

2 Foi exigido capital social mínimo integralizado

Exigiu-se capital social integralizado de, no mínimo, 10% do valor total estimado da contratação. O TCU veda a exigência de que o capital seja "integralizado".

3 Exigência de quantidade mínima de atestados

Edital exigiu no mínimo dois atestados de capacidade técnica. O TCU não permite estabelecer quantidade mínima de atestados.

4 Exigência indevida de vistoria obrigatória

Não foi justificada a opção por vistoria técnica obrigatória. O TCU entende que é suficiente uma declaração de pleno conhecimento das condições da obra.

5 Exigência de visto do CREA local

Foi exigido visto do CREA de Mato Grosso para empresas nele não registradas, mas o TCU entende que só pode ser exigido isso no início do exercício da atividade, que se dá com a contratação, e não na fase de habilitação.

6 Cobrança indevida do edital

Num dos certames, foram cobrados R$800,00 para cópia do edital. Esse valor é muito superior ao custo efetivo de reprodução, limite legal dessa cobrança.

| Pantanal do Norte-MT, 18.03.2016 | José Onça
Auditor Interno
Coordenador | Gilberto Tuiuiú
Auditor Interno
Executor |

Este relatório se destina apenas ao apoio técnico na avaliação de riscos da atividade de licitação – por isso sua elaboração simplificada. As situações apontadas foram ou serão objeto de tratamento específico da controladoria em processos apartados.

3.4.1.5 Ata de reunião de identificação de riscos

ESTADO DE MATO GROSSO
PREFEITURA MUNICIPAL DE
ANTANAL DO NORTE/MT

Ata de Reunião da Central de Compras

Identificação e Avaliação de Riscos em Licitações

Às 8h do dia 19.04.2018, na central de compras, reuniram-se a diretora de compras, a coordenadora de licitações, o pregoeiro e o presidente da CPL com o objetivo de identificar e avaliar os riscos da atividade de licitação para elaborar a matriz de riscos e controles e o plano de tratamento dos riscos para 2018.

A diretora de compras explicou que o trabalho seria pautado pela política de gestão de riscos recentemente implantada na prefeitura, adotando os princípios, conceitos e metodologia ali definidos.

Para conseguir apoio da equipe envolvida, Maria Carcará contou eventos acontecidos em licitações anteriores e falou da importância de evitar os mesmos problemas em licitações futuras.

Primeiro, os servidores buscaram identificar os riscos inerentes à atividade de licitação, levando em conta: (1) experiências profissionais; (2) realidade atual da coordenadoria de licitações; (3) o documento RCA – Riscos e Controles em Aquisições, do TCU, disponível na internet; (4) o extrato de entrevistas elaborado pela diretora de compras; (5) mapa de processo das licitações; (6) organograma e lotacionograma; (7) processos de penalidades das empresas; (8) registro de inconformidades elaborado pela controladoria.

Para sistematizar a identificação dos riscos, foi elaborada uma lista de objetivos das etapas do processo de licitação e, para cada objetivo elencado, os participantes anotaram, em separado, possíveis ameaças, procurando apontar o que poderia dar errado, como e onde podemos falhar, onde somos vulneráveis, como podemos ser enganados, o que pode impedir o atingimento dos objetivos.

Depois, os questionários individuais foram lidos e debatidos em conjunto, resumindo os riscos mais citados e que tiveram aceitação majoritária pelo grupo, considerando a recomendação do TCU no Acórdão nº 1.321/2014 – Plenário, de levar em conta o formato <causa do risco> levando a <evento de risco> com consequente <consequência do risco>.

O resultado desse processo foi o mapa de riscos, com 20 elementos.

3.4.1.6 Mapa de riscos – processo de licitações – Pantanal do Norte

(continua)

Riscos identificados			
ID	**Causa**	**Evento de risco**	**Consequência**
R#01	Origem da contratação sem demanda oficial adequada	Contratação que não atende a uma necessidade da organização	Desperdício de recursos
R#02	Licitações realizadas sem existência de setor específico com atribuições definidas	Contratações desvantajosas (objetos mal especificados, modelo que não permite adequada gestão contratual, preços elevados, fraudes)	Desperdício de recursos (financeiro, pessoal, tempo)

(continua)

Riscos identificados			
ID	**Causa**	**Evento de risco**	**Consequência**
R#03	Inexistência de plano anual de aquisições	Contratações que não contribuam para o cumprimento dos objetivos estratégicos da organização	Ineficiência na prestação dos serviços públicos à sociedade; fracionamento de despesa
R#04	Contratação conduzida sem estabelecimento de manual de normas e procedimentos	Erros e omissões por parte dos diversos atores envolvidos na execução do processo de contratação	Contratos ruins (solução deficiente, seleção de fornecedor inadequada); contratação fracassada (anulação, revogação, recursos, ação judicial); prazos ineficientes
R#05	Falta de padronização das especificações técnicas mais utilizadas nos processos de aquisição	Multiplicidade de esforços para realizar e elaborar especificações técnicas de contratações semelhantes	Compras sem qualidade; desperdício de esforço na especificação; repetição de erros e perda de economia de escala; dificuldade na pesquisa de preços
R#06	Dispensa ou inexigibilidade sem planejamento e formalização adequados	Contratação direta que não permite selecionar a proposta mais vantajosa para a Administração	Contratação irregular; desperdício de recursos
R#07	Falta de padronização do projeto (TR ou PB)	Multiplicidade de esforços para realizar planejamento de licitação de objetos correlatos	Desperdício de recursos

(continua)

Riscos identificados			
ID	**Causa**	**Evento de risco**	**Consequência**
R#08	Falta de método para quantificação de objetos licitados	Estimativas de quantidade inadequadas	Desperdício de recursos; sobra ou falta de bens e serviços licitados
R#09	Ausência de monitoramento das contratações (valor empenhado, liquidado e pago) e dotação disponível	Indisponibilidade orçamentária	Impossibilidade de contratação; pagamento sem cobertura orçamentária; reconhecimento de dívidas
R#10	Coleta insuficiente de preços ou falta de método para tratar os preços obtidos	Estimativas de preço inadequadas	Aceitação de preços acima da faixa praticada no mercado (sobrepreço) ou superfaturamento; atrasos na licitação; itens fracassados por preço inferior ao mercado
R#11	Falta de padrão de edital, atas, contratos e *checklist*	Multiplicidade de esforços para realizar licitações de objetos correlatos (medicamentos, gêneros alimentícios, pneus, combustível)	Esforço desnecessário para elaborar editais; repetição de erros; cláusulas restritivas; recursos e impugnações; retrabalho; atrasos
R#12	Falta de sistematização sobre o que deve ser verificado na análise da assessoria jurídica	Parecer jurídico com fundamentação desarrazoada, absurda, insuficiente ou que tenha servido para prática irregular	Ineficiência e repetição de erros; recursos e impugnações; documentos elaborados em desacordo com a lei e jurisprudência

CAPÍTULO 3
COMO FAZER GESTÃO DE RISCOS | 147

(continua)

Riscos identificados			
ID	**Causa**	**Evento de risco**	**Consequência**
R#13	Ausência de padrão para a publicação dos avisos de licitação	Publicações intempestivas ou com informações incompletas	Recursos e impugnações; restrição à competitividade; falta de isonomia
R#14	Contratações realizadas sem políticas de aquisição (compras, estoque, sustentabilidade e compras conjuntas)	Contratações que não contribuem para o cumprimento dos objetivos estratégicos da organização e finalidades da licitação	Ineficiência na prestação dos serviços públicos à sociedade
R#16	Contratação conduzida sem verificação, durante a fase de habilitação, de registros impeditivos da contratação, pesquisando as bases de dados disponíveis de fornecedores suspensos, inidôneos e impedidos	Participação de empresas com registro de penalidades (inidôneas, suspensas, impedidas, etc.) no processo licitatório	Prática de conduta criminosa ao admitir à licitação ou celebrar contrato com empresa ou profissional declarado inidôneo
R#17	Falta de equipe técnica para auxiliar a análise de habilitação e propostas em licitações de objetos complexos (obras; tecnologia da informação; medicamentos, por exemplo)	Exame inadequado dos documentos de habilitação e propostas de preços	Seleção de empresas sem capacidade técnica, operacional, econômica e financeira; recursos e impugnações; atraso na conclusão da licitação

(conclusão)

	Riscos identificados		
ID	**Causa**	**Evento de risco**	**Consequência**
R#18	Ausência de acompanhamento dos prazos das etapas da licitação (tempo médio gasto em: requisição, emissão de pareceres técnicos e jurídicos, elaboração de orçamento, redação do edital, habilitação, julgamento, homologação, etc.)	Falta de informações gerenciais da atividade de licitação	Comprometimento dos objetivos estratégicos da organização e impossibilidade de avaliação do desempenho do setor de licitações
R#19	Aquisição realizada sem a correta distribuição de papéis e responsabilidades entre os atores (organograma e regimento interno)	Execução de atividades e funções incompatíveis pela mesma pessoa	Erros, fraudes, desperdícios em decorrência da atividade desempenhada por uma área ou pessoa sem a checagem por outra
R#20	Falta de normatização sobre condução de processo de penalização; ausência de capacitação dos servidores sobre responsabilização de entes privados	Descumprimento dos princípios do devido processo legal e do contraditório	Fragilidade na instrução processual de penalização de empresas; ineficácia do sistema sancionador; fortalecimento da cultura da impunidade

Agora que já sabia o que podia dar errado, faltava à Maria Carcará avaliar a dimensão de cada risco, porque, afinal, nem tudo merece a mesma atenção. Os controles devem ser proporcionais ao risco e, para isso, é preciso avaliar.

3.5 Avaliação de riscos (qual o tamanho do problema)

Após a identificação dos riscos, é necessário avaliar as chances de cada um impactar os objetivos dos processos e, por consequência, da entidade pública, bem como o tamanho do estrago que o risco pode provocar se acontecer.

Os riscos são avaliados sob as perspectivas de probabilidade de ocorrência (frequência, chance, possibilidade) e impacto (efeito que o risco pode trazer para a organização):

> [...] a avaliação de riscos permite que uma organização considere até que ponto os eventos em potencial podem impactar a realização dos objetivos. Essa avaliação fundamenta-se em duas perspectivas – probabilidade e impacto – e geralmente utiliza uma combinação de métodos qualitativos e quantitativos [...] (COSO, 2007).

Neste momento é que o gestor governamental terá o cálculo da magnitude do risco, identificando a probabilidade e impacto e, assim, gerar uma compreensão sobre os riscos.

A avaliação de riscos pode ser feita de forma qualitativa, quantitativa ou por meio de uma combinação dessas. Isso vai depender do grau de detalhe que a organização requer e da natureza dos objetivos envolvidos.

Na terminologia de gestão de riscos, probabilidade significa chance de algo acontecer, não importando se objetiva ou subjetivamente, qualitativa ou quantitativamente, ou se descrita utilizando-se termos gerais ou matemáticos.

A administração geralmente utiliza técnicas de avaliação qualitativa, segundo as quais os riscos não se prestam à quantificação ou quando não existe disponibilidade prática de dados suficientemente críveis para avaliações quantitativas ou quando a análise de dados é muito dispendiosa.

Tipicamente, técnicas quantitativas trazem maior precisão e são mais utilizadas em atividades mais complexas e sofisticadas para complementar as técnicas qualitativas (COSO, 2006).

Apresentamos a seguir exemplos de escalas quantitativas e qualitativas de probabilidade e impacto que podem ser utilizadas no setor público para avaliação dos riscos.

Quadro 4 – Exemplo de escala quantitativa de probabilidade

Escala de probabilidade			
Descritor	**Descrição**	**Ocorrência**	**Nível**
Muito baixa	Evento extraordinário, sem histórico de ocorrência.	Até 5	1
Baixa	Evento casual e inesperado, sem histórico de ocorrência.	> 5 até 10	2
Média	Evento esperado, de frequência reduzida, e com histórico de ocorrência parcialmente conhecido.	> 10 até 15	3
Alta	Evento usual, com histórico de ocorrência amplamente conhecido.	>15 até 20	4
Muito Alta	Evento repetitivo e constante.	> 20	5

Fonte: Plano de Gestão de Riscos do TST.

Quadro 5 – Exemplo de escala qualitativa de probabilidade

Descritor	**Descrição**	**Peso**
Muito baixa	Evento extraordinário para os padrões conhecidos da gestão e operação do processo.	1
Baixa	Evento casual, inesperado. Muito embora raro, há histórico de ocorrência conhecido por parte de gestores e operadores do processo.	2
Médio	Evento esperado, de frequência reduzida, e com histórico de ocorrência parcialmente conhecido.	3
Alta	Evento usual, corriqueiro. Devido à sua ocorrência habitual, seu histórico é amplamente conhecido por parte de gestores e operadores do processo.	4
Muito alta	Evento se reproduz muitas vezes, se repete seguidamente, de maneira assídua, numerosa e não raro de modo acelerado. Interfere de modo claro no ritmo das atividades, sendo evidentes mesmo para os que conhecem pouco o processo.	5

Fonte: Elaborado pelos autores.

Quadro 6 – Exemplo de escala qualitativa de impacto

Descritor	Descrição	Peso
Muito baixo	Não afeta os objetivos.	1
Baixo	Torna duvidoso seu atingimento.	2
Médio	Torna incerto.	3
Alto	Torna improvável.	4
Muito alto	Capaz de impedir alcance.	5

Fonte: Elaborado pelos autores.

A prática mostra que a utilização de diversas dimensões na escala de impacto pode proporcionar um resultado mais fidedigno da importância dos riscos para a entidade. Porém, a utilização de muitas escalas de dimensões tende a exagerar a complexidade de análise, tornando-a mais difícil, demorada e cara (ELOGROUP, 2007).

Assim, para definir o nível de impacto, a entidade poderia considerar as seguintes dimensões (custo, prazo, escopo e qualidade):

Quadro 7 – Diferentes dimensões do impacto nos objetivos

Impacto nas dimensões do objetivo				
Custo (aumento %)	Prazo (atraso %)	Escopo (afetação)	Qualidade| (degradação)	Nível
Até 5	Até 5	Insignificante	Irrisória	1
> 5 até 10	> 5 até 10	Pouco	Pouco	2
> 10 até 15	> 10 até 15	Significativa	Relevante	3
> 15 até 20	> 15 até 20	Muito significativa	Muito relevante	4
> 20	> 20	Ampla	Grave	5

Fonte: Plano de Gestão de Riscos do TST.

Vale destacar que, eventualmente, o nível de impacto não será exatamente o mesmo para todas as dimensões. Nesse caso, deverá ser considerado o nível mais alto.

A definição pelo tipo de escala a ser utilizada depende muito da estrutura de controle e dos objetivos da entidade.

Como exemplo dessa diversidade, vejamos as opções de escalas utilizadas por alguns órgãos e entidades da Administração Pública:

Figura 22 – Utilização de escalas para avaliação do risco

AVALIAR RISCOS

	Probabilidade	Impacto	Fundamento
	Qualitativa	Qualitativa	4000-NA-3-01-02
	Qualitativa	Qualitativa	Portaria nº 1674/2014 e Manual de Gestão de Riscos, 2015
ANEEL	Quantitativa	Qualitativa	Manual de Gestão de Riscos, 2013
TST	Quantitativa	Quantitativa / Qualitativa	Ato nº 131/ASGE/2015
Eletrobras	Quantitativa	Quantitativa	Política de Gestão de Riscos, 2014
	Qualitativa	Qualitativa	Manual de Gestão de Integridade, Riscos e Controle, 2017
CGU	Qualitativa	Qualitativa	Portaria nº 69/2017 (Proprevine)
TRE-CE	Qualitativa	Qualitativa	COE, na 7 RAE, 27/08/2015
VALEC	Quantitativa	Quantitativa / Qualitativa	Resolução nº 02/2014

Fonte: Elaborada pelos autores.

A partir do resultado da multiplicação do nível de probabilidade com o impacto do risco, obtém-se o chamado *nível de risco*, que pode ser demonstrado conforme o quadro apresentado a seguir:

Quadro 8 – Definição do nível de risco

Legenda Nível de Risco		Probabilidade				
Extremo Alto Médio Baixo		1 Muito baixa	2 Baixa	3 Média	4 Alta	5 Muito alta
Impacto	5 Muito alto	5	10	15	20	25
	4 Alto	4	8	12	16	20
	3 Médio	3	6	9	12	15
	2 Baixo	2	4	6	8	10
	1 Muito baixo	1	2	3	4	5

Fonte: Plano de Gestão de Riscos do TST.

Dessa forma, cada risco estará situado em um dos quatro quadrantes (extremo, alto, médio ou baixo), de acordo com as escalas de probabilidade e impacto utilizadas.

Há outros formatos para definição dos níveis de riscos, sendo mais comum o de 3 x 3, com escalas de impacto e probabilidade baixo, médio e alto. O Ministério da Fazenda adota a matriz 4 x 4, sendo os níveis de impacto baixo, médio, alto e extremo, e os níveis de probabilidade rara, pouco provável, muito provável e alta.[11]

A escolha do formato a utilizar na organização ajuda a padronizar o processo de gestão de riscos em diversas áreas, criando uma linguagem comum. Pode vir descrito na política ou no plano ou em um manual que descreva escalas, padrões e procedimentos.

A priorização define quais riscos merecem ser tratados, dependendo do apetite a risco da organização. Apetite a risco é a quantidade de risco, em sentido mais abrangente, que a entidade se dispõe a aceitar na busca por agregar valor aos serviços prestados para a sociedade (COSO, 2006).

A norma ISO 31000/2018 define como atitude perante o risco, mas o entendimento é o mesmo.

---

[11] Disponível em: http://www.fazenda.gov.br/pmimf/frentes-de-atuacao/gestao-de-riscos.

Para compreender a definição de apetite a risco, imagine que você pretenda investir seu dinheiro. Para isso, você procura o gerente do banco. O gerente vai identificar o seu perfil de investidor, seu apetite ao risco, fazendo perguntas como:

- Qual o prazo máximo da aplicação?
- Caso a aplicação tenha perda no curto prazo, qual o percentual aceitável?
- Se a aplicação tiver uma perda de 10%, o que você faria?
- Qual o principal objetivo com a aplicação financeira?
- Qual a sua faixa de renda?
- Quanto o investimento representa do seu patrimônio total?

A partir das respostas apresentadas, o gerente definirá o seu perfil – se conservador (busca segurança nos investimentos e investe em produtos de baixo risco), moderado (busca segurança nos investimentos, mas também aceita investir em produtos com maior risco, que podem proporcionar ganhos melhores no longo prazo) ou arrojado (busca maiores ganhos e, para isso, aceita correr mais riscos) – e apresentará os tipos de investimento mais adequados ao seu perfil (fundos de renda fixa curto ou longo prazo, ações, etc.).

Essa é a mesma lógica aplicada aqui. O apetite a risco está diretamente associado à estratégia da instituição e deve ser considerado no momento de definição dos objetivos, pois estes expõem a organização a diferentes riscos.

É claro que o conceito de apetite a risco se comporta de modo diferente nos setores público e privado. Numa empresa comercial, numa fábrica, num empreendimento qualquer em que os proprietários ou gerentes possuem autonomia de decisão, o estilo gerencial tem muito mais flexibilidade e espaço de variação do que em um órgão ou mesmo em uma empresa pública.

No setor público, leis, regras, regulamentos, normas e mecanismos de regulação e controle atuam muito mais fortemente, restringindo a faixa de opções do gestor. Nesse sentido, o apetite a risco de gestores públicos, em geral, tem patamar reduzido.

É o que acontece, por exemplo, nestas organizações:

Tabela 4 – Exemplos de apetite a risco

Instituição	Apetite a risco	Normativo
Receita Federal	Baixo e médio	Portaria nº 1.674/2014
TST	Baixo e médio	Ato nº 131/ASGE/2015
TRE/RS	Baixo	Resolução nº 249/2014
VALEC	Baixo	Resolução nº 02/2014

Fonte: Elaborado pelos autores

Não é apropriado, entretanto, defender que nenhuma atividade pública, em função de sua natureza, terá apetite a risco alto. Certos empreendimentos exigem dose maior de risco. É o caso de pesquisas e desenvolvimentos de novas tecnologias. A inovação comporta, em si, risco maior, pela incerteza do resultado.

Para uma entidade que adote o formato 5 x 5 e tenha definido que aceita os riscos baixo e médio, o apetite a risco estaria assim demonstrado:

Quadro 9 – Apetite a risco demonstrado no gráfico

Legenda Nível de Risco		Probabilidade				
Extremo Alto Médio Baixo		1 Muito baixa	2 Baixa	3 Média	4 Alta	5 Muito alta
Impacto	5 Muito alto				Absolutamente inaceitável	
	4 Alto					
	3 Médio			Inaceitável		
	2 Baixo		Aceitável			
	1 Muito baixo	Opotunidade				

Fonte: Plano de Gestão de Riscos do TST.

Essa representação gráfica da probabilidade e do impacto de um ou mais riscos é chamada de matriz de riscos.

Como último critério de riscos, encontram-se as diretrizes para priorização do tratamento de riscos, cuja finalidade é auxiliar na avaliação da resposta mais adequada no tratamento dos riscos. A tabela a seguir contém as diretrizes para priorização do tratamento de riscos que podem ser adotadas por uma entidade pública.

Quadro 10 – Diretrizes para priorização no tratamento do risco

Nível de risco	Descrição	Diretriz para resposta
Extremo	Indica um nível de risco absolutamente inaceitável, muito além do apetite a risco da organização.	Qualquer risco encontrado nessa área deve ter uma resposta imediata. Admite-se postergar o tratamento somente mediante parecer do dirigente da unidade ou cargo equivalente.
Alto	Indica um nível de risco inaceitável, além do apetite a risco da organização.	Qualquer risco encontrado nessa área deve ter uma resposta em um intervalo de tempo definido pelo dirigente da unidade ou cargo equivalente. Admite-se postergar o tratamento somente mediante parecer do dirigente da unidade ou cargo equivalente.
Médio	Indica um nível de risco aceitável, dentro do apetite a risco da organização.	Não se faz necessário adotar medidas especiais de tratamento, exceto manter os controles já existentes e monitorar.
Baixo	Indica um nível de risco muito baixo, em que há possíveis oportunidades de maior retomo que podem ser exploradas.	Explorar as oportunidades, se determinado pelo dirigente da unidade ou cargo equivalente.

Fonte: Plano de Gestão de Riscos do TST.

Se você já esteve na emergência de algum hospital, sabe o que "nível de risco" e "priorização" significam. Quando um novo paciente chega, passa por uma triagem, uma avaliação rápida de sua condição. Adota-se um protocolo para classificação de risco e grau de prioridade no atendimento, com aquelas pulseiras de cores diferentes.

A lógica aqui é a mesma. O que merece atenção imediata e o que pode esperar ou nem compensa ser tratado? Essa talvez seja a contribuição mais relevante do processo sistemático de gestão de riscos. Priorizar para otimizar os recursos disponíveis.

Assim como um hospital precisa direcionar seus esforços e capacidades para o que é mais urgente para obter o máximo resultado em termos de seus objetivos, toda organização pode usar a gestão de riscos para fazer o mesmo.

O nível de risco também pode ser didaticamente demonstrado, conforme a figura apresentada a seguir:

Figura 23 – Avaliação de riscos

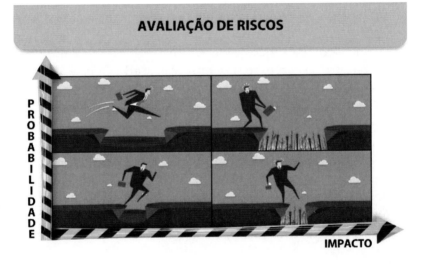

No primeiro quadrante, na parte inferior esquerda, temos o risco de baixa probabilidade e baixo impacto, não representando grande perigo à organização. Representa perdas baixas, que podem ser menores do que o custo de mitigá-las. Nesse caso, o risco deve ser apenas monitorado, pois está dentro do apetite a risco da organização.

No segundo quadrante, na parte inferior direita, temos riscos de baixa probabilidade e alto impacto, representando riscos de maior vulto, de alto impacto para os objetivos da organização. Riscos nesse quadrante são conhecidos como "cisne negro". Devido ao seu alto impacto, a organização deve reduzir pela transferência ou compartilhamento de uma parte do risco (seguro, terceirização da atividade, transações de *hedge*, etc.).

No terceiro quadrante, na parte superior esquerda, temos o risco moderado, que, devido à sua alta probabilidade de acontecer, representa perigos à organização, com menores impactos nos objetivos. A organização deve promover ações para reduzir a probabilidade de esses eventos acontecerem.

Já o último quadrante, localizado na parte superior direita, indica risco extremo, de alta probabilidade e com sérias consequências caso se materialize. Demanda a atenção imediata da organização para reduzir sua probabilidade ou impacto, devendo adotar ações que evitem, eliminem ou atenuem as causas e/ou efeitos.

Um problema que pode surgir se refere ao campo do "viés cognitivo", crescentemente estudado pela economia comportamental. Diz respeito a padrões de distorção de julgamento, levando a percepções equivocadas, julgamento impreciso. Um desses vieses é conhecido como *heurística da disponibilidade*. Quando indivíduos são chamados a realizar estimativas de probabilidade, eles acabam superestimando a probabilidade de ocorrência de eventos dos quais se lembram ou com os quais estão familiarizados e subestimam ou ignoram as ocorrências remotas. Isso pode ser combatido alertando os agentes para essa questão, para ficarem atentos ao darem a sua opinião.

O Escritório das Nações Unidas sobre Drogas e Crime (UNODC, 2020) alerta que alguns agentes podem interpretar o processo de identificação e avaliação de riscos de modo equivocado, confundindo a coisa com uma investigação, procurando culpados pelos problemas da organização. A entidade sugere que a melhor maneira de lidar com tais receios é garantir uma *comunicação clara e regular* com os agentes sobre o processo de avaliação e o resultado pretendido, assegurando uma discussão aberta.

Sobre a confiabilidade e precisão das avaliações, embora os métodos apresentados possam parecer subjetivos, têm forte fundamentação nas melhores práticas da área. Um relatório da Comissão Norte-Americana de Regulação Nuclear apontou que a avaliação de riscos, mesmo usando probabilidades subjetivas, é necessária, adequada e proporciona uma contribuição razoável para avaliar os riscos de derretimento de um reator nuclear. Embora reconheça que se trata de probabilidade subjetiva, também destaca que as opiniões de algumas pessoas podem ser muito precisas, mesmo em sentido quantitativo.[12]

E como foram avaliados os riscos em Pantanal do Norte? Considerando os parâmetros apresentados e as escalas definidas na política de gestão de riscos, a equipe da central de compras avaliou os riscos identificados na atividade de licitação do município.

Considerando esses parâmetros e as escalas definidas na política de gestão de riscos, a equipe da central de compras avaliou os riscos identificados na atividade de licitação do município de Pantanal do Norte.

3.5.1 Avaliação dos riscos identificados em Pantanal do Norte

Depois de elaborar o mapa de riscos do processo de licitações, contendo os 20 principais eventos, causas e consequências, a equipe liderada por Maria Carcará continuou reunida, voltando sua atenção para a avaliação dos 20 riscos em termos de probabilidade e impacto.

Os servidores debateram os critérios para priorização dos riscos, avaliando-os quanto à probabilidade de ocorrência e seus eventuais impactos, no caso de se materializar. Para isso, seriam utilizadas as escalas de probabilidade e impacto estabelecidas na política de gestão de riscos.

Para nivelamento das informações entre os participantes, a diretora de compras informou que, em termos conceituais, a probabilidade está associada às chances de um risco ocorrer, enquanto o impacto está relacionado com a intensidade, a gravidade das consequências do risco ocorrido nos objetivos. Da combinação das probabilidades e de seu impacto, obtém-se o nível de risco.

Na sequência, a diretora apresentou as escalas utilizadas para a avaliação dos riscos em Pantanal do Norte.

---

[12] *Ad Hoc Risk Assessment Review Group, Risk Assessment: Review Group Report to the United States Nuclear Regulatory Commission* (setembro de 1978).

Quadro 11 – Escala de probabilidades

Descritor	Descrição	Peso
Muito baixo	Evento extraordinário para os padrões conhecidos da gestão e operação do processo.	1
Baixo	Evento casual, inesperado. Muito embora raro, há histórico de ocorrência conhecido por parte de gestores e operadores do processo.	2
Médio	Evento esperado, de frequência reduzida, e com histórico de ocorrência parcialmente conhecido.	3
Alto	Evento usual, corriqueiro. Devido à sua ocorrência habitual, seu histórico é amplamente conhecido por parte de gestores e operadores do processo.	4
Muito alto	Evento se reproduz muitas vezes, se repete seguidamente, de maneira assídua, numerosa e, não raro, de modo acelerado. Interfere de modo claro no ritmo das atividades, sendo evidentes mesmo para os que conhecem pouco o processo.	5

Quadro 12 – Escala de impacto

Descritor	Descrição	Peso
Muito baixo	Não afeta os objetivos.	1
Baixo	Torna duvidoso seu atingimento.	2
Médio	Torna incerto.	3
Alto	Torna improvável.	4
Muito alto	Capaz de impedir alcance.	5

Da combinação de probabilidades e impacto dessas escalas, obtêm-se os níveis de risco (nível do risco = probabilidade x impacto). O resultado desse relacionamento é demonstrado no gráfico denominado mapa de risco.

Com o mapa de riscos em mãos, contemplando os 20 eventos identificados pela diretoria de compras, os riscos foram lidos, um a um, para que todos os presentes pudessem analisar e apresentar suas expectativas quanto à probabilidade e impacto, levando em consideração suas percepções e dados históricos dos eventos acontecidos no passado e a possibilidade de acontecer no futuro.

Colocada a matéria em discussão, os servidores atribuíram uma nota de 1 a 5 para probabilidade e impacto de cada risco. A média de pontos foi, então, considerada.

Como resultado, os riscos foram registrados no formulário de avaliação de riscos, com as seguintes pontuações:

Quadro 13 – Formulário de avaliação de riscos – licitações de Pantanal do Norte

(continua)

Avaliação de riscos inerentes					
ID	Evento de risco	Probab.	Impacto	Nível	Definição
R#01	Contratação que não atende a uma necessidade da organização	2	4	8	Alto
R#02	Contratações desvantajosas (objetos mal especificados, modelo que não permite adequada gestão contratual, preços elevados, fraudes)	4	3	12	Alto
R#03	Contratações que não contribuam para o cumprimento dos objetivos estratégicos da organização	3	4	12	Alto
R#04	Erros e omissões por parte dos diversos atores envolvidos na execução do processo de contratação	3	4	12	Alto
R#05	Multiplicidade de esforços para elaborar especificações técnicas de contratações semelhantes	3	4	12	Alto
R#06	Contratação direta que não permite selecionar a proposta mais vantajosa para a Administração	4	4	16	Extremo
R#07	Multiplicidade de esforços para realizar planejamento de licitação de objetos correlatos	4	3	12	Alto
R#08	Estimativas de quantidade inadequadas	3	3	9	Alto
R#09	Indisponibilidade orçamentária	2	3	6	Médio
R#10	Estimativas de preço inadequadas	5	5	25	Extremo

(conclusão)

Avaliação de riscos inerentes					
ID	Evento de risco	Probab.	Impacto	Nível	Definição
R#11	Multiplicidade de esforços para realizar licitações de objetos correlatos (medicamentos, gêneros alimentícios, pneus, combustível)	5	5	25	Extremo
R#12	Parecer jurídico com fundamentação desarrazoada, absurda, insuficiente ou que tenha servido para prática irregular	3	3	9	Alto
R#13	Publicações intempestivas ou com informações incompletas	2	3	6	Médio
R#14	Contratações que não contribuem para o cumprimento dos objetivos estratégicos da organização e finalidades da licitação	5	3	15	Extremo
R#15	Conluio ou adoção de práticas anticompetitivas entre as empresas licitantes	3	3	9	Alto
R#16	Participação de empresas com registro de penalidades (inidôneas, suspensas, impedidas, etc.) no processo licitatório	3	2	6	Médio
R#17	Exame inadequado dos documentos de habilitação e propostas de preços	3	4	12	Alto
R#18	Falta de informações gerenciais da atividade de licitação	3	2	6	Médio
R#19	Execução de atividades e funções incompatíveis pela mesma pessoa	4	2	8	Médio
R#20	Descumprimento dos princípios do devido processo legal e do contraditório	3	3	9	Alto

Quadro 14 – Mapa de riscos do processo de licitações de Pantanal do Norte

Pode-se notar que há cinco riscos na região extrema: R6, R8, R10, R11 e R14. Esses merecem tratamento prioritário, imediato. Qual será a resposta de Maria Carcará a esses riscos mais graves? Veremos isso quando forem estabelecidos os controles internos necessários para mitigá-los.

3.5.2 Identificação de riscos de fraudes e corrupção

A avaliação dos riscos de fraudes inclui a identificação e avaliação, pela Administração, dos riscos associados a fraudes e corrupção na organização. Isso inclui avaliar possíveis atos de corrupção na entidade, os incentivos e as pressões sofridas pelos colaboradores.

Adicionalmente, a administração pode considerar possíveis atos de corrupção (cometidos por servidores terceirizados ou contratados) que afetam diretamente a capacidade da entidade de realizar seus objetivos.

Como exemplo, podemos citar a possibilidade de recebimento de brindes, presentes e hospitalidades por servidores da área de licitações e contratos oferecidos por empresas licitantes ou contratadas como forma de dissimular o pagamento de vantagens indevidas para se obter vantagens impróprias ou influenciar de maneira indevida a ação de uma autoridade.

Em outra hipótese, o pagamento de uma viagem a um agente público que tem poder de decisão direto ou indireto sobre determinado projeto que a empresa deseja que seja aprovado, por exemplo, pode ser, na verdade, um suborno que alguém está oferecendo ou pagando para influenciar a decisão final do processo.

Como uma espécie do gênero "risco", os "riscos de integridade" também impactam nos objetivos, atribuições ou missão da organização. Tais riscos caracterizam-se como vulnerabilidades organizacionais que podem favorecer ou facilitar situações de quebra de integridade – como, por exemplo, a solicitação ou recebimento de quantias indevidas por agentes públicos, abuso de poder, uso de verbas públicas para fins privados, situações que configuram conflito de interesses e nepotismo, entre outras.

Como exemplo de risco de integridade, podemos citar:

Tabela 5 – Exemplos de risco de integridade

ITEM	DESCRIÇÃO
1	Acesso indevido e vazamento de informações sensíveis nos bancos de dados acerca de futuros projetos
2	Pressões indevidas de superiores para alterar posicionamentos técnicos de subordinados
3	Servidores solicitarem/receberem valores indevidos nas fiscalizações feitas pelo órgão
4	Nepotismo em nomeação ou designação de pessoa para cargo em comissão ou função de confiança
5	Utilização de bens públicos (carros, terceirizados e material de expediente) em atividades privadas

Fonte: Programa de Integridade da CGU.

Esses riscos de fraudes e corrupção devem ser identificados pelas organizações. Com base na identificação e análise desses riscos, desenvolvem-se e aplicam-se mecanismos para reduzi-los.

No programa de integridade da CGU, foram estabelecidas, por exemplo, as seguintes medidas de tratamento de riscos à integridade:

Tabela 6 – Exemplos de medidas de tratamento do risco de integridade

ITEM	DESCRIÇÃO
1	Procedimentos e trilhas para identificação de casos de nepotismo na CGU
2	Exigência de declaração de parentesco no momento da posse para cargos em comissão, funções de confiança, terceirizados ou estagiários
3	Elaboração de normativo que trate sobre a omissão de irregularidades de forma intencional
4	Ações permanentes de monitoramento de acesso a sistemas e pastas de rede
5	Revisão do código de conduta profissional do servidor da CGU
6	Estudo sobre critérios para identificação e avaliação de líderes da CGU para atualização da política de gestão de pessoas

Fonte: Programa de Integridade da CGU.

Esses mecanismos podem estar materializados em um programa de integridade pública. Programa de integridade é um conjunto de medidas com o *objetivo de prevenir, detectar e remediar a ocorrência de fraude e corrupção* nas entidades, pensadas e implementadas de forma sistêmica, com aprovação da alta direção e sob coordenação de uma área ou pessoa responsável (BRASIL, 2015).

O programa de integridade está previsto no art. 7º, inciso VIII, da Lei nº 12.846/13 (Lei Anticorrupção), nos arts. 41 e 42 do Decreto nº 8.420/15 e na Portaria CGU nº 909/2015, a qual trata integralmente desse assunto. Na esteira desse mandamento legal, o art. 41 do Decreto nº 8.420/2015 dispõe que:

> Programa de integridade consiste, no âmbito de uma pessoa jurídica, no conjunto de mecanismos e procedimentos internos de integridade, auditoria e incentivo à denúncia de irregularidade e na aplicação efetiva de códigos de ética e de conduta, política e diretrizes *com objetivo de detectar e sanar desvios, fraudes, irregularidades e atos ilícitos* praticados contra a administração pública, nacional ou estrangeira.

No âmbito do Poder Executivo federal, os órgãos e entidades estão obrigados a instituir programa de integridade, com o objetivo de promover a adoção de medidas e ações institucionais destinadas à prevenção, detecção, punição e remediação de fraudes e atos de corrupção, cabendo à Controladoria-Geral da União (CGU) estabelecer procedimentos necessários à estruturação, execução e monitoramento desses programas (arts. 19 e 20 do Decreto nº 9.203/2017).

Esse monitoramento de responsabilidade da CGU está sendo feito por meio do painel de integridade pública, que permite conferir informações sobre estruturação, execução e monitoramento de programas de integridade em órgãos e entidades do Governo Federal (ministérios, autarquias e fundações públicas).

Dessa forma, a entidade deve contemplar, dentro do processo de identificação e avaliação de riscos, aqueles relacionados a fraudes e corrupção praticados pelos colaboradores e terceiros.

Em Pantanal do Norte, a diretoria de compras identificou dois riscos relacionados a fraudes e corrupção. Tanto o risco R#15 (conluio ou adoção de práticas anticompetitivas entre as empresas licitantes) quanto o risco R#16 (participação de empresas com registro de penalidades, tais como inidôneas, suspensas, impedidas, no processo licitatório) são riscos de integridade que a organização precisa gerenciar.

3.5.3 Avaliação de mudanças significativas

Como parte da avaliação de riscos da organização pública, a Administração deve identificar as mudanças que podem afetar de forma significativa o sistema de controle interno da entidade e tomar as ações necessárias.

Assim, cada entidade precisa de um processo para identificar e avaliar fatores internos e externos que podem afetar significativamente a capacidade de realizar objetivos.

Nesse sentido, podemos elencar os seguintes fatores, que têm o potencial de afetar significativamente as organizações governamentais:

i) mudança nas regras de contabilidade pública;
ii) edição de novas regulamentações, tais como a Nova Lei de Licitações e Contratos Administrativos (Lei nº 14.133/2021); Lei Anticorrupção (Lei nº 12.846/13); Lei de Acesso à Informação (Lei nº 12.527/11); a Lei de Conflito de Interesses (Lei nº 12.813/13) e o Decreto nº 9.203/2017;
iii) pandemia de Covid-19;
iv) crise financeira;

v) mudanças no ambiente regulatório, econômico, físico e na alta administração da organização;

vi) desastres naturais, como o de "Mariana", em Minas Gerais etc.

O processo de identificação e avaliação de mudanças significativas poderá ser executado em paralelo ao processo de avaliação de riscos ou fazer parte dele. Parte desse processo deve contemplar a revisão periódica (a cada ano, por exemplo) dos riscos identificados, avaliados e priorizados e da eficácia dos controles internos implementados para mitigar esses riscos.

Esse foco em mudanças significativas é fundamentado na premissa de que certas condições, devido ao seu impacto potencial, devem estar sujeitas a uma avaliação especial. O nível de atenção exigido da Administração para essas condições depende, naturalmente, do efeito que podem ter em circunstâncias específicas.

Se pararmos para analisar a sobrevivência das empresas ao longo da história, vamos encontrar diversos casos em que grandes corporações sucumbiram radicalmente por perderem a sintonia com as mudanças sociais e tecnológicas, como é o caso da empresa Kodak, maior empresa de fotografia que o planeja já viu e uma das mais inovadoras, que acabou falindo em 2012.

Além disso, a ISO 31000/2018 dispõe que a gestão de riscos "é dinâmica, iterativa e capaz de reagir a mudanças". Isso pressupõe que a gestão de riscos deve captar as mudanças nos ambientes interno e externo da organização, identificando novos riscos que surgirem, sofrerem modificação ou desaparecerem.

3.6 Resposta a riscos (decidindo o que fazer com os riscos)

A resposta a riscos representa qualquer ação adotada pela organização para lidar com risco, tendo por finalidade a seleção e a implementação de medidas para contrapor os riscos. Deve levar em consideração o nível de tolerância a riscos da organização e as prioridades no que tange à alocação de recursos.

A resposta a risco é comentada no COSO ERM da seguinte forma (COSO, 2006, p. 65): "Após avaliar os riscos importantes, a organização determina de que forma responderá a estes. As respostas incluem: evitar, reduzir, compartilhar ou aceitar os riscos".

A seguir, apresentamos exemplos de respostas para evitar, reduzir, compartilhar e aceitar o risco no âmbito do setor público:

EVITAR
Abandonar determinada atividade, política pública, unidade de negócios, segmento geográfico.
Evitar significa tomar uma decisão consciente de não empreender novas iniciativas que possam originar riscos. Podemos citar, por exemplo, uma empresa de entrega de encomendas que identifique que existem áreas muito perigosas na cidade, onde o índice de criminalidade inviabiliza completamente a entrega pelo fato de comprometer a integridade dos colaboradores e poder resultar em elevados furtos de encomendas. Após inúmeras solicitações ao Estado para que reforçasse o efetivo de policial e diante de diversas negativas, a empresa optou em encerrar temporariamente seus serviços na região até que houvesse melhora na segurança pública. São exemplos também de evitar o risco deixar de realizar compras conjuntas com outros órgãos e encerrar um curso em determinada localidade por falta de demanda.

COMPARTILHAR/TRANSFERIR
Exigência de garantia contratual, que pode ser em seguro, garantia ou fiança bancária, transferindo parte do risco de dano para a seguradora ou fiador. Terceirização de atividades de apoio administrativo, compartilhando riscos trabalhistas na execução dessas atividades.

REDUZIR/MITIGAR
Implementação de controles internos, tais como políticas e procedimentos, normativos, sistemas, estrutura física, organizacional, tecnologia, contratação de pessoal, treinamentos, etc.
Como exemplo, podemos citar o risco de fraude em um processo licitatório em uma prefeitura. Na avaliação desse risco, sua probabilidade foi apontada como alta, e seu impacto, como muito alto, tendo, inclusive, risco de dano à imagem, além do risco financeiro e operacional.
Como forma de mitigar esse risco relevante, os gestores optaram em adotar um *checklist* com rotinas para detecção de fraudes, treinamento dos servidores que atuam na fase externa da licitação para detectar irregularidades, análise minuciosa dos documentos de habilitação e proposta de preços para identificar padrões que indicassem fraudes. Além disso, foi criada uma comissão de ética com o objetivo de conscientizar os colaboradores e terceiros sobre os padrões éticos exigidos pela prefeitura, bem como as consequências legais a respeito de tais condutas criminosas.
Contratação de uma empresa especializada para a realização de pesquisa de preços de referência nas licitações públicas, em apoio à administração, mitigando o risco de estimativa de preços.
Contratar empresa para apoiar a fiscalização contratual, reduzindo o risco de inexecução ou execução irregular.

ACEITAR
Não adotar nenhuma providência quando o nível do risco for inferior ao apetite a risco da organização ou quando o custo do controle for superior à perda decorrente da consumação do risco controlado. Podemos citar, como exemplo, determinada organização que tenha identificado em seus processos organizacionais o risco de colaboradores furtarem material de expediente do almoxarifado. Na avaliação desse risco, constatou-se que a probabilidade de esse evento ocorrer era baixa, bem como o impacto financeiro desses pequenos furtos ser praticamente insignificante perante o orçamento da organização. Em razão desse risco, os gestores solicitaram orçamento para instalação de câmeras de segurança e
aparelhos de raio X e perceberam que o valor para a instalação e manutenção desses controles era muito superior ao custo estimado das perdas que ocorreriam se o furto do material de expediente se concretizasse. Por esse motivo, os gestores decidiram que esse risco seria aceito e não seriam implementados controles internos; porém, esse risco deveria ser reavaliado a cada dois anos de forma a verificar se seu nível continuava baixo.

Qualquer opção de resposta a riscos definida pela organização gera custos (pessoas, processos, estrutura física ou organizacional, tecnologia, sistemas), sejam eles diretos ou indiretos, os quais devem ser comparados com os benefícios que serão gerados em decorrência de sua implementação.

Essa avaliação dos custos em relação aos benefícios pode ser mais robusta e envolver sua quantificação estatística ou implicar uma avaliação mais subjetiva. O importante é que os custos das medidas a serem adotadas (controles internos) em resposta aos riscos não sejam superiores aos benefícios que tais medidas possam proporcionar para o alcance dos objetivos correspondentes.

É nesse sentido a orientação contida no art. 14 do Decreto-Lei nº 200/67, ao dispor que:

> O trabalho administrativo será racionalizado mediante simplificação de processos e *supressão de controles que se evidenciarem como puramente formais ou cujo custo seja evidentemente superior ao risco.*

Reforçando essa convicção, o art. 5º, XI, da Lei nº 13.460/2017 orienta que:

> O usuário de serviço público tem direito à adequada prestação dos serviços, devendo os agentes públicos e prestadores de serviços públicos observar as seguintes diretrizes:

[...]
XI – eliminação de formalidades e de exigências cujo custo econômico ou social seja superior ao risco envolvido.

O governo federal já iniciou esse processo. Por meio da Portaria Interministerial MP/CGU nº 176/2018, os órgãos e as entidades do Poder Executivo federal que necessitarem de documentos comprobatórios da regularidade da situação de usuários dos serviços públicos, de atestados, de certidões ou de outros documentos comprobatórios que constem em base de dados oficial da Administração Pública federal deverão obtê-los diretamente do órgão ou da entidade responsável pela base de dados e não poderão exigi-los dos usuários dos serviços públicos.

Como exemplo, não podem mais ser exigidos pela Administração Pública federal:

- comprovante de inscrição e situação cadastral no Cadastro de Pessoas Físicas (CPF);
- comprovante de inscrição e situação cadastral no Cadastro Nacional de Pessoa Jurídica (CNPJ);
- certidão de débitos relativos a créditos tributários federais e à divida ativa da União;
- certidão de quitação eleitoral.

Veja que esse processo de eliminação de formalidades cujo custo seja superior ao risco tem por objetivo desburocratizar, dar mais eficiência ao serviço público, por meio de controles internos proporcionais aos riscos.

Exemplo interessantíssimo nesse sentido veio de um relatório de auditoria da CGU, de 2020. A Controladoria avaliou as microcompras federais, até R$5 mil. Identificou que se gasta R$6 para cada R$4 em compras de pequeno valor. Para comprar R$463 milhões, o custo operacional foi de R$624 milhões. Mesmo sem licitação, existe alto custo administrativo para conduzir o procedimento, e isso torna a coisa um grande desperdício. A CGU propôs simplificar os controles, usando o cartão corporativo do governo.[13] A lógica é clara: o controle não pode custar mais caro que o risco.

---

[13] Disponível em: diariodocomercio.com.br/opiniao/editorial-o-custo-da-burocracia.

Figura 24 – Controle proporcional ao risco

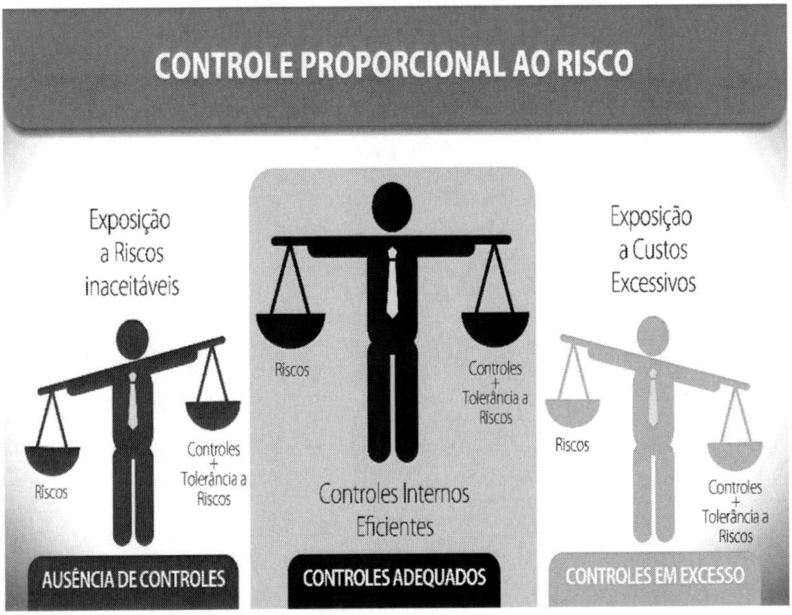

Tanto o modelo COSO ERM quanto a ISO 31000/2018 ressaltam a importância da avaliação dos custos *versus* benefícios das possíveis opções de respostas a riscos.

Além disso, a organização pode documentar como as opções de tratamento escolhidas serão implementadas por meio de planos de tratamento de riscos. A utilização de planos de tratamento é importante para o estabelecimento de prazos e responsáveis por implementar as respostas.

Assim, segundo a ISO 31000, convém que as informações fornecidas nos planos de tratamento incluam, entre outras coisas:

- as razões para a seleção das opções de tratamento, incluindo os benefícios que se espera obter;
- os responsáveis pela implementação do plano;
- ações propostas;
- cronograma para implementar as respostas (ABNT, 2009).

Dessa forma, considerando os riscos identificados e avaliados no processo de licitações de Pantanal do Norte, os eventos prioritários poderiam ser tratados, por exemplo, da seguinte maneira:

Quadro 15 – Medidas de tratamento de riscos em Pantanal do Norte

ID	Risco	Tratamento	Custo x benefício
R#10	Estimativas de preço erradas	Mitigar. Implementar normativo estabelecendo critérios de pesquisa de preços.	Favorável. Não há custos financeiros na implantação do normativo.
		Mitigar. Treinamento de servidores em relação ao novo método.	Favorável. O treinamento será ministrado por servidores da organização.
R#11	Editais sem padrão	Mitigar. Formular modelos de editais de licitação, *checklist*, atas de registro de preços e contratos de aquisição com elementos mínimos necessários ao cumprimento das normas aplicáveis ao processo de seleção e contratação das empresas.	Favorável. Não há custos financeiros adicionais na elaboração e implantação de editais padronizados. Pode-se adotar os editais da AGU, disponíveis na internet.

Quadro 16 – Continuação das medidas de tratamento de riscos

ID	Risco	Responsável	Prazo	Fim	Monitoramento
R#10	Estimativas de preço erradas	José Tuiuiú	3 meses	30.11.17	Identificar percentual de recursos e impugnações e achados de auditoria com apontamento de sobrepreço e superfaturamento antes e depois do controle.
		Maria Carcará	4 meses	31.12.17	
R#11	Editais sem padrão	Joana Capivara	2 meses	31.10.17	Identificar percentual de recursos e impugnações dos editais de licitação antes e depois do controle implementado.

Fonte: Elaborado pelos autores.

Como se vê, o tratamento de riscos envolve a tomada de decisão a respeito do que fazer diante do risco: evitar, transferir, aceitar ou mitigar.

A seleção de uma ou mais opções depende da avaliação de custo *versus* benefício, podendo gerar novos controles ou modificar os controles existentes.

Para definir o plano de tratamento de riscos, deve-se considerar:

- a eficácia dos controles existentes;
- a análise custo/benefício;
- as ações a serem realizadas;
- os responsáveis;
- as prioridades;
- os prazos de execução;
- as formas e indicadores de monitoramento.

Além disso, a ISO 31000 orienta que o plano de tratamento identifique claramente a ordem de prioridade em que cada ação deva ser implementada.

3.6.1 Avaliação de eficácia dos controles existentes

Para avaliar a eficácia do controle – capacidade de reduzir o risco –, são realizados procedimentos, geralmente realizados pela auditoria interna, com o objetivo de verificar a existência, adequação e efetividade dos controles internos.

O nível de eficácia do controle é multiplicado pelo risco inerente, resultando no risco residual. Uma escala sugerida:

Quadro 17 – Escala para definição da eficácia do controle

Eficácia do controle	Situação do controle existente	Multiplicador do risco inerente
Inexistente	Ausência completa do controle	1
Fraca	Em desenvolvimento; informal; sem disseminação; sem aplicação efetiva; quase sempre falha	0,7
Mediana	Formalizado, conhecido e adotado na prática; funciona na maior parte das vezes; pode ser aprimorado	0,4
Forte	Mitiga o risco em todos os aspectos relevantes; sem falhas detectadas; pode ser enquadrado em um nível de "melhor prática"	0,1

Fonte: Elaborado pelos autores, com base em DANTAS *et al.*, 2010, e AVALOS, 2009.

Um controle classificado como "Forte" (multiplicador 0,1) mitiga todos os aspectos relevantes do risco. Tem um desenho adequado e funciona todas as vezes em que é necessário. Faria com que um risco inerente de nível 25 (extremo) se deslocasse para a borda entre nível baixo e médio (25 * 0,1 = 2,5).

Para entender o conceito de adequação e funcionamento do controle, pense numa catraca eletrônica na recepção de um edifício. É um controle de entrada e saída de pessoas. Serve para mitigar o risco de segurança.

Essa catraca seria um controle "Forte" se todas as pessoas sempre a utilizassem e se o sistema, todas as vezes, contemplasse os dados mínimos de cadastramento de usuários. Ninguém entra ou sai do prédio sem efetivo registro.

Agora, imagine que, às vezes, alguém deixa de usar a catraca. O crachá não é reconhecido ou o porteiro deixa algum conhecido entrar sem registro. Acontece com pouca frequência, mas acontece. Esse é um controle do tipo "Mediano" (multiplicador 0,4).

Há falhas que podem ser melhoradas em sua efetividade. A tecnologia é boa, ela funciona, mas pode ser melhorada.

Por outro lado, a catraca poderia existir, mas ter uma tecnologia obsoleta, que torna lento o fluxo de pessoas, ou que fica inoperante com frequência, ou que as pessoas não respeitam. Muita gente entra e sai do edifício sem registro. Esse é um controle "Fraco".

Mesmo a melhor catraca do mundo, se não for utilizada, será um controle "Fraco". De pouco ou nada vale um controle que não mitiga riscos. Assim, não basta que o controle tenha um desenho, uma estrutura ou uma formalização correta. É fundamental que ele seja capaz de mitigar o risco para o qual foi projetado.

Outro exemplo comum em repartições públicas: o controle de ponto dos servidores. Pesquisa recente em prefeituras de Alagoas comprovou que a frequência dos servidores ainda é controlada de maneira manual, por meio de um livro ou folha individual por mês. Não há verificação se o controle é eficaz, bem como há pouco reporte de faltas de servidores. Nem as controladorias municipais se preocupam em avaliar se a folha de ponto está mitigando os riscos (SILVA, 2017).

Como você, leitor, classificaria esse controle nas prefeituras alagoanas? Nós achamos que não passa de "fraco", pelas fragilidades que apresenta e a pouca capacidade de evitar riscos relacionados com o efetivo comparecimento do servidor ao trabalho. E estamos falando apenas da presença física do funcionário. Nem entramos no mérito da produtividade e desempenho, aspectos que realmente impactam os objetivos da organização.

Com essa lógica, ao avaliar os contoles internos, é atribuída uma nota de eficácia. Pensando na matriz de riscos, o objetivo de um controle interno é tornar o risco residual aceitável, deslocando o risco inerente para outra posição na matriz.

Vejamos o exemplo do risco R#10 de Pantanal do Norte:

Riscos identificados		Avaliação do risco inerente			
ID	Risco	Probab.	Impacto	Nível	Definição
R#10	Estimativas de preço erradas	5	5	25	Extremo

Com nível 25, o risco inerente R#10 é classificado como extremo.

Quadro 17 – Posicionamento do risco inerente
R#10 de Pantanal do Norte (licitações)

O risco 10 refere-se à coleta insuficiente de preços ou falta de método para tratar os preços obtidos, levando a estimativas de preço inadequadas, com consequente aceitação de preços acima da faixa praticada no mercado (sobrepreço) ou superfaturamento, atrasos na licitação e itens fracassados por preço inferior ao mercado.

No extrato de entrevista feito por Maria Carcará, pode-se ler a opinião do presidente da CPL, Ivan Tucano, sobre a pesquisa no município: "Os preços estimados são irreais, baseados em três orçamentos de fornecedores".

Essa opinião é reforçada pelo relatório de auditoria, que apontou 248% de sobrepreço médio no Pregão nº 03/2017 e 24,64% no Pregão nº 4/2017.

Em relação a esta última licitação, os auditores anotaram que:

> Em todos esses casos, a pesquisa de preços foi realizada com 3 (três) orçamentos obtidos junto a fornecedores, sem levar em conta outras fontes. Os preços estimados de maneira equivocada acabaram por fundamentar a aceitação de preços registrados acima do aceitável.

Nota-se, portanto, que Pantanal do Norte não está se protegendo bem em relação a esse risco, pois vem adotando metodogia frágil, baseando suas estimativas em três orçamentos de fornecedores.

Essa é uma prática muito comum no setor público. Infelizmente, criou-se uma cultura simplista em torno da pesquisa de preços, cristalizando a lógica de que "três orçamentos" validam o preço de mercado.

No entanto, a lei não determina essa sistemática de buscar orçamentos de fornecedores. O que a lei determina é que as compras, sempre que possível, devem "balizar-se pelos preços praticados no âmbito dos órgãos e entidades da Administração Pública" (art. 15 da Lei nº 8666/93). O "sempre que possível", nesse caso, significa "quando estiver disponível" (SANTOS, 2016).

Assim, uma conduta mais adequada é buscar preços de referência no próprio setor público, o que é facilitado pelo uso de pregões eletrônicos e publicação de resultados na internet; mas, além dos preços praticados pela Adminstração Pública, pode-se utilizar outras referências, compondo o conceito que o TCU tem chamado de *cesta de preços aceitáveis* (Acórdãos nº 2.170/2007-P e 819/2009-P).

Em Pantanal do Norte, portanto, a pesquisa de preços deveria ser realizada com amplitude suficiente (Acórdão TCU nº 2.637/2015-P), proporcional ao risco da compra, privilegiando os preços praticados pela Administração Pública e adotando métodos adequados para tratar os dados obtidos, como média aritmética, mediana e média saneada.

Mas não era isso que estava acontecendo quando Maria Carcará realizou o levantamento de informações para elaborar a matriz de riscos. Não havia uma norma ou procedimento padronizado disciplinando como fazer a pesquisa de preços. O único método encontrado foi o de três orçamentos, e esse método se mostrou muito ruim, considerando os resultados desastrosos que os auditores internos evidenciaram.

Assim, que nota de eficácia poderíamos atribuir ao controle que tentava mitigar o risco de estimativa de preços incorretas em Pantanal do Norte?

Certamente, não podemos dizer que o controle para pesquisa de preços em Pantanal do Norte era do tipo *forte*. Mesmo a classificação *mediana* não se aplicaria, pois a metodologia empregada era precária, informal e vinha produzindo falhas gritantes, contribuindo pouco ou quase nada para reduzir o risco de estimativas de preço incorretas.

A consequência vinha se materializando em sobrepreço e potenciais prejuízos com compras por valores acima do mercado. Assim, o controle de Pantanal do Norte, naquele momento, se ajustava mais ao conceito de *fraco*, por ser informal e falhar com muita frequência.

ID	Controle existente			Risco residual	Recomendação para tratamento	
	Descrição	Eficácia	Multiplicador		Diretriz	Resposta ao risco
R#10	Três orçamentos	Fraco	0,7	17,5	Extremo	Mitigar

O multiplicador de eficácia de controle *fraco* (0,7) sobre o risco inerente 25 (posição inicial do R#10) resulta em risco residual

= 17,5 (25 * 0,7). Isso significa que o risco residual continuava numa posição extrema na matriz, exigindo resposta imediata. Vejamos como ficaria o mapa de risco nessa situação:

Quadro 18 – Modificação do risco inerente –
R#10 com aplicação de controle "fraco"

O risco se deslocou. Antes, estava na posição 25. Com a aplicação do controle *fraco*, migrou para 17,5. Mudou, mas pouco, pois o risco residual continua no mesmo quadrante, ou seja, em nível extemo. Continuava inaceitável.

Por isso, Maria Carcará e sua equipe precisavam pensar em formas de melhorar profundamente a eficácia do controle de pesquisas de preços. Conforme o grau de eficácia do tratamento aplicado, o risco residual será objeto de novas ações, se ainda estiver em nível inaceitável, ou passará a ser aceito, considerando o apetite a risco que o órgão está disposto a correr na busca de seus objetivos.

Lembrando que o estabelecimento de controles internos é o principal mecanismo de tratamento dos riscos, vamos detalhar no próximo tópico esse componente da gestão de riscos.

3.7 Atividades de controle (como mitigar os riscos de maneira eficiente)

O COSO ERM (COSO, 2006, p. 74) afirma que as atividades de controle são representadas:

> [...] pelas políticas e pelos procedimentos que contribuem para assegurar que as respostas da organização aos riscos sejam executadas. As atividades de controle ocorrem por toda a organização, em todos os níveis e em todas as funções. Elas compreendem uma série de atividades diferentes, como aprovações, autorizações, verificações, reconciliações, revisões do desempenho operacional, segurança do patrimônio e segregação de funções.

O componente atividades de controle congrega todas as atividades materiais e formais implementadas pela gestão para assegurar que as respostas aos riscos sejam executadas com eficácia e que a organização consiga alcançar os objetivos estabelecidos, ou seja, ao selecionar as respostas aos riscos, a Administração identifica as atividades de controle necessárias para garantir que essas respostas sejam executadas de forma adequada e oportuna.

É possível que duas organizações, ainda que compartilhem da mesma missão, objetivos, estrutura e metas, adotem atividades de controle diferenciadas para mitigar os riscos. Isso é possível devido a aspectos como estilo de direção e filosofia gerencial, julgamento profissional e técnicas de implementação.

Nesse sentido, a organização governamental deve elaborar políticas e procedimentos (atividades de controle) baseados no processo de gerenciamento de risco. As políticas refletem o posicionamento da alta direção sobre o que deve ser feito para mitigar os riscos.

Esses posicionamentos podem estar formalizados ou implícitos nas atitudes e decisões da Administração. Já os procedimentos consistem em ações que são estabelecidas para implementar uma política.

Dentre as políticas que as entidades podem adotar para atuar nos riscos identificados nos tópicos anteriores relacionados ao processo de licitações, destacam-se as seguintes:

Tabela 7 – Principais políticas em licitação

DESCRIÇÃO	OBJETIVO
1. Política de compras	Estabelece diretrizes para direcionar, por exemplo, aspectos como centralização ou descentralização das compras, tipo e número de fornecedores que poderão ser contratados, preferência por modelos de execução do objeto (por exemplo, equipamentos de TI, sempre que possível, devem ser adquiridos em conjunto com serviços de suporte de 3º nível), durabilidade esperada dos bens (por exemplo, copiadoras têm vida útil, na organização, de quatro anos) e diretrizes sobre padronização.
2. Política de estoque	Estabelece diretrizes como o que deve ser estocado, se haverá ou não centralização dos estoques, qual o nível de flutuação e rotatividade dos estoques.
3. Política de sustentabilidade	Contempla aspectos nos seus três eixos: sustentabilidade econômica, ambiental e social. Por exemplo, no eixo ambiental, podem ser estabelecidos os tipos de produtos "verdes" que a organização vai adquirir.
4. Política de compras conjuntas	Formula diretrizes sobre o que comprar em conjunto e com quais organizações (por exemplo, para formação de atas de registro de preços ou contratações por meio de consórcios públicos).
5. Estratégia de terceirização	Contempla a definição de diretrizes que antecedem as contratações de serviço como um todo, abarcando, por exemplo, aspectos como o escopo das atividades a serem terceirizadas, o tipo e o número de prestadores de serviço que poderão ser contratados e o modelo de execução do objeto que deve ser utilizado em cada tipo de contrato (*e.g.*, com ou sem cessão de mão de obra).
6. Política de delegação e reserva de competência	Estabelece diretrizes para autorização de todos os tipos de contratação (atividades de custeio ou de investimento), que deve ser elaborada após a avaliação das necessidades e riscos da organização, e acompanhada do estabelecimento de controles internos para monitorar os atos delegados.

Fonte: Acórdão TCU nº 2.622/2015 – Plenário.

Percebe-se que se trata de conjunto de diretrizes estratégicas que orientam escolhas nos processos de aquisição, potencialmente fundamentando decisões na operacionalização dos procedimentos licitatórios das organizações, diminuindo o risco de tomada de decisão pautada em critérios individuais e ocorrências de irregularidades.

Quanto aos procedimentos específicos para mitigar riscos em licitações, destacam-se os seguintes (Acórdão TCU nº 568/2014 – Plenário):

a) Formalização dos procedimentos: dentre os tipos de controles preventivos, destaca-se a formalização/manualização de procedimentos. É recomendável que as atividades importantes sejam documentadas de forma completa e precisa a fim de que se torne mais fácil rastrear as informações, desde a sua produção até a sua conclusão. Consiste na elaboração de manuais de normas e procedimento formalizando e detalhando as principais atividades, tais como gestão do patrimônio, transferências voluntárias, licitação, contratos, aquisição de medicamentos, etc.

b) Controles legais: controles legais são instrumentos de controle preventivo, que, devido à sua importância na prevenção de erros e falhas e desvios, foram inseridos na legislação. Trata-se de um conjunto de regras, descrito na lei ou em normativos infralegais, ou, ainda, em jurisprudência consolidada do TCU ou dos tribunais superiores. Essas regras são essenciais para o controle, sendo obrigatórias para toda a Administração Pública. A sua inobservância configura irregularidade, demandando correção imediata por parte da entidade.

c) Controles preventivos de fraudes e conluios: o controle interno deve ser visto então como meio de assegurar o melhor emprego dos recursos, de prevenir ou reduzir fraudes, desperdícios ou abusos, contribuindo assim para o cumprimento da missão do órgão público. Nesse sentido, diversas atividades específicas do controle podem ser eficazes na prevenção de fraudes e abusos no processo de licitações, tais como a análise circunstanciada dos licitantes, das propostas e das alterações contratuais e a verificação das cláusulas contidas nos editais, a fim de evitar direcionamento, fracionamento do objeto ou jogo de planilha (SANTOS; SOUZA, 2020).

d) Revisão independente: controle tipicamente detectivo, consiste em leitura crítica de atos ou operações por um terceiro não envolvido na realização destas ações, com vistas a assegurar de maneira razoável a conformidade e eficiência na execução desses atos, confrontando-os com a legislação aplicável. Como exemplo, pode-se citar a aprovação do plano de trabalho de uma contratação pela autoridade competente, assegurando contratações dentro da estratégia da organização, evitando a alocação indevida de recursos.

e) Segregação de funções: a segregação de funções ou atividades, princípio básico de controle interno e essencial para a sua efetividade, consiste na separação de atribuições ou responsabilidades das funções consideradas incompatíveis entre diferentes pessoas.

A autoridade competente deve observar a adequada segregação de funções, princípio básico do sistema de controle interno, agora também expressamente previsto no art. 5º da Lei nº 14.133/2021, e que consiste na separação de atribuições ou responsabilidades das funções consideradas incompatíveis entre diferentes pessoas.

Funções são consideradas incompatíveis quando é possível que um indivíduo cometa um erro ou fraude e esteja em posição que lhe permita esconder o erro ou a fraude no curso normal de suas atribuições. Esta atividade de controle preventivo diminui a probabilidade de que erros, impropriedades ou irregularidades ocorram e não sejam detectados (Acórdão TCU nº 1610/2013 – P).

Cada agente envolvido no processo licitatório deve executar um conjunto específico de tarefas para que a atuação pública seja adequada e eventuais desvios sejam analisados tomando como referência o que deveria ser feito e não foi (ou foi equivocadamente). Nesse ponto, é premissa inafastável, para que seja possível segregar funções, estarem claras as responsabilidades de cada agente envolvido no processo (AGU, 2021).

A deficiência na segregação de funções expõe a organização à ocorrência de atos antiéticos, ilegais e/ou antieconômicos, com prejuízo à imagem da organização e desvio de recursos públicos; podendo ocasionar ainda a sobreposição de responsabilidades pela realização de uma mesma atribuição por mais de um responsável.

Como exemplo de segregação de funções, podemos citar: quem faz pesquisa de preços em uma licitação não deve ser o mesmo que procede à licitação; quem solicita a aquisição não deve ser o mesmo que procede à licitação; quem elabora o edital não pode ser o mesmo que processa e julga a licitação; e quem participa da realização da despesa (empenho, liquidação e pagamento) não pode participar como membro de comissões instituídas para licitar, inclusive pregoeiro e equipe de apoio.

Os principais entendimentos jurisprudenciais sobre o assunto estão dispostos a seguir:

Quadro 18 – Segregação de função em licitação e contrato

FUNÇÕES EXERCIDAS	SITUAÇÃO	FUNDAMENTO
Quem faz a solicitação, elabora o projeto ou TR	Não julga a licitação	Ac TCU nº 686/2011 – P; 693/2015 – 1ª Câmara; 747/2013 – P
Quem pesquisa preços	Não julga a licitação	Ac TCU nº 686/2011 – P
Quem elabora o edital	Não julga a licitação	Ac TCU nº 686/2011 – P; 2.829/2015 – P; 3.381/2013 – P
Quem emite parecer técnico ou jurídico	a) Não julga a licitação b) Não atua em unidade de controle interno	a) Ac TCU nº 686/2011 – P; b) Ac TCU nº 2.339/2016 – P
Membro da CPL, pregoeiro ou equipe de apoio (quem julga a licitação)	a) Não atua na fase interna (projeto, preço, edital) b) Não fiscaliza contrato decorrente da licitação em que atuou c) Não homologa o certame	a) Aco TCU nº 686/2011 – P; 1.094/2013-P; 1.375/2015 – P; b) Ac TCE/MT nº 179/2015 – PC; Ac TCU nº 1.404/2011 – 1ªC; c) Ac TCU nº 3.366/2013 – P; 1.647/2010 – P
Quem homologa o certame	Não julga a licitação	Ac TCU 3.366/2013 – P; 1.647/2010 – P
Quem supervisiona (gerencia) o contrato	Não fiscaliza o contrato	Ac TCU nº 2.296/2014 – P; 1.094/2013 – P
Quem fiscaliza o contrato	a) Não supervisiona b) Não pode ser Secretário Municipal	a) Ac TCU nº 2.296/2014 – P; Ac TCE/MT nº 76/2014; Ac TCU nº 1.094/2013 – P; b) Ac TCE/MT nº 1.289/2014 e 3.043/2015–TP
Quem ordena o pagamento	a) Não fiscaliza b) Não liquida a despesa	a) Ac TCU nº 185/2012 – P; b) Ac TCE/MT 169/2014 – SC

Essas são diretrizes. Não se aplicam a todas as situações, sobretudo em organizações com reduzida estrutura de pessoal.

O mais relevante é identificar funções incompatíveis e separar seus responsáveis. Uma boa ferramenta para visualizar papéis e segregar funções num processo é a Matriz RACI, já mencionada neste livro.

Além disso, é importante que exista na organização identificação das decisões críticas que demandam segregação de função. Como exemplo, podemos destacar um caso que aconteceu em um processo disciplinar, em que se descobriu que um servidor corrupto era o único responsável na unidade pela elaboração de pareceres técnicos com poder de excluir empresas dos certames licitatórios. Não havia procedimentos claros para análise da decisão pelos superiores, nem segregação de funções.

f) Controles gerais e de acompanhamento das atividades: o controle gerencial é uma importante ferramenta que visa levar a organização a atingir seus objetivos institucionais. Consiste, por exemplo, no controle do andamento dos contratos de serviços continuados na organização, com vistas a promover novas licitações no tempo adequado e evitar contratações diretas emergenciais por falta de planejamento; determinação de política de estoques máximos e mínimos em relação aos itens mais críticos.

g) Controles físicos: são proteções estabelecidas por controles e registros de acesso físico e lógico de recursos e registros críticos (equipamentos, estoque, dinheiro e outros bens, contados periodicamente e comparados com os valores apresentados nos registros de controle da organização), especialmente o acesso a sistemas e informações sensíveis, de modo a evitar perda, mau uso ou utilização não autorizada, sendo o seu acesso restrito a pessoas autorizadas.

Ademais, cabe destacar que um equívoco que pode acontecer durante a implantação da gestão de riscos é acreditar que esse processo gerará mais controles.

Quando bem implementada, a gestão de riscos em uma organização permite eliminar controles sem expor a entidade a riscos indesejados. Podemos citar como exemplo a Orientação Normativa nº AGU 55/2014, que trata de manifestação jurídica referencial.

Por meio dessa orientação, os processos em que envolvam matérias idênticas e recorrentes estão dispensados de análise individualizada pelos órgãos consultivos, desde que a área técnica ateste, de forma expressa, que o caso concreto se amolda aos termos da citada manifestação jurídica referencial.

Com essa iniciativa, o órgão consultivo tem mais eficiência e permite maior celeridade nos processos administrativos, sem ter a necessidade de aumentar o quadro de pessoal para isso.

E em Pantanal do Norte, como ficam os controles para os riscos avaliados? É hora de conhecer a matriz de riscos e controles que resultou da atuação da diretora de compras e sua equipe.

3.7.1 Matriz de riscos e controles das licitações de Pantanal do Norte

MATRIZ DE RISCOS E CONTROLES – LICITAÇÕES

1 – Atividade relevante: identificação da necessidade de bens e serviços

Objetivo: garantir que as demandas sejam justificadas e fundamentadas, com identificação de quem declarou a necessidade e especificou a solução.

Risco	Controle interno sugerido
R#01 – origem da contratação sem demanda oficial adequada, levando à contratação que não atende a uma necessidade da organização, com consequente desperdício de recursos.	**CT#01.01** – documento-padrão explicitando a necessidade a ser atendida e a justificativa de escolha da solução, em termos de demanda de contratação ou aquisição.

MATRIZ DE RISCOS E CONTROLES – LICITAÇÕES

Risco	Controle interno sugerido
R#02 – licitações realizadas sem existência de setor específico com atribuições definidas, levando a contratações desvantajosas (objetos mal especificados, modelo que não permite adequada gestão contratual, preços elevados, fraudes), com consequente desperdício de recursos (financeiro, pessoal, tempo).	**CT#02.01** – setor de licitações com servidores em quantidade e qualificação adequadas à execução das atividades. **CT#02.02** – setor de licitações com adequada estrutura de recursos materiais, financeiros e tecnológicos necessários ao desempenho de suas atribuições. **CT#02.03** – seleção de colaboradores ocupantes de funções-chave por meio de processo formal, transparente e com base na competência. **CT#02.04** – plano anual de capacitação para os servidores que atuam em licitações, incluindo acesso a material de referência (livros, revistas, consultoria especializada) e participação em comunidades de prática em compras públicas (ENAP e NELCA).

2 – Atividade relevante: setor específico com atribuições definidas

Objetivo: assegurar objetividade e especialização quando do acompanhamento das atividades e correta separação de responsabilidades pela execução das tarefas.

3 – Atividade relevante: elaboração do plano anual de aquisição

Objetivo: estabelecer diretrizes estratégicas para nortear a gestão de aquisições no exercício, bem como informar os fornecedores para que se organizem no sentido de melhor atender às necessidades da administração.

Risco	Controle interno sugerido
R#03 – inexistência de plano anual de aquisições, levando a contratações que não contribuam para o cumprimento dos objetivos estratégicos da organização, com consequente ineficiência na prestação dos serviços públicos à sociedade; fracionamento de despesa.	**CT#03.01** – plano anual de aquisição da organização.

MATRIZ DE RISCOS E CONTROLES – LICITAÇÕES

4 – Atividade: elaboração de um manual de normas e procedimentos para a atividade de licitação.

Objetivo: garantir que sejam normatizadas e padronizadas as atividades relacionadas à área de licitação.

Risco	Controle interno sugerido
R#04 – contratação conduzida sem estabelecimento de manual de normas e procedimentos, levando a erros e omissões por parte dos diversos atores envolvidos na execução do processo de contratação, com consequentes contratos ruins (solução deficiente, seleção de fornecedor inadequada). Contratação fracassada (anulação, revogação, recursos, ação judicial). Prazos ineficientes.	**CT#04.01** – manual de procedimentos a serem adotados na execução das principais atividades relacionadas à licitação na unidade, com especial destaque para: (a) os procedimentos que devem ser executados; (b) os itens que devem ser verificados; (c) a indicação dos dispositivos legais que tratam especificamente sobre a atividade; (d) a previsão de identificação dos responsáveis pela execução, revisão e supervisão dos procedimentos.
	CT#04.02 – listas de verificação para auxiliar as atividades desenvolvidas pelo pregoeiro ou comissão de licitação durante na fase de seleção de fornecedor. Referência: listas do Comprasnet.
	CT#04.03 – normatizar uso obrigatório das listas, as quais devem ser acostadas aos autos dos processos licitatórios.

5 – Atividade relevante: padronização de especificações técnicas dos bens e serviços mais comuns.

Objetivo: garantir que as aquisições observem o princípio da padronização.

Risco	Controle interno sugerido
R#05 – falta de padronização das especificações técnicas mais utilizadas nos processos de aquisição, levando à multiplicidade de esforços para realizar elaborar especificações técnicas de contratações semelhantes, com consequentes compras sem qualidade; Desperdício de esforço na especificação; repetição de erros e perda de economia de escala; dificuldade na pesquisa de preços.	**CT#05.01** – padronização de especificações técnicas dos bens e serviços mais utilizados (medicamentos, gêneros alimentícios, combustíveis, pneus, limpeza, vigilância), com apoio das diversas áreas da entidade, para uso da equipe de planejamento da contratação. Referência: prefeitura de São Paulo.

MATRIZ DE RISCOS E CONTROLES – LICITAÇÕES

6 – Atividade relevante: padronização do planejamento em contratação direta

Objetivo: assegurar que dispensas e inexigibilidades adotem os mesmos artefatos (modelos) utilizados no planejamento de contratação por processo licitatório.

Risco	Controle interno sugerido
R#06 – dispensa ou inexigibilidade sem planejamento e formalização adequados, levando à contratação direta, que não permite selecionar a proposta mais vantajosa para a Administração, com consequente contratação irregular; desperdício de recursos.	**CT#06.01** – norma interna disciplinando procedimentos de contratação direta, incluindo modelos de planejamento e formalização das principais e mais recorrentes demandas.
	CT#06.02 – criar rotinas obrigatórias de supervisão e aprovação de contratações diretas por alçada de competência, com base na materialidade.

7 – Atividade relevante: elaboração do projeto

Objetivo: garantir que as demandas sejam elaboradas após estudos técnicos preliminares materializados no termo de referência (TR) ou projeto básico (PB).

Risco	Controle interno sugerido
R#07 – falta de padronização do projeto (TR ou PB), levando à multiplicidade de esforços para realizar planejamento de licitação de objetos correlatos, com consequente desperdício de recursos.	**CT#07.01** – modelos de termos de referência de aquisição com elementos mínimos necessários ao cumprimento das normas aplicáveis ao processo de planejamento da contratação, podendo utilizar os modelos da AGU como referência.

8 – Atividade relevante: estimativa de quantidade de bens e serviços

Objetivo: garantir a disponibilidade dos bens e serviços previamente selecionados nas quantidades adequadas e no tempo oportuno para atender as necessidades da organização.

Risco	Controle interno sugerido
R#08 – falta de método para quantificação de objetos licitados, levando a estimativas de quantidade inadequadas, com consequente desperdício de recursos, por sobra ou falta de bens e serviços.	**CT#08.01** – normativo estabelecendo método consistente para elaboração de *estimativas de quantidade* de bens e serviços a fim de orientar as equipes de planejamento das contratações da unidade, inclusive nos casos de contratações diretas.

MATRIZ DE RISCOS E CONTROLES – LICITAÇÕES

9 – Atividade relevante: disponibilidade orçamentária

Objetivo: produzir informações que possibilitem tomadas de decisão em relação às dotações orçamentárias disponíveis no exercício.

Risco	Controle interno sugerido
R#09 – ausência de monitoramento das contratações (valor empenhado, liquidado e pago e dotação disponível), levando à indisponibilidade orçamentária, com consequente impossibilidade de contratação; pagamento sem cobertura orçamentária; reconhecimento de dívidas.	**CT#09.01** – controle das informações sobre a disponibilidade orçamentária e financeira, incluindo informações atualizadas sobre a situação de cada contratação da organização (planejada, licitada, contratada), sobre os valores empenhados, liquidados e pagos e sobre a dotação disponível.

10 – Atividade relevante: normatização de critérios para pesquisa de preços

Objetivo: garantir que as pesquisas de preços reflitam os preços praticados no mercado.

Risco	Controle interno sugerido .
R#10 – coleta insuficiente de preços ou falta de método para tratar os preços obtidos, levando a estimativas de preço inadequadas, com consequente aceitação de preços acima da faixa praticada no mercado (sobrepreço) ou superfaturamento; atrasos na licitação; itens fracassados por preço inferior ao mercado.	**CT#10.01** – normativo estabelecendo procedimento consistente para elaboração de estimativas de preço a fim de orientar as equipes de planejamento das contratações da unidade, inclusive nos casos de contratações diretas e adesões a atas de registro de preço. Referência: IN nº 05/2014.
	CT#10.02 – setor especializado em orçamento dentro da central de compras para refinar e validar os preços preliminares obtidos pelos demandantes.
	CT#10.03 – capacitar os servidores envolvidos no processo de elaboração de pesquisas de preços.
	CT#10.04 –avaliação sobre a correta formalização da pesquisa de preços nas listas de verificação do pregoeiro, CPL e assessoria jurídica.

MATRIZ DE RISCOS E CONTROLES – LICITAÇÕES

11 – Atividade relevante: elaboração do edital e minuta do contrato

Objetivo: garantir que a elaboração do edital atenda à legislação, observando o princípio constitucional da isonomia.

Risco	Controle interno sugerido
R#11 – falta de padrão de edital, atas, contratos e *checklist*, levando à multiplicidade de esforços para realizar licitações de objetos correlatos (medicamentos, gêneros alimentícios, pneus, combustível), com consequente esforço desnecessário para elaborar editais; repetição de erros; cláusulas restritivas; recursos e impugnações; retrabalho; atrasos.	**CT#11.01** – modelos de editais de licitação, *checklist*, atas de registro de preços e contratos, podendo utilizar os modelos da AGU como referência.

12 – Atividade relevante: elaboração de parecer jurídico

Objetivo: garantir que a aprovação da minuta do edital e anexos esteja em conformidade com a legislação.

Risco	Controle interno sugerido
R#12 – falta de sistematização sobre o que deve ser verificado na análise da assessoria jurídica, levando a parecer jurídico com fundamentação desarrazoada, absurda, insuficiente ou que tenha servido para prática irregular, com consequente ineficiência e repetição de erros; recursos e impugnações; documentos elaborados em desacordo com a lei e jurisprudência.	**CT#12.01** – lista de verificação para atuação da consultoria jurídica na emissão de pareceres de que trata o art. 38, parágrafo único, da Lei nº 8.666/1993, podendo adotar os modelos estabelecidos pela AGU. **CT#12.02** – parecer jurídico fundamentado, que evidencie que as minutas de edital e anexos foram encaminhadas e apreciadas previamente pela assessoria jurídica, em cumprimento ao art. 38 da Lei nº 8.666/93.

MATRIZ DE RISCOS E CONTROLES – LICITAÇÕES

13 – Atividade relevante: publicidade do edital

Objetivo: garantir que o edital de licitação seja devidamente divulgado, em observância aos princípios constitucionais da isonomia e da publicidade.

Risco	Controle interno sugerido
R#13 – ausência de padrão para a publicação dos avisos de licitação, levando a publicações intempestivas ou com informações incompletas, com consequentes recursos e impugnações; restrição à competitividade; falta de isonomia.	CT#13.01 – lista de verificação com a relação de meios de publicação, de acordo com a modalidade e tipo de licitação CT#13.02 – publicação integral de documentos dos processos de aquisição na internet, em atenção à Lei de Acesso à Informação. Referência: portal da UFSC. CT#13.04 – divulgação na internet do plano anual de aquisições e agenda de compromissos públicos dos gestores da coordenação de licitações e da central de compras.

14 – Atividade relevante: elaboração de políticas de aquisições

Objetivo: elaborar um conjunto de diretrizes estratégicas que orientam escolhas nos processos de licitação.

Risco	Controle interno sugerido
R#14 – contratações realizadas sem políticas de aquisição (compras, estoque, sustentabilidade e compras conjuntas), levando a contratações que não contribuem para o cumprimento dos objetivos estratégicos da organização e finalidades da licitação, com consequente ineficiência na prestação dos serviços públicos à sociedade.	CT#14.01 – política de compras, estoque, sustentabilidade e compras conjuntas na entidade.

MATRIZ DE RISCOS E CONTROLES – LICITAÇÕES

15 – Atividade relevante: análise dos documentos e comportamentos das licitantes

Objetivo: garantir que o processo licitatório seja realizado em obediência ao princípio constitucional da isonomia, sem ocorrência de fraudes e conluios.

Risco	Controle interno sugerido
R#15 – licitação sem rotinas de verificação de elementos que comprometem o caráter competitivo, levando a conluio ou adoção de práticas anticompetitivas entre as empresas licitantes, com consequente fraude à licitação, sobrepreço e superfaturamento.	CT#15.01 – listas de verificação de elementos que comprometem o caráter competitivo (vínculos, documentos falsos, incoerências e inconsistências), anexando no processo licitatório os procedimentos aplicados. Referência: Santos e Souza (2016).
	CT#15.02 – declaração de elaboração independente de propostas.
	CT#15.03 – capacitar os servidores em técnicas de detecção de fraudes em licitação.

16 – Atividade relevante: consulta a registros impeditivos de contratação

Objetivo: garantir que o processo licitatório seja realizado em conformidade com a legislação, evitando a contratação de empresas impedidas, inidôneas e suspensas.

Risco	Controle interno sugerido
R#16 – contratação conduzida sem verificação, durante a fase de habilitação, de registros impeditivos da contratação, pesquisando as bases de dados disponíveis de fornecedores suspensos, inidôneos e impedidos, levando à participação de empresas com registro de penalidades (inidôneas, suspensas, impedidas) no processo licitatório, com consequente prática de conduta criminosa, ao admitir à licitação ou celebrar contrato com empresa ou profissional declarado inidôneo.	CT#16.01 – verificação, durante habilitação, de registros impeditivos da contratação.

MATRIZ DE RISCOS E CONTROLES – LICITAÇÕES

17 – Atividade relevante: habilitação e julgamento das propostas

Objetivo: garantir que o julgamento das propostas de habilitação e de preços seja realizado em conformidade com o estatuto de licitações e contratos.

Risco	Controle interno sugerido
R#17 – falta de equipe técnica para auxiliar a análise de habilitação e propostas em licitações de objetos complexos (obras; tecnologia da informação; medicamentos, por exemplo), levando a exame inadequado dos documentos de habilitação e propostas de preços, com consequente seleção de empresas sem capacidade técnica, operacional, econômica e financeira; recursos e impugnações; atraso na conclusão da licitação.	**CT#17.01** – designação formal de equipe técnica para auxiliar a CPL ou pregoeiro na análise da documentação de habilitação e propostas de preços nas licitações para contratação de objetos mais complexos (obras, TI, medicamentos, por exemplo).

18 – Atividade relevante: acompanhamento gerencial das etapas do processo licitatório.

Objetivo: produzir informações que possibilitem aos gestores as tomadas de decisão; avaliar o desempenho na execução das atividades de licitação.

Risco	Controle interno sugerido
R#18 – ausência de acompanhamento dos prazos das etapas da licitação (tempo médio gasto em: requisição, emissão de pareceres técnicos e jurídicos, elaboração de orçamento, redação do edital, habilitação, julgamento, homologação, etc.), levando à falta de informações gerenciais da atividade de licitação, com consequente comprometimento dos objetivos estratégicos da organização e impossibilidade de avaliação do desempenho do setor de licitações.	**CT#18.01** – acompanhamento processual, por meio de sistema, das fases da licitação (requisição, emissão de pareceres técnicos e jurídicos, elaboração de orçamento, aprovação da autoridade competente, redação do edital, aprovação jurídica, julgamento, homologação)
	CT#18.02 – plataforma para operar processos de aquisição, com alertas que possam indicar a ocorrência de vínculo entre licitantes; ME e EPP com faturamento superior ao limite utilizando benefício indevidamente; vínculo entre licitante e servidor; empresa punida com inidoneidade, suspensão e impedimento; itens da licitação com sobrepreço; etc.

MATRIZ DE RISCOS E CONTROLES – LICITAÇÕES

19 – Atividade relevante: segregação de funções

Objetivo: garantir que as atividades desempenhadas pelos servidores envolvidos nas contratações públicas sejam realizadas observando o princípio da segregação de função.

Risco	Controle interno sugerido
R#19 – aquisição realizada sem a correta distribuição de papéis e responsabilidades entre os atores (organograma e regimento interno), levando à execução de atividades e funções incompatíveis pela mesma pessoa, com consequentes erros, fraudes, desperdícios em decorrência da atividade desempenhada por uma área ou pessoa sem a checagem por outra.	**CT#19.01** – separação entre funções e atividades incompatíveis, tais como autorização, aprovação, execução, controle e registro de operações.

20 – Atividade relevante: responsabilização de entes privados

Objetivo: produzir informações que possibilitem as tomadas de decisão em relação a empresas com possibilidades de penalização.

Risco	Controle interno sugerido
R#20 – falta de normatização sobre condução de processo de penalização; ausência de capacitação dos servidores sobre responsabilização de entes privados, levando a descumprimento dos princípios do devido processo legal e do contraditório, com consequente fragilidade na instrução processual de penalização de empresas; ineficácia do sistema sancionador; fortalecimento da cultura da impunidade.	**CT#20.01** – normativo do processo administrativo para aplicação de penalidades por conduta irregular em processos licitatórios. **CT#20.02** – capacitação dos agentes envolvidos com contratações sobre aplicação de penalidades administrativas a licitantes e fornecedores.

3.7.2 Matriz de riscos e controles em outras áreas da prefeitura

Quando o prefeito Paulo Capivara aprovou a política de gestão de riscos, estabeleceu um padrão e um conjunto de diretrizes para todas as áreas. Dali em diante, os riscos deveriam ser levados a sério na prefeitura, e sua gestão deveria estar incorporada e integrada em todas as atividades, das mais operacionais às mais estratégicas, de forma a reduzir desperdícios e aumentar as chances de resultados positivos na busca do interesse público para os cidadãos pantanenses.

Além de publicar a política de gestão de riscos, o prefeito e seus secretários, que formam o comitê de gestão de riscos, passaram a chamar a atenção dos gestores em diversos níveis para a importância de implantar a gestão de riscos, não apenas para atender ao prazo da política, mas, sobretudo, para mudar a cultura e a rotina estabelecidas na prefeitura, de forma a inserir nas ações cotidianas a noção e a preocupação com os objetivos, riscos e controles.

Também houve especial enfoque nos custos dos controles e sua eficácia. Rotinas executadas há anos, arraigadas na burocracia, enraizadas nos hábitos dos servidores, passaram a ser questionadas. Afinal, para que serviam aquelas fichas, aqueles formulários, as cópias em cinco vias, o canhoto de embarque, a folha de ponto, o cadeado, o crachá? Todos exemplos de controles que ninguém tinha muita certeza para que serviam, mas que continuam sendo executados, porque "sempre foi assim".

Com a cultura da gestão de riscos se espalhando, os treinamentos, as conversas, a linguagem e conceitos se incorporando, a coisa foi tomando forma.

Inspirados no exemplo de Maria Carcará e seguindo os mesmos passos adotados, foram definidos objetivos, riscos e controles para outras áreas da gestão municipal: gestão de pessoas, gestão financeira, gerenciamento de frotas, alimentação escolar, medicamentos, patrimônio e convênios.

Os coordenadores das áreas seguiram os procedimentos estabelecidos na política de gestão de riscos, se reuniram com os servidores e especialistas em cada tema, consultaram documentos de suporte, registro de eventos anteriores e depois de muito debate, elaboraram as matrizes de riscos e controles apresentadas a seguir:

A) MATRIZ DE RISCOS E CONTROLES – CONTRATOS

1 – Atividade: definição de condutas éticas adequadas, contemplando condutas esperadas dos colaboradores que atuam em atividades de contratações

Objetivo: estabelecer condutas éticas quanto aos seguintes temas: (i) recebimento e oferecimento de hospitalidades, brindes e presentes, contendo as proibições aplicáveis a seus colaboradores, de acordo com os preceitos da Lei nº 12.813/2013 (Política de Prevenção de Conflito de Interesses); (ii) prevenção de ocorrência de atos de corrupção (ativa ou passiva) ou fraudes; e (iii) prevenção de conflitos de interesses entre os interesses privados de seus colaboradores e o interesse público.

Risco	Controle interno sugerido
R#01 – ausência de orientações sobre condutas éticas adequadas, levando a ações inadequadas de colaboradores durante a atividade de contratação, com consequente enriquecimento ilícito, conluio e fraude à licitação.	**CT#01.01** – código de conduta ética ou outro instrumento adequado que verse sobre os seguintes temas: (i) recebimento e oferecimento de hospitalidades, brindes e presentes, contendo as proibições aplicáveis a seus colaboradores, de acordo com os preceitos da lei nº 12.813/2013 (Política de Prevenção de Conflito de Interesses); (ii) prevenção de ocorrência de atos de corrupção (ativa ou passiva) ou fraudes; e (iii) prevenção de conflitos de interesses entre os interesses privados de seus colaboradores e o interesse público.

2 – Atividade: apuração de responsabilidades e desvios de conduta no âmbito dos processos de contratação

Objetivo: garantir que a comissão de ética apure responsabilidades e desvios de conduta de agentes públicos no âmbito dos processos de contratação.

Risco	Controle interno sugerido
R#02 – ausência de comissão de ética bem estruturada, levando apuração insuficiente de desvios éticos em processos de licitações e contratos, com consequente criação de um ambiente propício ao cometimento de fraudes, impunidade de agentes públicos e prejuízos ao erário decorrentes de desvios.	**CT#02.01** – comissão de ética com estrutura necessária e suficiente (recursos humanos, financeiros, materiais e tecnológicos) para apuração de desvios no âmbito dos processos de contratação.

CAPÍTULO 3
COMO FAZER GESTÃO DE RISCOS | 197

A) MATRIZ DE RISCOS E CONTROLES – CONTRATOS

3 – Atividade relevante: estrutura organizacional e de governança em aquisições

Objetivo: assegurar objetividade e especialização quando do acompanhamento das atividades e correta separação de responsabilidades pela execução das tarefas.

Risco	Controle interno sugerido
R#03 – contratos celebrados sem existência de setor específico, com atribuições definidas, levando a contratações desvantajosas para a Administração, com consequente desperdício de recursos (por exemplo: financeiro, pessoal) públicos.	**CT#03.01** – setor de contratos com servidores em quantidade e qualificação adequadas à execução das atividades.
	CT#03.02 – setor de contratos com adequada estrutura de recursos materiais, financeiros e tecnológicos necessários ao desempenho de suas atribuições,
	CT#03.03 – instituir comitê de direção estratégica, políticas e acompanhamento da gestão institucional, com atribuição de priorização e acompanhamento das aquisições que instrumentalizam a implementação das ações organizacionais que geram maior valor para a sociedade.

4 – Atividade relevante: treinamentos/capacitações em contratações

Objetivo: contribuir de maneira preventiva e pedagógica com o aperfeiçoamento da gestão de riscos e controles internos na atividade de licitações e contratos das entidades.

Risco	Controle interno sugerido
R#04 – pessoal com qualificação inadequada, levando a contratações desvantajosas para a Administração (*e.g.*, modelo que não permite adequada gestão contratual, preços elevados), com consequente desperdício de recursos (*e.g.*, financeiro, pessoal) públicos.	**CT#04.01** – plano anual de capacitação para a organização, em especial para aqueles que desempenham papeis ligados à área de contratos, de modo a subsidiar melhorias no desenvolvimento de atividades nas áreas de suprimentos/compras, licitações/contratos e recebimento e atesto de serviços, bem como identificação de fraudes, conluios e outros ilícitos relacionados às contratações da entidade.
	CT#04.02 – medidas de incentivo à participação do público interno nos eventos de capacitação relacionados à gestão de aquisições na entidade.
	CT#04.03 – material de referência atualizado (livros, revistas, consultoria especializada, etc.).

A) MATRIZ DE RISCOS E CONTROLES – CONTRATOS

5 – Atividade relevante: planejamento estratégico das aquisições

Objetivo: compreender o propósito das aquisições em relação à organização e ao público que ela serve.

Risco	Controle interno sugerido
R#05 – ausência de definição de objetivos, indicadores e metas para a gestão de contratações, levando a contratações em desacordo com o planejamento estratégico, com consequente falta de visão da correlação entre a área de contratação e necessidade da organização; impossibilidade de avaliar se a área de contratações contribuiu para o desempenho organizacional.	**CT#05.01** – estabelecimento de objetivos, indicadores e metas para a área de gestão das contratações.
	CT#05.02 – divulgação dos objetivos, indicadores e metas no portal da transparência da organização
	CT#05.03 – acompanhamento do alcance das metas dos planos vigentes.

6 – Atividade relevante: riscos da área de licitações

Objetivo: avaliar se as equipes de planejamento das contratações analisam os riscos que possam comprometer a efetividade das etapas do planejamento da contratação e seleção do fornecedor.

Risco	Controle interno sugerido
R#06 – ausência da instituição e funcionamento efetivo de comitê de governança e gestão de riscos, da inexistência de uma política de gestão de riscos e do mapeamento de risco, levando à falta de identificação dos riscos aos quais a entidade está exposta, com consequente ausência de instituição de mecanismos para dar tratamento aos riscos, inclusive a instituição de controles internos para mitigação e monitoramento de tais riscos, de modo a mantê-los em níveis adequados, impactando no alcance dos objetivos institucionais.	**CT#06.01** – criar comitê de governança e gestão de riscos.
	CT#06.02 – elaborar política de gestão de riscos.
	CT#06.03 – mapear os riscos da atividade de contratos.

A) MATRIZ DE RISCOS E CONTROLES – CONTRATOS

07 – Atividade: reunião de iniciação do contrato

Objetivo: realizar reunião de iniciação do contrato e adotar providências para a inserção da contratada na organização (*e.g.*, credenciamento dos colaboradores).

Risco	Controle interno sugerido
R#07 – contrato iniciado sem reunião para deixar claro os elementos básicos da contratação, levando a diferenças de entendimentos e expectativas entre as partes, com consequente atraso durante a execução do contrato devido à necessidade de esclarecer os pontos com entendimento divergente.	**CT#07.01** – ata de realização de reunião de iniciação prevista no modelo de gestão do contrato e documentação de todos os esclarecimentos realizados, a qual deve ser assinada por representantes das partes contratantes.

08 – Atividade relevante: prorrogação dos contratos administrativos

Objetivo: prorrogar os contratos administrativos tempestivamente e em conformidade com a legislação vigente.

Risco	Controle interno sugerido
R#08 – contratos prorrogados sem listas de verificação com os requisitos mínimos para formalização (dentro do prazo, comprovação de vantajosidade, previsão no edital, justificativa, termo aditivo), levando à prorrogação inadequada do contrato, com consequente prejuízo ao erário; infração a norma legal e regulamentar.	**CT#08.01** – elaborar lista de verificação com todos os requisitos necessários à formalização das prorrogações de contratos.

09 – Atividade relevante: alterações contratuais

Objetivo: alterações do contrato realizadas em conformidade com as cláusulas definidas no instrumento, legislação e jurisprudência dos tribunais.

Risco	Controle interno sugerido
R#09 – ausência de lista de verificação para avaliar a conformidade das alterações contratuais (termo aditivo) com exigências legais; inexistência de planilha/sistemas com controle dos prazos de vigência dos contratos, levando a alterações contratuais fora do prazo, sem justificativas, com consequente execução do objeto sem cobertura contratual; contrato verbal.	**CT#09.01** – lista de verificação (*checklist*) com a finalidade de verificar a conformidade das alterações contratuais (termo aditivo/ apostilamento) com as formalidades legais.

A) MATRIZ DE RISCOS E CONTROLES – CONTRATOS

11 – Atividade relevante: formalização dos papéis da fiscalização contratual

Objetivo: formalização dos papéis dos atores que devem atuar na fase de fiscalização do contrato.

Risco	Controle interno sugerido
R#11 – contratação conduzida sem nomeação dos atores que devem atuar na fiscalização do contrato, levando a questionamento da legitimidade dos atos praticados na execução do contrato, com consequente impossibilidade de responsabilizar as partes do contrato pela atuação dos agentes públicos sem designação	CT#11.01 – nomeação pela autoridade competente dos representantes da organização que atuarão na fiscalização do contrato, assim como seus substitutos eventuais.

12 – Atividade relevante: recebimento provisório e definitivo do objeto

Objetivo: realização de pagamentos somente após a efetiva execução contratual e recebimento provisório e definitivo do objeto.

Risco	Controle interno sugerido
R#12 – inexistência de critérios definidos na fase de planejamento da contratação para realização dos aceites provisórios e definitivos, levando à inexecução total ou parcial do objeto e incompatibilidade entre o que foi realizado e as especificações ajustadas no contrato, com consequente superfaturamento quantitativo ou qualitativo; pagamento por serviços não prestados.	CT#12.01 – listas de verificação para os aceites provisório e definitivo elaborados na etapa de planejamento da contratação, de modo que o fiscal e a comissão de recebimento tenham um referencial claro para atuar na fase de fiscalização do contrato.

13 – Atividade relevante: segregação de funções

Objetivo: segregar adequadamente as funções de recebimento provisório e definitivo na organização.

Risco	Controle interno sugerido
R#13 – falta de segregação de funções para os recebimentos provisório e definitivo, destacando-se o que deve efetivamente ser verificado em cada uma dessas etapas, levando a aceites provisórios e definitivos em objetos parcialmente executados ou não executados, com consequentes pagamentos indevidos, prejuízo ao erário e não atingimento dos objetivos institucionais que dependiam daquela solução contratada.	CT#13.01 – segregar as funções de recebimento provisório e definitivo.

A) MATRIZ DE RISCOS E CONTROLES – CONTRATOS

14 – Atividade relevante: capacidade e disponibilidade para fiscalizar

Objetivo: atuação de fiscais de contrato com tempo disponível e capacidade para exercer suas atividades.

Risco	Controle interno sugerido
R#14 – contratação conduzida por fiscais de contrato designados sem competências necessárias e tempo suficientes para desempenhar as atividades, levando à fiscalização inadequada dos aspectos sob sua responsabilidade, com consequente não detecção de descumprimento do contrato pela contratada; responsabilização solidária da Administração pelos encargos previdenciários e subsidiária pelos encargos trabalhistas; impossibilidade de responsabilizar as partes do contrato.	**CT#14.01** – fiscais de contrato com capacitação adequada e tempo disponível para exercer os vários papéis na fiscalização contratual. **CT#14.02** – representante da administração que for nomeado para atuar na fiscalização ou gestão contratual que não detenha competências para tal notifica formalmente autoridade que o nomeou sobre sua falta de competência.

15 – Atividade relevante: pagamentos contratuais

Objetivo: verificação da regularidade fiscal da contratada antes da realização de cada pagamento e autorização de pagamento somente amparado em contrato e conforme a efetiva execução.

Risco	Controle interno sugerido
R#15 – pagamentos realizados sem consulta à regularidade fiscal do contratado; pagamento antecipado; sem cobertura contratual, levando a pagamento a fornecedor em débito com a fazenda pública; pagamentos ilegais, com consequente impossibilidade de a Administração rescindir o contrato por descumprimento de cláusula contratual (manutenção das condições de regularidade) e dificuldade de a fazenda se ressarcir de valores devidos.	**CT#15.01** – fiscal (administrativo) realiza consulta para verificar a manutenção da regularidade fiscal antes de cada pagamento e, em caso de irregularidade, executa os procedimentos previstos no contrato. **CT#15.02** – autoridade competente só efetua pagamento se houver amparo contratual e depois de obedecidas as fases da despesa pública (empenho, liquidação e pagamento).

A) MATRIZ DE RISCOS E CONTROLES – CONTRATOS

16 – Atividade relevante: responsabilização de entes privados

Objetivo: produzir informações que possibilitem as tomadas de decisão em relação a empresas com possibilidades de penalização.

Risco	Controle interno sugerido
R#16 – falta de aplicação de penalidade à contratada; falta de normatização sobre condução de processo de penalização; ausência de capacitação dos servidores sobre responsabilização de entes privados, levando a descumprimento dos princípios do devido processo legal e do contraditório; inexecução ou execução defeituosa do contrato com consequente fragilidade na instrução processual de penalização de empresas; ineficácia do sistema sancionador; fortalecimento da cultura da impunidade	CT#16.01 – normativo do processo administrativo para aplicação de penalidades por conduta irregular em processos licitatórios. CT#16.02 – capacitação dos agentes envolvidos com contratações sobre aplicação de penalidades administrativas a licitantes e fornecedores.

17 – Atividade relevante: publicidade do contrato

Objetivo: garantir que o extrato de contrato seja devidamente divulgado, em observância aos princípios constitucionais da isonomia e da publicidade.

Risco	Controle interno sugerido
R#17 – ausência de padrão para a publicação dos extratos de contratos (*checklist*), levando a publicações intempestivas ou com informações incompletas, com consequentes recursos e impugnações; restrição à competitividade e falta de isonomia.	CT#17.01 – lista de verificação (*checklist*) com a relação de meios de publicação dos contratos. CT#17.02 – comprovantes de publicação de extrato de contrato anexados no processo. CT#17.03 – publicação de todos os contratos na internet, a menos dos considerados sigilosos nos termos da lei, em atenção aos arts. 3º, I a V, 5º, 7º, VI e 8º, §1º, IV e §2º, da Lei nº 12.527/2011.

A) MATRIZ DE RISCOS E CONTROLES – CONTRATOS

18 – Atividade relevante: canal de denúncias

Objetivo: disponibilizar canal de denúncias anônimo e confidencial para que desvios ou irregularidades nos processos de licitação/contratação sejam comunicados tanto pelo público interno como externo à entidade.

Risco	Controle interno sugerido
R#18 – ausência de canal de denúncias, levando à impossibilidade de denunciantes comunicarem desvios ou irregularidades com segurança e garantia de anonimato, com consequentes prejuízos ao erário decorrentes de desvios.	**CT#18.01** – disponibilização de canal de denúncias independente e seguro, que garanta o anonimato do denunciante.

19 – Atividade relevante: comunicação de deficiências nos controles internos

Objetivo: garantir que as deficiências identificadas nos controles existentes nas atividades de licitação e contratação sejam comunicadas tempestivamente aos responsáveis pelas ações corretivas, de modo que tais ações sejam oportunas e ocorram em tempo hábil para evitar que efeitos adversos afetem os objetivos.

Risco	Controle interno sugerido
R#19 – falta de conhecimento sobre deficiências nos controles internos, levando a falhas durante a realização da licitação e execução dos contratos, com consequentes ineficiência e repetição de erros.	**CT#19.01** – estabelecimento de rotina com as ações a serem realizadas para comunicar e tratar deficiências, inclusive com a definição dos responsáveis por ações corretivas.

Fonte: Elaboração própria com base no RCA do TCU.

B) MATRIZ DE RISCOS E CONTROLES – GESTÃO DE PESSOAS

1 – Atividade: comitê de gestão de pessoas

Objetivo: apoiar a alta administração em seu papel de avaliar, direcionar e monitorar a gestão de pessoas da organização.

Risco	Controle interno sugerido
R#01 – inexistência de comitê de gestão de pessoas, levando a desalinhamento dos vários gestores em relação a assuntos ligados a políticas e estratégias de gestão de pessoas, com consequente falta de transparência da gestão, falta de otimização dos trabalhos, descumprimento dos papéis e responsabilidades.	**CT#1.01** – comitê composto de representantes da unidade de gestão de pessoas e demais unidades estratégicas.

2 – Atividade relevante: definição de estratégia para gestão de pessoas

Objetivo: estabelecer, de forma sistemática, objetivos de curto prazo e processos de planejamento alinhados com o plano estratégico organizacional.

Risco	Controle interno sugerido
R#02 – ausência de processo de planejamento de gestão de pessoas levando ao não alcance da missão e dos objetivos da organização, com consequente prejuízo na avaliação dos resultados da gestão de pessoas e seu impacto no cumprimento da missão organizacional.	**CT#2.01** – definição de objetivos, indicadores e metas de desempenho para cada função (recrutamento e seleção, treinamento, gestão de desempenho, gestão de benefícios) de gestão de pessoas.

3 – Atividade relevante: plano de desenvolvimento de líderes

Objetivo: elaboração de um programa de capacitação ou desenvolvimento dos líderes de uma organização.

Risco	Controle interno sugerido
R#03 – falta de um plano de desenvolvimento de líderes, levando a baixo rendimento dos membros da alta administração e gestores, com consequente comprometimento do desempenho organizacional.	**CT#3.01** – plano de desenvolvimento de líderes.

B) MATRIZ DE RISCOS E CONTROLES – GESTÃO DE PESSOAS

4 – Atividade relevante: política de sucessão

Objetivo: planejamento e execução de estratégias para garantir a disponibilidade de líderes com competências desejadas pela organização.

Risco	Controle interno sugerido
R#04 – inexistência de um plano de sucessão, levando ao surgimento de vagas em posições críticas sem candidatos qualificados para preenchê-las, com consequente comprometimento da liderança e da governança da organização.	CT#4.01 – política de sucessão para ocupações críticas.

5 – Atividade relevante: política de avaliação de desempenho

Objetivo: avaliação do desempenho da alta administração, gestores e servidores, alinhados com os objetivos da organização.

Risco	Controle interno sugerido
R#05 – ausência de rotinas de avaliação de desempenho dos colaboradores e alta administração levando a não identificação de servidores com baixo desempenho; gastos com servidores que não agregam valor para a organização; promoção/progressão de servidores com baixo desempenho, com consequente desmotivação dos servidores; não alcance das metas; injustiças no sistema de avaliação.	CT#5.01 – política de avaliação de desempenho da alta administração, gestores e servidores.
	CT#5.02 – identificação das necessidades individuais de capacitação durante a avaliação de desempenho dos servidores.

6 – Atividade relevante: pesquisa de clima organizacional

Objetivo: verificação, de modo sistemático, da opinião dos servidores quanto ao ambiente de trabalho, utilizando os resultados para orientar eventuais mudanças.

Risco	Controle interno sugerido
R#06 – inexistência de pesquisa de clima organizacional, levando ao desconhecimento da qualidade da relação entre gestores e servidores, com consequente ambiente de trabalho ruim, aumentando o nível de absenteísmo e de utilização de licenças.	CT#6.01 – pesquisa de clima organizacional realizada periodicamente.

B) MATRIZ DE RISCOS E CONTROLES – GESTÃO DE PESSOAS

7 – Atividade relevante: plano anual de capacitação

Objetivo: contribuir de maneira preventiva e pedagógica com o aperfeiçoamento dos servidores da organização.

Risco	Controle interno sugerido
R#07 – pessoal com qualificação inadequada, levando a contratações desvantajosas para a Administração (*e.g.*, objetos mal especificados, modelo que não permite adequada gestão contratual, preços elevados), com consequente desperdício de recursos (*e.g.*, financeiro, pessoal) públicos.	**CT#7.01** – plano anual de capacitação para a organização
	CT#7.02 – medidas de incentivo à participação do público interno nos eventos de capacitação relacionados à gestão de aquisições na entidade.
	CT#7.03 – avaliação dos resultados da capacitação, reduzindo ou eliminando as lacunas de competência da organização.

8 – Atividade relevante: programa de qualidade de vida no trabalho

Objetivo: elaboração de um programa de qualidade de vida no trabalho visando promover a saúde do servidor.

Risco	Controle interno sugerido
R#08 – ausência de um programa de qualidade de vida no trabalho, levando à redução da produtividade dos servidores e da capacidade da organização de atrair e reter talentos com consequente comprometimento do desempenho organizacional; aumento dos níveis de estresse e incidência de doenças ocupacionais.	**CT#8.01** – programa de qualidade de vida no trabalho.

9 – Atividade relevante: processo formal para seleção de gestores

Objetivo: elaboração de um processo formal, baseado em competências, para secionar os gestores da organização.

Risco	Controle interno sugerido
R#09 – inexistência de um processos formalmente definido e transparente de escolha dos gestores, levando à escolha inadequada dos líderes (alta administração e gestores) da organização, com consequente falta de profissionalização do serviço dos altos servidores públicos; falta de transparência na escolha dos gestores.	**CT#9.01** – formalização das regras de escolha da alta administração e gestores.

B) MATRIZ DE RISCOS E CONTROLES – GESTÃO DE PESSOAS

10 – Atividade relevante: planejamento da força de trabalho	
Objetivo: realizar análises técnicas das necessidades atuais e futuras da força de trabalho.	
Risco	**Controle interno sugerido**
R#10 – falta de planejamento da força de trabalho, levando à falta de pessoal qualificado em áreas críticas e excesso em outras áreas; com consequente prejuízo na identificação das competências necessárias para a execução dos processos de trabalho; ações de seleção e capacitação não atenderem aos objetivos da organização.	**CT#10.01** – mapeamento de processos como subsídio da força de trabalho; elaboração de indicadores relevantes da força de trabalho (rotatividade, projeções de aposentadorias, lotação de unidades organizacionais, etc.); identificação das lacunas de competência da organização.

C) MATRIZ DE RISCOS E CONTROLES – GESTÃO FINANCEIRA

Atividade: programação financeira anual	
Objetivo: ajustar o ritmo da execução do orçamento público ao fluxo provável de ingressos de recursos financeiros no caixa municipal para evitar eventuais insuficiências de tesouraria.	
Risco	**Controle interno**
R#01 – inexistência de normativa disciplinando as regras e procedimentos para elaboração, execução e avaliação periódica da programação financeira anual, levando à elaboração de uma programação financeira anual sem critérios técnicos, resultando em erros e inconsistências na programação financeira anual, tornando-a um instrumento inútil no planejamento financeiro da entidade.	**CT#1.0** – normativa estabelecendo as normas e procedimentos para a elaboração da programação financeira anual, visando compatibilizar o fluxo de ingressos e desembolsos financeiros e promover o equilíbrio das finanças municipais.
R#02 – não elaboração, execução e/ou avaliação periódica da programação financeira anual, levando a um desajuste entre a execução orçamentária e o fluxo de ingressos financeiros no caixa, resultando em insuficiência de caixa para honrar os compromissos da entidade.	**CT#2.1** – decreto, publicado anualmente após 30 (trinta) dias da aprovação da LOA, estabelecendo a programação financeira anual e o cronograma mensal de desembolso (art. 8º, *caput*, da LRF) e o desdobramento das receitas previstas em metas bimestrais de arrecadação (art. 13 da LRF).
	CT#2.2 – avaliação ao final de cada bimestre da expectativa de arrecadação, devendo ser adotadas nos 30 (trinta) dias subsequentes medidas para limitação de empenho e movimentação financeira, segundo os critérios estabelecidos pela LDO, caso seja verificado que a realização da receita poderá não comportar o cumprimento das metas estabelecidas no Anexo de Metas Fiscais (art. 9º, *caput*, da LRF).
	CT#2.3 – demonstração e avaliação do cumprimento das metas fiscais de cada quadrimestre, em audiência pública na Câmara Municipal, até o final dos meses de maio, setembro e fevereiro (art. 9º, §4º, da LRF).

C) MATRIZ DE RISCOS E CONTROLES – GESTÃO FINANCEIRA

Risco	Controle interno
	CT#2.4 – funcionalidade no sistema de administração financeira e orçamentária para gerenciar a programação financeira anual, que permita a realização de procedimentos de solicitação, aprovação, liberação e recebimento de cotas orçamentárias e financeiras entre as unidades orçamentárias (UO).

Atividade: disponibilidades de caixa

Objetivo: assegurar que todo numerário à disposição da entidade seja depositado em contas bancárias de instituição financeira oficial, exceto se não houver agência no município, e que as movimentações financeiras sejam registradas no sistema de administração financeira e orçamentária.

Risco	Controle interno
R#03 – inexistência de normativa regulamentando a movimentação dos recursos financeiros da entidade na "conta única" em instituição financeira oficial, levando à manutenção de disponibilidades de caixa em instituições financeiras privadas, quando no município há agência de banco oficial, resultando em depósito das disponibilidades de caixa em instituições financeiras privadas.	**CT#3.1** – normativa regulamentando a movimentação dos recursos financeiros alocados na "conta única" do Tesouro Municipal. **CT#3.2** – manutenção de contas bancárias municipais somente em instituições financeiras oficiais, exceto para os municípios onde não existam agências bancárias das referidas instituições, conforme disposto no Acórdão nº 900/03 do TCE-MT.
R#04 – inexistência de registro de contas bancárias no sistema de administração financeira e orçamentária da entidade, levando à movimentação de contas bancárias paralelas, não registradas no sistema de administração financeira e orçamentária, resultando em pratica ilegal de "caixa 2", assim entendido o dinheiro paralelo que entra ou sai do caixa sem ser registrado pela contabilidade.	**CT#4.0** – registro de todas as contas bancárias no sistema de administração financeira e orçamentária, visando ao fiel controle das movimentações financeiras.

C) MATRIZ DE RISCOS E CONTROLES – GESTÃO FINANCEIRA

Risco	Controle interno
R#05 – não realização de acompanhamento diário da movimentação financeira das contas bancárias pela tesouraria municipal, levando a entradas e saídas de recursos financeiros nas contas bancárias não identificadas, resultando em descontrole do fluxo de entradas e saídas do caixa da entidade e de identificação dos credores beneficiados por pagamentos.	**CT#5.0** – rotina de acompanhamento diário da movimentação financeira de todas as contas bancárias da entidade pela tesouraria municipal, em especial aquelas com maior movimentação financeira.
R#06 – ausência de planejamento do fluxo de caixa das contas bancárias da entidade, levando à insuficiência de recursos financeiros nas contas bancárias para realizar o pagamento das obrigações, resultando em prejuízos por pagamentos de juros de mora e necessidade de recorrer a empréstimos bancários para equilibrar o caixa.	**CT#6.0** – planejamento do fluxo de caixa das contas bancárias da entidade, de forma a obter uma visão gerencial das disponibilidades de recursos e dos compromissos futuros assumidos, baseada nas projeções diárias de entrada/saída de recursos financeiros e na sua efetiva realização (previsto x realizado).

Atividade: ingressos financeiros	
Objetivo: controlar a entrada de recursos financeiros no caixa da entidade.	
Risco	**Controle interno**
R#07 – inexistência de normativa estabelecendo regras e procedimentos para o registro dos ingressos financeiros no caixa, levando à execução de procedimentos errados para registrar os ingressos de recursos financeiros no caixa, resultando em erros e inconsistências nos registros contábeis e no acompanhamento e controle da execução orçamentária e financeira.	**CT#7.0** – normativa estabelecendo regras e procedimentos para o registro dos ingressos de recursos financeiros no caixa da entidade.

C) MATRIZ DE RISCOS E CONTROLES – GESTÃO FINANCEIRA

Risco	Controle interno
R#08 – inexistência de guia própria de arrecadação de receitas, que deve ser paga exclusivamente através da rede bancária, levando à arrecadação de receitas em espécie, cheque, depósito ou transferência bancária sem registrá-las no sistema de administração financeira, resultando em desvio de receitas arrecadadas.	**CT#8.0** – guia própria para a arrecadação das receitas municipais exclusivamente através da rede bancária, devendo ser vedado pela legislação municipal o recebimento de recursos por transferências, cheques, depósitos ou em espécie.
R#09 – inexistência de integração entre o sistema de arrecadação e o sistema de administração financeira, levando a ingressos de receitas no sistema de arrecadação não registradas no sistema de administração financeira, resultando em descontrole na execução orçamentária e financeira.	**CT#9.0** – integração entre o sistema de arrecadação das receitas e o sistema de administração financeira e orçamentária utilizados pelo município, de modo que as receitas arrecadadas sejam eletronicamente registradas pela contabilidade.
R#10 – inexistência de rotina de registro dos ingressos financeiros, levando a ingressos de recursos não registrados ou registrados incorretamente no sistema de administração financeira e orçamentária, resultando em descontrole da gestão financeira e orçamentária e desvios de receitas não contabilizadas.	**CT#10.0** – rotina de registro diário no sistema de administração financeira e orçamentária dos recursos financeiros creditados nas contas bancárias do município.
R#11 – inexistência de rotina de processamento diário dos arquivos de retorno dos bancos no sistema de arrecadação para confirmar a baixa dos créditos, levando à não realização da baixa dos créditos recebidos, resultando em erros e inconsistências nos registros da arrecadação.	**CT#11.0** – rotina de processamento diário dos arquivos de retorno dos bancos para confirmar a baixa dos créditos efetivamente recebidos por pagamento no sistema de arrecadação.
R#12 – não realização de estudo ou acompanhamento do comportamento das receitas, levando à falta de informações sobre o comportamento das receitas para subsidiar a etapa da previsão da receita orçamentária, resultando em desequilíbrio na execução financeira e orçamentária.	**CT#12.0** – estudo do comportamento das receitas, visando subsidiar a previsão realista das receitas orçamentárias na LOA.

C) MATRIZ DE RISCOS E CONTROLES – GESTÃO FINANCEIRA

Atividade: desembolsos financeiros	
Objetivo: controlar a saída de recursos financeiros do caixa da entidade.	
Risco	**Controle interno**
R#13 – inexistência de normativa estabelecendo regras e procedimentos para o registro dos desembolsos financeiros do caixa, levando à execução de procedimentos errados para registrar os desembolsos financeiros do caixa, resultando em erros e inconsistências nos registros contábeis e no acompanhamento e controle da execução orçamentária e financeira.	**CT#13.0** – normativa disciplinando as regras e os procedimentos para o pagamento de despesas referentes às contratações de prestação de serviços, ao fornecimento de bens permanentes e de consumo e às obras e serviços de engenharia.
R#14 – não realizar a verificação da conformidade dos processos de pagamentos, levando a pagamento de despesas irregulares ou ilegítimas, resultando em prejuízo aos cofres públicos.	**CT#14.0** – lista de verificação (*checkslist*) da relação de documentos que devem compor os processos de despesas de serviços, de aquisição de bens permanentes, de aquisição de material de consumo e de obras e serviços de engenharia.
R#15 – inexistência de rotina de pagamento de fornecedores e prestadores de serviços exclusivamente por meio eletrônico integrado aos estágios da despesa orçamentária, levando a pagamento para credor fictício, ou em duplicidade, ou sem processo de despesa preexistente (sem empenho ou liquidação), ou em montante superior ao valor devido, resultando em prejuízo aos cofres públicos.	**CT#15.0** – rotina de pagamento a fornecedores e prestadores de serviços exclusivamente por meio eletrônico, integrado aos estágios da despesa orçamentária (empenho, liquidação e pagamento).
R#16 – inexistência de rotina de registro dos desembolsos financeiros, levando a desembolsos financeiros não registrados ou registrados incorretamente no sistema de administração financeira e orçamentária da entidade, resultando em descontrole da gestão financeira e orçamentária da entidade.	**CT#16.0** – rotina de registro diário no sistema de administração financeira e orçamentária dos valores debitados nas contas bancárias da entidade.

C) MATRIZ DE RISCOS E CONTROLES – GESTÃO FINANCEIRA

Risco	Controle interno
R#17 – inexistência de rotina de processamento dos arquivos de retornos dos bancos referentes aos pagamentos eletrônicos realizados, levando à não realização da baixa dos pagamentos realizados pela entidade no sistema de administração financeira e orçamentária, resultando em erros e inconsistências nos registros contábeis e orçamentários da entidade.	**CT#17.1** – rotina de processamento dos arquivos de retorno das instituições bancárias no sistema de administração financeira e orçamentária referente aos pagamentos realizados aos fornecedores e prestadores de serviços.
	CT#17.2 – rotina de processamento dos arquivos de retorno das instituições bancárias no sistema de gestão de pessoas referente aos pagamentos realizados aos servidores.

Atividade: consignações
Objetivo: assegurar a realização de consignação nos casos cabíveis e o seu respectivo pagamento.

Risco	Controle interno
R#18 – inexistência de um manual de retenção de tributos, levando à não retenção de tributos nas situações exigidas pela legislação ou à retenção de tributos em desacordo com as exigências legais, resultando em demandas administrativas ou judiciais decorrentes de cobrança de tributos devidos, podendo resultar em prejuízos oriundos de multas e juros de mora.	**CT#18.0** – manual de procedimentos de retenção de tributos, visando orientar os servidores públicos responsáveis pela liquidação e pelo pagamento da despesa.
R#19 – inexistência de rotina de pagamento de tributos retidos, levando à inadimplência no pagamento de tributos retidos, resultando em prejuízos oriundos de multas e juros de mora no pagamento de tributos retidos.	**CT#19.0** – rotina de pagamento das retenções de tributos e demais consignações, devidamente registradas no sistema de administração financeira e orçamentária, observados os prazos legais, de modo a evitar multas e juros de mora.

C) MATRIZ DE RISCOS E CONTROLES – GESTÃO FINANCEIRA

Risco	Controle interno
R#20 – inexistência de normativa disciplinando as regras para a realização de descontos autorizados na folha de pagamento, levando à permissão de descontos em folha em estabelecimento não credenciado, ou acima da margem consignável do servidor, ou para objeto que não pode ser descontado em folha, resultando em erros na consignação de descontos autorizados pelo servidor e demandas administrativas e judiciais para reparação destes erros.	**CT#20.0** – normativa disciplinando as consignações em folha de pagamento, estabelecendo a forma de credenciamento, a margem consignável permitida e o que pode ou não ser consignado em folha.
R#21 – inexistência de controle administrativo individualizado por servidor das consignações autorizadas em folha, levando à consignação em folha realizadas sem a devida autorização do servidor, resultando em demandas administrativas ou judiciais para reparação de consignação não autorizadas na folha de pagamento do servidor.	**CT#21.0** – controle individualizado, em nível sintético e analítico, das consignações autorizadas em folha de pagamento pelos servidores ativos, inativos e pensionistas.

Atividade: ordem cronológica de exigibilidade

Objetivo: garantir que os pagamentos realizados a fornecedores e a prestadores de serviços sejam realizados em estrita ordem cronológica de suas exigibilidades.

Risco	Controle interno
R#22 – não edição de lei local e/ou decreto regulamentando o art. 5º da Lei n.º 8.666/93, que dispõe sobre a obrigatoriedade de obediência da ordem cronológica de exigibilidade, por fonte de recursos, para o pagamento de despesas a fornecedores e prestadores de serviços, levando a falta de critérios para controlar a ordem cronológica de exigibilidade de pagamentos a fornecedores e prestadores de serviço, resultando em descumprimento da legislação e aumento do clima de desconfiança nos fornecedores e prestadores de serviços, se refletindo no aumento de preços praticados para a entidade.	**CT#22.0** – lei local e/ou decreto regulamentando o artigo 5º da Lei n.º 8.666/93, que dispõe sobre a obrigatoriedade de obediência, para cada fonte de recursos, da estrita ordem cronológica das datas de exigibilidade nos pagamentos das obrigações decorrentes de contratações públicas, observadas as recomendações do Acórdão n.º 282/17 – TP do TCE-MT.

C) MATRIZ DE RISCOS E CONTROLES – GESTÃO FINANCEIRA

Risco	Controle interno
R#23 – inexistência de funcionalidade no sistema de administração financeira da entidade para controlar a ordem cronológica de exigibilidade para pagamento, levando à preterição no pagamento de fornecedores e prestadores de serviço e descontrole da ordem cronológica de exigibilidade de pagamento, resultando em descumprimento da legislação e aumento do clima de desconfiança nos fornecedores e prestadores de serviços, se refletindo no aumento de preços praticados para a entidade.	**CT#23.0** – funcionalidade específica no sistema de administração financeira e orçamentária para controlar, por fonte de recursos, a estrita ordem cronológica das datas de exigibilidade dos pagamentos decorrentes de obrigações contratuais.
R#24 – não divulgação da ordem cronológica de pagamento (fila de pagamento) na página eletrônica Portal da Transparência, levando a incertezas geradas nos fornecedores e prestadores de serviços quanto ao cumprimento pela entidade da fila de pagamento, resultando em clima de desconfiança junto a fornecedores e prestadores de serviços quanto ao cumprimento da ordem cronológica de pagamentos.	**CT#24.0** – divulgação em tempo real na internet da fila de pagamento dos credores da entidade, observada a estrita ordem cronológica de pagamento, para cada fonte de recursos, em obediência ao art. 8º da Lei nº 12.527/11 (Lei da Transparência).

Atividade: conciliação bancária

Objetivo: assegurar que todas as operações financeiras realizadas pela entidade estejam devidamente reconhecidas nos seus extratos bancários e nos seus registros contábeis.

Risco	Controle interno
R#25 – não realização de conciliação bancária dos fluxos de ingressos e desembolsos financeiros nas contas bancárias, levando à não identificação de ingressos ou desembolsos financeiros nas contas bancárias, resultando em desvios de recursos não identificados e inconsistência dos registros contábeis.	**CT#25.0** – conciliação bancária diária nas contas de maior movimentação financeira e mensal nas contas de pouca movimentação financeira, com as justificativas das divergências eventualmente verificadas entre os registros bancários (extrato) e os registros contábeis (razão contábil).

Fonte: LIBERATO, 2017.

D) MATRIZ DE RISCOS E CONTROLES – GESTÃO DE FROTAS

1 – Atividade: normatização das rotinas e procedimentos

Objetivo: garantir que a execução das principais atividades envolvidas no gerenciamento da frota seja disciplinada por meio de ato normativo, devidamente formalizado, e detalhadas ou padronizadas por meio de manuais de rotinas e procedimentos.

Risco	Controle interno sugerido
R#01 – ausência de ato normativo disciplinando as principais atividades de gestão da frota (cadastramento, solicitação, utilização, abastecimento, manutenção, competências do setor e do gerente de transporte, etc.) e de manuais de rotinas e procedimentos detalhando ou padronizando estas atividades, levando a erros e retrabalhos na execução das atividades, com consequente desperdício de tempo e de recursos públicos.	**CT#1.01** – ato normativo disciplinando as principais atividades de gestão da frota (cadastramento, solicitação, utilização, abastecimento, manutenção, atribuições do setor de transporte, condutores, acidentes e sinistros, infrações de trânsito, controle de custos, aquisição e renovação, etc.).
	CT#1.02 – manuais de rotinas e procedimentos detalhando ou padronizando as principais atividades de gestão da frota (cadastramento, solicitação, utilização, abastecimento, manutenção, controle de custos, etc.).

2 – Atividade: estruturação do setor de transporte

Objetivo: assegurar que o setor responsável pelo gerenciamento da frota possua recursos humanos, materiais e tecnológicos adequados para o desenvolvimento de suas atividades e que os trabalhos sejam conduzidos com planejamento, organização, direção e controle.

Risco	Controle interno sugerido
R#02 – inexistência ou deficiências estruturais no setor de transporte (falta de recursos humanos, materiais ou tecnológicos) e falta de liderança do gerente de transporte para planejar, organizar, dirigir e controlar a frota pública, levando à prática de atos de gestão sem planejamento, organização, direção e controle, com consequente ineficiência na gestão da frota.	**CT#2.01** – unidade administrativa, responsável pela gestão da frota, dotada de recursos humanos, materiais e tecnológicos, suficientes e adequados para realizar efetivamente sua competência institucional.
	CT#2.02 – gerente de transporte, responsável por planejar, organizar, dirigir e controlar a frota pública.

D) MATRIZ DE RISCOS E CONTROLES – GESTÃO DE FROTAS

3 – Atividade: identificação visual da frota

Objetivo: assegurar que os equipamentos de transporte (ET) possuam uma identificação visual padronizada.

Risco	Controle interno Sugerido
R#03 – inexistência de um manual de identificação visual, definindo a diagramação dos símbolos (dimensão, cores, formatos de textos) e as especificações técnica (adesivo ou tinta automotiva) da frota pública, levando à utilização dos ETs da frota sem nenhuma identificação ou com identificação incorreta da organização, com consequente prejuízo do controle social sobre a frota pública; utilização indevida, roubos e furtos dos ETs.	**CT#3.01** – identificação dos ETs de acordo com o manual de identidade visual da organização, contendo a diagramação dos simbolos (dimensão, cores, formatos de textos) e as especificações técnicas dos materiais (adesivo, tinta automotiva, etc.) da frota pública.

4 – Atividade: informatização da frota

Objetivo: garantir eficiência na gestão da frota, de modo a produzir informações gerenciais céleres e fidedignas para suportar as tomadas de decisão dos gestores.

Risco	Controle interno sugerido
R#04 – não utilização de um sistema informatizado (*software*) para gerenciar a frota, levando ao uso de recursos escriturais e de planilhas para o gerenciamento da frota, com consequente perda de agilidade para obtenção de informações gerenciais, sobretudo das informações de natureza técnico-econômica.	**CT#4.01** – sistema informatizado de gestão de frotas que possua as funcionalidades necessárias e os requisitos mínimos de segurança da informação para o gerenciamento da frota.

D) MATRIZ DE RISCOS E CONTROLES – GESTÃO DE FROTAS

5 – Atividade: organização documental	
Objetivo: assegurar a organização dos documentos dos veículos, máquinas e equipamentos da frota e o controle dos prazos de validade dos documentos que precisam ser renovados periodicamente.	
Risco	**Controle interno sugerido**
R#05 – ausência de arquivos físicos individualizados para a guarda dos documentos dos ETs e de controle de prazos de validade dos documentos que precisam ser renovados periodicamente, levando à desorganização dos documentos da frota e mora no pagamento das renovações dos documentos, com consequentes extravios, furtos e roubos de documentos; despesas com pagamentos de multas e juros de mora.	**CT#5.01** – arquivos físicos, individualizados por ET, para arquivamento de documentos (ex.: nota fiscal de aquisição; registro de propriedade junto aos órgãos de trânsito; licenciamento e seguro obrigatório – recibos anuais [CRLV e DPVAT] –; certificados de garantia e comprovantes de revisões; manuais do fabricante; apólices de seguro patrimonial).
	CT#5.02 – controle do prazo de validade dos documentos dos ETs que precisam ser renovados periodicamente (ex.: licenciamento e seguro obrigatório; certificados de garantia; apólices de seguro patrimonial facultativo, etc.).

6 – Atividade: cadastramento da frota	
Objetivo: assegurar a integridade, a fidedignidade e a tempestividade das informações cadastrais dos veículos, máquinas e equipamentos da frota.	
Risco	**Controle interno sugerido**
R#06 – inexistência de cadastro completo e atualizado dos ETs da frota, contendo informações fidedignas sobre estes bens, levando a carência de informação baseadas nos dados cadastrais para subsidiar análises técnicas sobre a frota, com consequente impossibilidade de se avaliar a frota através dos dados cadastrais, por exemplo, a dimensão, a idade média e o perfil da frota.	**CT#6.01** – cadastro de todos os veículos, máquinas e equipamentos da frota, contendo informações completas e atualizadas sobre estes bens (controle por formulário de Ficha de Cadastro e/ou por sistema informatizado), de acordo com o manual de rotinas e procedimentos de cadastro da frota.

D) MATRIZ DE RISCOS E CONTROLES – GESTÃO DE FROTAS

7 – Atividade: gestão de condutores

Objetivo: garantir que os condutores da frota estejam cientes de suas responsabilidades, bem como mantenham atualizados os documentos de habilitação e possuam treinamento adequado para conduzir os veículos, máquinas e equipamentos da frota.

Risco	Controle interno sugerido
R#07 – inexistência de termo de declaração de responsabilidade dos condutores, de controle de validade da CNH e dos outros requisitos exigidos pela legislação de trânsito, e de um programa de capacitação técnica para os condutores da frota, levando ao desconhecimento pelos condutores de suas atribuições e responsabilidades, condução dos ETs por condutores não habilitados e sem qualificação técnica, com consequente direção irresponsável dos ETs da frota, ocorrência de infrações de trânsito com aplicação de multas por condução com habilitação vencida, e acidentes de trânsito ocasionados por falta de qualificação técnica dos condutores.	**CT#7.01** – termo de declaração de responsabilidade dos condutores sobre a ciência de suas responsabilidades civis, penais e administrativas e por eventuais avarias e multas de trânsito decorrentes de atos culposos.
	CT#7.02 – controle de validade de CNH e outros requisitos exigidos dos condutores pela legislação e pelos órgãos de trânsito.
	CT#7.03 – capacitação técnica dos condutores da frota (ex.: cursos sobre direção defensiva, legislação de trânsito, primeiros socorros, mecânica básica, etc.).

8 – Atividade: infrações de trânsito

Objetivo: assegurar que as multas de trânsito, inclusive seus encargos, sejam pagas ou ressarcidas pelos agentes que lhes deram causa.

Risco	Controle interno sugerido
R#08 – falta de controle dos processos administrativos de infração de trânsito e dos processos administrativos de ressarcimento de valores ao erário, levando ao pagamento de multas, sem o devido ressarcimento ao erário, com consequente prejuízo ao erário.	**CT#8.01** – controle dos processos administrativos de infração de trânsito (notificação de condutores, controle dos prazos para recursos, etc.) e, quando cabível, controle dos processos de ressarcimento de valores ao erário em desfavor do agente causador da infração.

D) MATRIZ DE RISCOS E CONTROLES – GESTÃO DE FROTAS

9 – Atividade: acidentes de trânsito

Objetivo: assegurar que a responsabilidade por acidentes de trânsito seja devidamente apurada.

Risco	Controle interno sugerido
R#09 – falta de controle dos processos administrativos de apuração de acidente de trânsito, conduzidos pela Comissão de Acidentes de Trânsito, levando ao pagamento de despesas com consertos e reformas nos ETs envolvidos em acidentes e de danos causados a terceiros, sem o devido ressarcimento ao erário, com consequente prejuízo ao erário.	CT#9.01 – controle dos processos administrativos de apuração de acidentes de trânsito, que devem ser conduzidos por uma Comissão de Acidente de Trânsito, especialmente designada.

10 – Atividade: operação do ponto de abastecimento (PA)

Objetivo: garantir que o PA funcione em conformidade com as normas técnicas, ambientais, de prevenção a incêndio e de segurança do trabalho sobre armazenamento de líquidos inflamáveis e combustíveis.

Risco	Controle interno sugerido
R#10 – descumprimento das normas técnicas, ambientais, de prevenção a incêndio e de segurança do trabalho sobre armazenamento de líquidos inflamáveis e combustíveis, levando à operacionalização do PA sem a observação dos critérios exigidos na legislação aplicável, com consequente ocorrência de acidentes, incêndios e explosões, danos ambientais, perdas humanas, prejuízos financeiros pelo pagamento de multas aplicadas pelos órgãos fiscalizadores.	CT#10.01 – verificação do cumprimento das normas técnicas, ambientais, de prevenção a incêndio e de segurança do trabalho sobre armazenamento de líquidos inflamáveis e combustíveis para autorizar o funcionamento e operacionalizar o PA.

D) MATRIZ DE RISCOS E CONTROLES – GESTÃO DE FROTAS

11 – Atividade: sustentabilidade ambiental	
Objetivo: garantir que sejam adotadas práticas de sustentabilidade ambiental no uso da frota.	
Risco	**Controle interno sugerido**
R#11 – não implementação de ações de sustentabilidade ambiental no uso da frota pública, conforme definido no plano de gestão ambiental, levando à adoção de práticas poluentes ao meio ambiente, com consequente poluição do meio ambiente.	**CT#11.01** – práticas de sustentabilidade ambiental no uso da frota (ex.: política de descarte de resíduos, utilização de combustíveis renováveis – etanol e biodisel –, realização de manutenções preventivas, treinamento de condutores, renovação periódica da frota, etc.).

12 – Atividade: utilização da frota	
Objetivo: assegurar que a utilização da frota seja para atender as demandas da organização.	
Risco	**Controle interno sugerido**
R#12 – ausência de rotina de registro de solicitação e de rotina de registro de utilização dos ETs, levando à utilização indevida dos ETs (desvio de finalidade) e desconhecimento das informações sobre a demanda e sobre a utilização dos ETs, com consequente utilização da frota para fins particulares e impossibilidade de se realizar o planejamento eficiente da utilização da frota e de se avaliar os custos e o desempenho operacionais dos ETs.	**CT#12.01** – rotina de registro de solicitação dos ETs, identificando o requisitante, o condutor, a finalidade, o local de destino e o período de utilização (controle por formulários requisição de veículos, solicitação de veículos, etc. e/ou por sistema informazado).
	CT#12.02 – rotina de registro de utilização dos ETs, identificando o motorista, a data, a hora e o km/horímetro de saída/retorno (controle por formulários diário de bordo, boletim de veículo, diário de tráfego, etc. e/ou por sistema informatizado).
	CT#12.03 – sistema de rastreamento por satélite (GPS) para ETs empregados em obras públicas e serviços realizados em áreas rurais, que possuam como características dificuldade de comprovação da utilização e elevado custo operacional.

D) MATRIZ DE RISCOS E CONTROLES – GESTÃO DE FROTAS

13 – Atividade: guarda da frota

Objetivo: garantir que os veículos, máquinas e equipamentos sejam recolhidos em locais seguros.

Risco	Controle interno sugerido
R#13 – inexistência de local apropriado para guardar os ETs (garagem ou pátio público), levando ao recolhimento da frota em local inseguro e inapropriado para fins operacionais, com consequente roubos e furtos de acessórios ou dos próprios ETs e avarias nos ETs decorrentes da ação de vândalos.	**CT#13.01** – garagem ou pátio com estrutura física e condições de segurança adequadas para a guarda dos veículos, máquinas e equipamentos da frota.

14 – Atividade: abastecimento de combustíveis e lubrificantes

Objetivo: assegurar que o abastecimento de combustíveis e óleos lubrificantes nos veículos, máquinas e equipamentos da frota seja realizado de forma regular, eficiente e econômica.

Risco	Controle interno sugerido
R#14 – ausência de rotina de registro de abastecimento de combustíveis e óleos lubrificantes, levando a abastecimentos não autorizados ou em ETs não pertencentes à frota e desconhecimento dos dados sobre o consumo de combustível e lubrificantes dos ETs, com consequente desvio de combustíveis e óleos lubrificantes e impossibilidade de se avaliar os gastos com combustíveis e óleos lubrificantes da frota e o desempenho (km/l) dos ETs.	**CT#14.01** – rotina de registro de abastecimento, identificando o ET, a data, o hodômetro ou horímetro, a quantidade e o tipo de combustível ou lubrificante e o fornecedor (controle por formulário de requisição de abasteciemento ou cartão eletrônico).

D) MATRIZ DE RISCOS E CONTROLES – GESTÃO DE FROTAS

15 – Atividade: utilização de pneumáticos

Objetivo: assegurar que os pneumáticos adquiridos sejam efetivamente utilizados nos bens da frota, de forma eficiente e econômica.

Risco	Controle interno sugerido
R#15 – ausência de identificação física nos pneumáticos e de rotina de registro das informações técnicas, da vida útil e dos serviços realizados nos pneus, levando à utilização de pneumáticos sem identificação e desconhecimento das características técnicas, da vida útil e dos serviços realizados nos pneumáticos da frota, com consequente substituições indevidas de pneus novos por usados ou de qualidade ou preço inferiores; desvio, roubos e furtos de pneumáticos; e carência de informações para aferir a durabilidade e o custo operacional dos pneus.	**CT#15.01** – identificação física dos pneus, que pode ser realizada por marcação à fogo ou etiqueta eletrônica. **CT#15.02** – rotina de registro das informações técnicas, vida útil, recapagens e remoções de pneus, possibilitando a aferição da durabilidade e do rendimento operacional destes insumos (controle por ficha de controle de pneus e/ou por sistema informatizado).

16 – Atividade: manutenção da frota

Objetivo: manter a frota de veículos, máquinas e equipamentos em um estado desejado de eficiência, maximizando o tempo disponível para operação e minimizando os custos de manutenção.

Risco	Controle interno sugerido
R#16 – ausência de plano de manutenção de operação, plano de manutenção preventiva, registro de solicitação, autorização e execução dos serviços de manutenção, levando à incapacidade para detectar falhas ou defeitos mecânicos nos ETs de forma célere; ocorrência de defeitos mecânicos por falta de manutenção preventiva; desconhecimento das informações sobre a demanda e sobre os serviços de manutenção executados nos ETs, com consequente ocorrência de falhas ou defeitos mecânicos nos ETs não detectados tempestivamente ou por falta de manutenção preventiva, elevando a taxa de indisponibilidade da frota; impossibilidade de se avaliar os gastos com manutenção da frota total e por ET.	**CT#16.01** – plano de manutenção de operação dos ETs, visando garantir condições primárias de operação e identificar eventuais falhas mecânicas. **CT#16.02** – plano de manutenção preventiva dos ETs, com o objetivo de manter a frota operando num estado desejado de eficiência. **CT#16.03** – rotina de registro de serviços de manutenção realizados nos ETs (controle por ordem de serviço e/ou sistema informatizado).

D) MATRIZ DE RISCOS E CONTROLES – GESTÃO DE FROTAS

17 – Atividade: manutenção da frota (oficina mecânica própria)

Objetivo: mensurar o tempo gasto na execução dos serviços de manutenção realizados na oficina própria do ente (variável importante para cálculo do custo operacional dos ETs).

Risco	Controle interno sugerido
R#17 – falta de rotina de registro do tempo de execução dos serviços de manutenção realizados na oficina própria, levando ao desconhecimento da produtividade da mão de obra utilizada na oficina própria, com consequente impossibilidade de se avaliar a produtividade da mão de obra e, por consequência, do custo por ET dos serviços de manutenção realizados na oficina própria.	**CT#17.01** – rotina de registro do tempo de execução dos serviços de manutenção realizados na oficina própria (controle por formulário ficha de apropriação de mão de obra e/ou por sistema informatizado).

18 – Atividade: controle de estoques de materiais

Objetivo: garantir que os suprimentos estocados no almoxarifado (peças, lubrificantes, pneus, filtros de óleo, filtros de ar, etc.) sejam utilizados na manutenção dos ETs da frota.

Risco	Controle interno sugerido
R#18 – falta de controle de movimentação (entrada/saída) de materiais no almoxarifado da frota, levando à movimentação de materiais sem o devido registro de entrada/saída nos estoques, com consequente desvio de peças automotivas ou de outros materiais do almoxarifado; impossibilidade de se gerenciar de forma eficiente os estoques de materiais, como, por exemplo, definir o ponto de reposição de estoque, a rotatividade e o custo dos estoques.	**CT#18.01** – controle de movimentação (entrada/saída) de materiais do almoxarifado da frota (controle por formulário ficha de estoque, requisição de material e/ou sistema informatizado).

19 – Atividade: implantação de sistema de custos

Objetivo: implantar um sistema de custos visando apurar e avaliar os custo operacionais da frota.

Risco	Controle interno sugerido
R#19 – não contabilização dos custos operacionais da frota, a partir de um plano de contas estruturado para identificar os tipos de despesas e os centros de custos, levando ao desconhecimento dos custos operacionais da frota, com consequente impossibilidade de se avaliar os custos operacionais da frota.	**CT#19.01** – sistema de custos, implementado a partir de um plano de contas estruturado para identificar os tipos de despesas e os centros de custos da frota.

D) MATRIZ DE RISCOS E CONTROLES – GESTÃO DE FROTAS

20 – Atividade: cálculo do custo operacional dos ETs

Objetivo: calcular, analisar e acompanhar a evolução histórica do custo operacional dos ETs.

Risco	Controle interno sugerido
R#20 – inexistência de cálculo, de análise e de monitoramento dos custos operacionais por ET, levando ao desconhecimento da composição e da evolução dos custos operacionais por ET, com consequente impossibilidade de se avaliar os custos operacionais por ET.	CT#20.01 – cálculo do custo operacional dos ETs (controle por planilha e/ou sistema informatizado).

21 – Atividade: indicadores de desempenho

Objetivo: calcular, analisar e acompanhar a evolução do comportamento de indicadores de desempenho da frota.

Risco	Controle interno sugerido
R#21 – inexistência de indicadores de desempenho, levando à falta de parâmetros para avaliar o desempenho do sistema de transporte, com consequente impossibilidade de se adotar medidas visando otimizar os indicadores com níveis insatisfatórios.	CT#21.01 – cálculo de indicadores de desempenho do sistema de transporte (controle por planilha e/ou sistema informatizado).

22 – Atividade: renovação da frota

Objetivo: garantir que os ETs sejam utilizados em um "ciclo de vida útil econômica", observados padrões adequados de produtividade, segurança operacional e economicidade.

Risco	Controle interno sugerido
R#22 – ausência de política de renovação da frota, definida a partir de critérios que considerem a vida útil econômica e as condições técnicas dos ETs, levando à redução da produtividade, da segurança e da economicidade dos ETs após o ciclo de vida útil econômica, com consequente utilização de ETs, após o ciclo de vida útil, em níveis insatisfatórios de produtividade, de segurança e de economicidade.	CT#22.01 – política de renovação da frota, definida a partir de critérios que considerem o ciclo de vida útil econômica e as condições técnicas dos ETs.

D) MATRIZ DE RISCOS E CONTROLES – GESTÃO DE FROTAS

23 – Atividade: formação da frota

Objetivo: assegurar que a aquisição de ET seja realizada com base em critérios técnicos, que considerem os aspectos de adequação dos ET para a execução dos serviços demandados e de dimensionamento da frota.

Risco	Controle interno sugerido
R#23 – inexistência de plano de aquisição de ETs, elaborado a partir de critérios de adequação e de dimensionamento da frota, levando à inadequação dos ETs para execução das atividades e em quantidade superior ou inferior à demanda, com consequente operação de uma frota inadequada e mal dimensionada.	**CT#23.01** – plano de aquisição de ETs, baseado em critérios de adequação e de dimensionamento da frota.

24 – Atividade: terceirização da frota (locação de veículos em caráter não eventual)

Objetivo: garantir que a decisão de terceirização da frota seja tomada a partir de critérios técnicos e econômicos para definição da melhor alternativa para a organização.

Risco	Controle interno sugerido
R#24 – não realização de estudo sobre a vantajosidade da terceirização da frota, elaborado a partir de critérios técnicos e econômicos que considerem as vantagens e as desvantagens tanto da frota própria quanto da frota terceirizada, levando à terceirização da frota desvantajosa para a organização, com consequentes prejuízos ao erário.	**CT#24.01** – avaliação da vantajosidade da terceirização da frota, elaborado a partir de critérios que considerem os aspectos técnicos e econômicos.

Fonte: LIBERATO, 2017.

E) MATRIZ DE RISCOS E CONTROLES – ALIMENTAÇÃO ESCOLAR

1 – Atividade: coordenação das ações de alimentação escolar

Objetivo: assegurar que as atividades de coordenação das ações de alimentação escolar sejam realizadas por nutricionista habilitado, devidamente vinculado ao setor de alimentação escolar da Secretaria de Educação e cadastrado no Sistema de Cadastro de Nutricionista da Alimentação Escolar (SINUTRI).

Risco	Controle interno sugerido
R#01 – comprometimento das ações de oferta de alimentos aos alunos e educação alimentar e nutricional (ausência de nutricionista, parâmetro inadequado); realização das ações por profissionais sem capacitação.	CT#1.01 – nutricionista responsável técnico pelo PNAE, vinculado ao setor de alimentação escolar.
	CT#1.02 – parâmetro numérico mínimo de nutricionistas em conformidade com a Resolução CFN nº 465/2010.

2 – Atividade: elaboração do cardápio

Objetivo: garantir que os alimentos utilizados na alimentação escolar sejam adequados para suprir as necessidades nutricionais dos alunos.

Risco	Controle interno sugerido
R#02 – preparo e fornecimento de merenda escolar que não atenda à necessidade nutricional dos alunos (cardápios)	CT#2.01 – diagnóstico e acompanhamento do estado nutricional, calculando os parâmetros nutricionais para atendimento da clientela, com base no resultado da avaliação nutricional.
	CT#2.02 – Fichas Técnicas de Preparo (FTP).
	CT#2.03 – cardápio elaborado por nutricionista da entidade executora a partir das FTPs, adaptado para atender alunos com necessidades nutricionais específicas.
	CT#2.04 – treinamentos para merendeiras para utilizar a FTP a fim de padronizar a preparação da merenda.

3 – Atividade: educação alimentar e nutricional

Objetivo: estimular a adoção voluntária de práticas e escolhas alimentares saudáveis.

Risco	Controle interno sugerido
R#03 – desconhecimento de práticas e escolhas alimentares saudáveis, comprometendo a boa saúde e a qualidade de vida do aluno.	CT#3.01 – cursos, palestras, oficinas culinárias, teatros, gincanas, jogos a todos os atores envolvidos na alimentação escolar.
	CT#3.02 – hortas escolares pedagógicas e inclusão do tema "alimentação saudável" no currículo escolar.

E) MATRIZ DE RISCOS E CONTROLES – ALIMENTAÇÃO ESCOLAR

4 – Atividade: realização de teste de aceitabilidade	
Objetivo: assegurar uma alimentação saudável e aceita pelos alunos.	
Risco	**Controle interno sugerido**
R#04 – fornecimento de alimentos da merenda escolar com alta rejeição pelos alunos.	**CT#4.01** – teste de aceitabilidade do cardápio, planejamento e coordenado pelo nutricionista da entidade executora.

5 – Atividade: disponibilização de recursos financeiros	
Objetivo: garantir a disponibilização de recursos financeiros para execução das atividades da alimentação escolar.	
Risco	**Controle interno sugerido**
R#05 – recursos insuficientes para execução PNAE.	**CT#5.01** – aporte tempestivo e suficiente de recursos financeiros por parte da entidade executora.

6 – Atividade: movimentação financeira dos recursos descentralizados para a conta do PNAE	
Objetivo: utilização adequada dos recursos para aquisição de gêneros alimentícios destinados ao programa.	
Risco	**Controle interno sugerido**
R#06 – execução financeira dos recursos de forma irregular	**CT#6.01** – manuais com normas e procedimentos prevendo período de realização da conciliação bancária, formas de movimentação financeira, responsáveis por movimentação dos recursos, atesto, conferência dos documentos da liquidação.
	CT#6.02 – conciliação bancária da conta realizada por setor diverso.

7 – Atividade: padronização de especificações mais comuns	
Objetivo: garantir que as aquisições observem o princípio da padronização.	
Risco	**Controle interno sugerido**
R#07 – contratações sem padronização das especificações dos gêneros alimentícios, levando à multiplicidade de esforços para realizar contratações semelhantes, com consequente esforço desnecessário para elaborar especificações da contratação.	**CT#7.01** – padronização de especificações dos gêneros alimentícios, com apoio das diversas unidades do município, para uso da equipe de planejamento da contratação nas licitações do PNAE.

E) MATRIZ DE RISCOS E CONTROLES – ALIMENTAÇÃO ESCOLAR

8 – Atividade: programação de compras de gêneros alimentícios

Objetivo: garantir a disponibilidade dos alimentos previamente selecionados nas quantidades adequadas e no tempo oportuno para atender as necessidades dos alunos.

Risco	Controle interno sugerido
R#08 – estimativa de quantidade de gêneros alimentícios sem conhecimento da demanda real dos alunos, impedindo a disponibilização da quantidade necessária de alimentos ao público-alvo do PNAE.	CT#8.01 – pauta, lista ou relação de compras pelo nutricionista, com demonstração do cálculo efetuado para estimar as quantidades do gêneros alimentícios a serem adquiridos.

9 – Atividade: normatização de critérios para pesquisa de preços

Objetivo: garantir que as pesquisas de preços reflitam os preços praticados no mercado.

Risco	Controle interno sugerido
R#09 – coleta insuficiente de preços de gêneros alimentícios, levando a estimativas sem embasamento, resultando na aceitação de preços acima do preço de mercado.	CT#9.01 – normativo estabelecendo procedimento consistente para elaboração de estimativas de preço a fim de orientar as equipes de planejamento das contratações da unidade, inclusive nos casos de contratações diretas e adesões a atas de registro de preço.
	CT#9.02 – capacitar os servidores envolvidos no processo de elaboração de pesquisas de preços na entidade.

10 – Atividade relevante: elaboração do edital e minuta do contrato

Objetivo da atividade: garantir que a elaboração do edital atenda a legislação.

Risco	Controle interno sugerido
R#10 – editais para aquisição de gêneros alimentícios sem padrão, levando à multiplicidade de esforços e repetição de erros.	CT#10.01 – modelos de editais de licitação, *checklist*, atas de registro de preços e contratos de aquisição com elementos mínimos necessários ao cumprimento das normas aplicáveis ao processo de seleção e contratação das empresas, podendo utilizar os editais-padrão da AGU como referência.

E) MATRIZ DE RISCOS E CONTROLES – ALIMENTAÇÃO ESCOLAR

11 – Atividade: habilitação e julgamento das propostas

Objetivo: garantir julgamento adequado.

Risco	Controle interno sugerido
R#11 – exame inadequado dos documentos de habilitação e propostas de preços.	CT#11.01 – designação formal de equipe técnica para auxiliar a CPL ou pregoeiro na análise da documentação de habilitação e propostas de preços nas licitações para contratação de gêneros alimentícios.

12 – Atividade: análise das licitantes a fim de identificar situações que comprometam o caráter competitivo e evitem a participação de empresas impedidas de licitar

Objetivo: garantir que o processo licitatório seja realizado em obediência ao princípio constitucional da isonomia, sem ocorrência de fraudes e conluios.

Risco	Controle interno sugerido
R#12 – existência de conluio ou adoção de práticas anticompetitivas entre as empresas licitantes, fraudando ou frustrando o caráter competitivo da licitação.	CT#12.01 – rotinas para verificação (listas de verificação) de elementos que comprometem o caráter competitivo (vínculos, documentos falsos, incoerências e inconsistências), anexando os procedimentos aplicados no processo licitatório.
	CT#12.02 – declaração formal informando que a proposta foi elaborada de forma independente (declaração de independência de propostas).
	CT#12.03 – verificação, durante habilitação, de registros impeditivos da contratação.
	CT#12.04 – capacitar os servidores envolvidos na licitação em técnicas de detecção de fraudes em licitação.

13 – Atividade: responsabilização de entes privados

Objetivo: produzir informações que possibilitem as tomadas de decisão em relação a empresas com possibilidades de penalização.

Risco	Controle interno sugerido
R#13 – ausência de instauração e/ou de procedimentos padronizados de processos administrativos de penalização de fornecedores por conduta irregular na licitação, levando à cultura de impunidade entre os fornecedores ou processos juridicamente frágeis.	CT#13.01 – normativo do processo administrativo para aplicação de penalidades por conduta irregular em processos licitatórios.
	CT#13.02 – capacitação dos agentes envolvidos com contratações sobre aplicação de penalidades administrativas a licitantes e fornecedores.

E) MATRIZ DE RISCOS E CONTROLES – ALIMENTAÇÃO ESCOLAR

14 – Atividade: aquisição de alimentos da agricultura familiar	
Objetivo: fomentar a agricultura familiar na região, promovendo o desenvolvimento da atividade agrícola de maneira sustentável.	
Risco	**Controle interno sugerido**
R#14 – impedimento de acesso dos agricultores familiares às compras das entidades executoras.	**CT#14.01** – articulação entre os atores sociais (EEx, controle social, Secretaria de Agricultura, etc.) para fomentar aquisições de, no mínimo, 30% da agricultura familiar pela EEx. **CT#14.02** – mapear os produtos da agricultura familar local na Secretaria de Agricultura, EMATER local ou nas organizações da agricultura familiar para facilitar sua inclusão nos cardápios.

15 – Atividade: formalização dos papéis	
Objetivo: formalização dos papéis dos atores que devem atuar na fase de gestão do contrato.	
Risco	**Controle interno sugerido**
R#15 – fiscais de contrato atuando sem designação formal, levando ao questionamento da legitimidade dos atos praticados na gestão contratual.	**CT#15.01** – nomeação pela autoridade competente dos representantes da organização que atuarão na fiscalização do contrato, assim como seus substitutos eventuais.

16 – Atividade: recebimento dos gêneros alimentícios	
Objetivo: assegurar que as atividades de recebimento dos gêneros alimentícios sejam realizadas de forma adequada.	
Risco	**Controle interno sugerido**
R#16 – recebimento de alimentos em desconformidade com as especificações do objeto e com a proposta da contratada.	**CT#16.01** – comissão/servidor com formação técnica designada para recebimento dos alimentos, apoiada em instrumentos adequados para recebimento do objeto, objetivando avaliar as especificações, prazos de validade, data de entrega, etc.

E) MATRIZ DE RISCOS E CONTROLES – ALIMENTAÇÃO ESCOLAR

17 – Atividade: armazenamento, controle e distribuição.

Objetivo: assegurar que as atividades de estocagem, segurança e conservação dos alimentos sejam realizadas de forma adequada.

Risco	Controle interno sugerido
R#17 – perda, alteração da qualidade e desvio de gêneros alimentícios em função de problemas na infraestrutura das escolas (cozinha e estoque).	CT#17.01 – estrutura física do local de armazenamento (estoque) em conformidade com boas práticas para serviços de alimentação (RDC Anvisa nº 216/2004).
	CT#17.02 – estrutura física do local de preparo das refeições (cozinha) em conformidade com boas práticas para serviços de alimentação (RDC Anvisa nº 216/2004).
	CT#17.03 – manual de boas práticas para serviços de alimentação de fabricação e controle.

18 – Atividade: controle de estoque

Objetivo: assegurar a estrutura necessária para realizar o controle de estoque dos gêneros alimentícios.

Risco	Controle interno sugerido
R#18 – falta de informações gerenciais do estoque de gêneros alimentícios.	CT#18.01 – sistema informatizado de controle de estoque dos gêneros alimentícios ou controle manual.

19 – Atividade: distribuição dos alimentos do depósito central para as escolas

Objetivo: garantir a entrega dos alimentos tempestivamente para preparação da merenda escolar.

Risco	Controle interno sugerido
R#19 – demora na distribuição dos alimentos (do depósito central para as escolas).	CT#19.01 – disponibilidade de veículos em quantidade adequada para o transporte de alimentos para as escolas.

CAPÍTULO 3
COMO FAZER GESTÃO DE RISCOS | 233

E) MATRIZ DE RISCOS E CONTROLES – ALIMENTAÇÃO ESCOLAR

20 – Atividade: elaborar manual de normas e procedimentos do PNAE	
Objetivo: garantir normas e padrões nas execução das atividades.	
Risco	**Controle interno sugerido**
R#20 – realização das atividades do PNAE sem atender ao princípio da padronização (manuais e listas de verificação), levando a erros nas atividades e retrabalho, podendo resultar em danos ou atos ilegais.	**CT#20.01** – manual de normas definindo os procedimentos a serem adotados na execução das principais atividades relacionadas ao PNAE na unidade, com especial destaque para: (i) procedimento de conferência no recebimento dos alimentos no depósito central e nas escolas; (ii) procedimento de devolução para o fornecedor (no caso do depósito) e para o depósito central (no caso das escolas); (iii) controle de estoque; (iv) definição do papel do fiscal do contrato; (v) novas obrigações da secretaria de controle interno (ou órgão equivalente); (vi) regras relacionadas à higiene da cozinha e do local de armazenamento; (vii) regras relacionadas ao armazenamento correto dos alimentos; (viii) frequência da visita da nutricionista às escolas; (ix) obrigatoriedade da utilização das fichas técnicas de preparo e sua disponibilização nas cozinhas; (x) periodicidade e forma de atuação da vigilância sanitária no controle de qualidade dos alimentos.

21 – Atividade: inventário físico	
Objetivo: assegurar que a quantidade de alimentos encontrada nas prateleiras coincida com a quantidade registrada nos controles.	
Risco	**Controle interno sugerido**
R#21 – saldo físico real de estoque de gêneros alimentícios em desacordo com os registros de saldo e movimentação nas planilhas e sistemas informatizados.	**CT#21.01** – inventários de acordo com cada situação específica, com vista a fornecer subsídios para a avaliação e controle gerencial dos gêneros alimentícios.

E) MATRIZ DE RISCOS E CONTROLES – ALIMENTAÇÃO ESCOLAR

22 – Atividade: elaboração e entrega da prestação de contas

Objetivo: prestar contas dos recursos do PNAE recebidos da União a título de complementação.

Risco	Controle interno sugerido
R#22 – prestação de contas incompleta, imprecisa ou intempestiva.	**CT#22.01** – *checklist* ou fluxo definindo os atos necessários à elaboração completa e tempestiva da prestação de contas no Sistema de Gestão de Prestação de Contas (SiGPC – *Online*).
	CT#22.02 – revisão independente dos documentos da prestação de contas por servidor diverso do responsável por sua elaboração.

23 – Atividade: arquivo da prestação de contas

Objetivo: guarda e conservação da prestação de contas do PNAE.

Risco	Controle interno sugerido
R#23 – perda/extravio/furto dos processos/documentos relativos ao PNAE.	**CT#23.01** – estrutura física e tecnológica adequada para guarda dos documentos da prestação de contas do PNAE.

24 – Atividade: composição e estrutura do CAE

Objetivo: CAE com composição adequada para zelar pela qualidade dos alimentos oferecidos e acompanhar a aceitação dos cardápios pelos escolares.

Risco	Controle interno sugerido
R#24 – inobserância do percentual de participação entre representantes do governo e da sociedade civil na composição do CAE e estrutura inadequada.	**CT#24.01** – estrutura adequada de recursos humanos, financeiros, materiais e tecnológicos.

25 – Atividade: atuação e funcionamento do CAE

Objetivo: CAE atuando efetivamente na fiscalização da execução do PNAE.

Risco	Controle interno sugerido
R#25 – "captura" do CAE por interesses políticos locais, comprometendo sua efetiva atuação.	**CT#25.01** – atas de reunião e parecer do CAE evidenciando efetiva atuação.
	CT#25.02 – regimento interno do CAE.
	CT#25.03 – plano de ação do CAE.
	CT#25.04 – capacitação periódica dos conselheiros.

F) MATRIZ DE RISCOS E CONTROLES – MEDICAMENTOS

1 – Atividade: elaboração do Plano Municipal de Saúde (PMS)

Objetivo: assegurar que o planejamento da Farmácia Básica seja realizado em conformidade com as normas legais, contemplando as metas, cronograma e indicadores.

Risco	Controle interno sugerido
R#01 – incompatibilidade entre a percepção do governo com as necessidades da população.	**CT#1.01** – Plano Municipal de Saúde (PMS) atualizado na prefeitura, com capítulo específico sobre Farmácia Básica. **CT#1.02** – aprovação do PMS pelo Conselho Municipal de Saúde.

2 – Atividade: elaboração da Programação Anual de Saúde (PAS)

Objetivo: assegurar que a programação da assistência farmacêutica seja realizada em conformidade com as normas legais, contemplando as metas, cronograma e indicadores.

Risco	Controle interno sugerido
R#02 – incompatibilidade entre as metas, indicadores, ações e recursos financeiros, previstos para o médio prazo (4 anos) com de curso prazo (1 ano).	**CT#2.01** – Programação Anual de Saúde (PAS) vigente, elaborada a partir dos objetivos, diretrizes e metas previstos no Plano Municipal de Saúde (PMS), definindo ações que garantirão o alcance dos objetivos e das metas estabelecidas no PMS e os recursos orçamentários necessários ao cumprimento da programação anual.

3 – Atividade: elaboração da Relação Municipal de Medicamentos Essenciais (Remume)

Objetivo: estabelecer a relação municipal de medicamentos, de modo a assegurar o acesso da população aos mesmos.

Risco	Controle interno sugerido
R#03 – falta de medicamentos essenciais à população por seleção inadequada	**CT#3.01** – Relação Municipal de Medicamentos Essenciais (Remume) compatível com a Rename.
R#04 – excesso de judicialização, levando ao aumento de gastos com aquisição de medicamentos e consequente comprometimento da programação de compras.	**CT#4.01** – controle manual ou eletrônico dos medicamentos decorrentes de decisões judiciais

F) MATRIZ DE RISCOS E CONTROLES – MEDICAMENTOS

4 – Atividade: controle de demandas reprimidas (não atendidas) de medicamentos.

Objetivo: assegurar instrumentos para a prefeitura identificar se novos medicamentos estão se tornando necessários para a população.

Risco	Controle interno sugerido
R#05 – desconhecimento da demanda não atendida de medicamentos	CT#5.01 – controle manual ou eletrônico de demanda reprimida (não atendida).

5 – Atividade: divulgação da Remume para os médicos das UBS

Objetivo: garantir que os medicamentos prescritos pelos médicos sejam da Remume e estejam disponíveis nas farmácias.

Risco	Controle interno sugerido
R#06 – prescrição de medicamentos não contemplados na Remume.	CT#6.01 – divulgação da Remume para os médicos das UBS.

6 – Atividade: programação de compras dos medicamentos.

Objetivo: garantir a disponibilidade dos medicamentos previamente selecionados nas quantidades adequadas e no tempo oportuno para atender as necessidades da população.

Risco	Controle interno sugerido
R#07 – programação de compras de medicamentos sem conhecimento da demanda da população.	CT#7.01 – planejamento de aquisição elaborada com base em dados de consumo, demanda atendida e não atendida de cada produto, incluindo sazonalidades e estoques existentes, perfil epidemiológico local, entre outros.

7 – Atividade: elaboração do termo de referência

Objetivo: garantir que as demandas da prefeitura sejam elaboradas após estudos técnicos preliminares materializados no termo de referência (TR), especialmente quanto à padronização de nomenclatura dos medicamentos e unidade de fornecimento.

Risco	Controle interno sugerido
R#08 – contratações sem padronização das especificações (nome e unidade de fornecimento) dos medicamentos.	CT#8.01 – relação padronizada de medicamentos para servir de referência para a licitação.

F) MATRIZ DE RISCOS E CONTROLES – MEDICAMENTOS

8 – Atividade: realização de pesquisa de mercado de valores e quantidades	
Objetivo: garantir que as pesquisas de preços realizadas previamente à licitação reflitam os preços praticados no mercado.	
Risco	**Controle interno sugerido**
R#09 – coleta insuficiente de preços de medicamentos, levando a estimativas sem embasamento, resultando na aceitação de preços acima do preço de mercado.	**CT#9.01** – normativo estabelecendo procedimento consistente para elaboração de estimativas de preço a fim de orientar as equipes de planejamento das contratações da unidade, inclusive nos casos de contratações diretas e adesões a atas de registro de preço. **CT#9.02** – capacitação de servidores envolvidos no processo de elaboração de pesquisas de preços na entidade.

9 – Atividade relevante: elaboração do edital e minuta do contrato	
Objetivo da atividade: garantir que a elaboração do edital atenda a legislação.	
Risco	**Controle interno sugerido**
R10 – editais para aquisição de medicamentos sem padrão, levando à multiplicidade de esforços e repetição de erros.	**CT#10.01** – modelos de editais de licitação, *checklist*, atas de registro de preços e contratos de aquisição com elementos mínimos necessários ao cumprimento das normas aplicáveis ao processo de seleção e contratação das empresas, podendo utilizar os editais-padrão da AGU como referência.

10 – Atividade: habilitação e julgamento das propostas	
Objetivo: garantir que a análise e julgamento dos documentos de habilitação e proposta de preços das empresas sejam realizados de forma adequada.	
Risco	**Controle interno sugerido**
R#11 – exame inadequado dos documentos de habilitação e propostas de preços.	**CT#11.01** – designação formal de equipe técnica da área de saúde e farmácia para auxiliar a CPL ou pregoeiro na análise da documentação de habilitação (ex:. avaliação dos atestados de capacidade técnica) e propostas de preços das empresas licitantes.

F) MATRIZ DE RISCOS E CONTROLES – MEDICAMENTOS

11 – Atividade: análise das licitantes a fim de identificar situações que comprometam o caráter competitivo e evitem a participação de empresas impedidas de licitar.	
Objetivo: garantir que o processo licitatório seja realizado em obediência ao princípio constitucional da isonomia, sem ocorrência de fraudes e conluios.	
Risco	**Controle interno sugerido**
R#12 – existência de conluio ou adoção de práticas anticompetitivas entre as empresas licitantes, fraudando ou frustrando o caráter competitivo da licitação.	CT#12.01 – rotinas para verificação (listas de verificação) de elementos que comprometem o caráter competitivo (vínculos, documentos falsos, incoerências e inconsistências), anexando os procedimentos aplicados no processo licitatório.
	CT#12.02 – exigir dos licitantes a apresentação de declaração formal informando que a proposta foi elaborada de forma independente (declaração de independência de propostas).

12 – Atividade: recebimento, armazenamento, controle e distribuição.	
Objetivo: assegurar que as atividades de recebimento, estocagem, segurança e conservação dos medicamentos sejam realizadas de forma adequada.	
Risco	**Controle interno sugerido**
R#13 – perda de medicamentos em função do armazenamento inadequado; alteração da qualidade; perda e desvio de medicamentos; recebimento de insumos da saúde em desconformidade com as especificações do objeto e com a proposta da contratada; e ausência de comprovação do efetivo recebimento dos medicamentos adquiridos com recursos do programa	CT#13.01 – regras definindo as condições de estocagem e conservação dos medicamentos em conformidade com o Manual de Farmácia Básica na Atenção Básica – Instruções Técnicas para sua Organização, do Ministério da Saúde.
R#14 – recebimento de medicamentos em desconformidade com as especificações do objeto e com a proposta da contratada.	CT#14.01 – comissão/servidor com formação técnica designada para recebimento dos medicamentos, apoiada em instrumentos adequados para recebimento do objeto, objetivando avaliar as especificações, prazos de validade, data de entrega, etc.

F) MATRIZ DE RISCOS E CONTROLES – MEDICAMENTOS

R#15 – ausência de comprovação do efetivo recebimento nas UBS dos medicamentos adquiridos com recursos do programa.	**CT#15.01** – controles e registros dos medicamentos (enviados/devolvidos/emprestados) do almoxarifado central para as UBS.
R#16 – descarte de medicamentos vendidos de forma inadequada.	**CT#16.01** – controle (manual ou eletrônico) dos medicamentos vencidos para realização dos procedimentos de descarte.

13 – Atividade: controle de estoque

Objetivo: assegurar a estrutura necessária para realizar o controle de estoque de medicamentos.

Risco	Controle interno sugerido
R#17 – falta de informações gerenciais do estoque de medicamentos.	**CT#17.01** – sistema informatizado de controle de estoque e dispensação de medicamentos (Hórus – Sistema Informatizado de Controle de Estoque do MS) ou controle manual.

14 – Atividade: inventário físico

Objetivo: assegurar que a quantidade de medicamentos encontrada nas prateleiras coincida com a quantidade registrada nos controles.

Risco	Controle interno sugerido
R#18 – saldo físico real de estoque de medicamentos em desacordo com os registros de saldo e movimentação nas planilhas e sistemas informatizados	**CT#18.01** – inventário físico periódico das condições de estocagem e conservação dos medicamentos e confrontação entre os receituários arquivados nas UBS e suas fichas de estoque.

15 – Atividade: dispensação dos medicamentos

Objetivo: garantir a entrega do medicamento correto ao usuário, na dosagem e quantidade prescritas, com instruções suficientes para seu uso correto e seu acondicionamento, de modo a assegurar a qualidade do produto.

Risco	Controle interno sugerido
R#19 – utilização indevida do medicamento, em razão de instruções inadequadas ao paciente, podendo levar a efeitos indesejáveis, comprometendo o tratamento e, consequentemente, a resolubilidade terapêutica.	**CT#19.01** – dispensação de medicamentos, inclusive de controle especial, realizado por profissional habilitado (farmacêuticos).

F) MATRIZ DE RISCOS E CONTROLES – MEDICAMENTOS

16 – Atividade: composição e estrutura do Conselho Municipal de Saúde (CMS)	
Objetivo: CMS com composição adequada para zelar pelos medicamentos oferecidos à população.	
Risco	**Controle interno sugerido**
R#20 – inobserância do percentual de participação na composição do CMS e estrutura inadequada	**CT#20.01** – estrutura adequada de recursos humanos, financeiros, materiais e tecnológicos

17 – Atividade: atuação e funcionamento do CMS	
Objetivo: CMS atuando efetivamente na fiscalização da execução do PNAE.	
Risco	**Controle interno sugerido**
R#21 – "captura" do CMS por interesses políticos locais, comprometendo sua efetiva atuação.	**CT#21.01** – atas de reunião e parecer do CMS evidenciando efetiva atuação.
	CT#21.02 – regimento interno do CMS.
	CT#21.03 – plano de ação do CMS.
	CT#21.04 – capacitação periódica dos conselheiros.

G) MATRIZ DE RISCOS E CONTROLES – PATRIMÔNIO

1 – Atividade: registro de entrada de bens

Objetivo: garantir que seja registrada a entrada de itens no patrimônio da prefeitura.

Risco	Controle interno sugerido
R#01 – ausência de registro de itens (bens móveis e/ou imóveis) adquiridos por doação, convênio e/ou compras, no patrimônio da prefeitura.	**CT#1.01** – setor responsável com servidor designado.
	CT#1.02 – normativo com regras para registro de itens patrimoniais.
	CT#1.03 – sistema eletrônico para registro dos bens patrimoniais.

2 – Atividade relevante: registro de movimentação de itens do patrimônio

Objetivo: garantir que seja realizado o registro da movimentação de itens do patrimônio da prefeitura.

Risco	Controle interno sugerido
R#02 – ausência de registro da movimentação de itens do patrimônio da prefeitura.	**CT#2.01** – normativo com regras para movimentação de itens patrimoniais.

3 – Atividade relevante: gestão dos processos/documentos

Objetivo: manter os documentos relacionados às entradas, saídas e inventários de itens (bens móveis e imóveis) no patrimônio da prefeitura pelo prazo previsto nos normativos vigentes.

Risco	Controle interno sugerido
R#03 – perda/extravio/furto dos processos/documentos relativos às entradas, saídas e inventários de itens (bens móveis e imóveis) no patrimônio da prefeitura.	**CT#3.01** – estrutura física e mobiliária adequada para guarda dos processos/documentos.

4 – Atividade relevante: registro de saída dos bens

Objetivo: garantir que seja realizado o registro das saídas de itens (bens móveis e imóveis) do patrimônio da prefeitura.

Risco	Controle interno sugerido
R#04 – ausência de registro das saídas de itens (bens móveis e imóveis) do patrimônio da prefeitura.	**CT#4.01** – normativo com regras para registro de saída de bens patrimoniais.

G) MATRIZ DE RISCOS E CONTROLES – PATRIMÔNIO

5 – Atividade relevante: inventário dos bens	
Objetivo: assegurar que a quantidade de bens existentes na prefeitura seja equivalente à quantidade registrada nos controles.	
Risco	**Controle interno sugerido**
R#05 – saldo real dos bens em desacordo com os registros de saldo e movimentação nas planilhas e sistemas informatizados.	**CT#5.01** – inventários de acordo com cada situação específica, com vista a fornecer subsídios para a avaliação e controle gerencial dos bens patrimoniais.

H) MATRIZ DE RISCOS E CONTROLES – CONVÊNIOS

1 – Atividade: manutenção das condições de regularidade fiscal

Objetivo: garantir as condições necessárias para celebração de transferências voluntárias.

Risco	Controle interno sugerido
R#01 – perda da regularidade fiscal e cadastral da prefeitura.	CT#1.01 – setor responsável com servidor designado para acompanhar a regularidade fiscal e cadastral.

2 – Atividade relevante: elaboração da proposta/plano de trabalho

Objetivo: celebração de transferências voluntárias.

Risco	Controle interno sugerido
R#02 – proposta de trabalho em desacordo com a real necessidade local; imprecisa ou incompleta.	CT#2.01 – estudos que comprovem adequação entre a proposta de trabalho e a necessidade do município.

3 – Atividade relevante: movimentação financeira da conta bancária

Objetivo: garantir a disponibilização de recursos financeiros para execução do objeto do convênio.

Risco	Controle interno sugerido
R#03 – inexistência manual com normas e procedimentos para conciliação bancária, movimentação das contas, atesto, conferência de documentação; falta de conciliação da conta realizada por setor diverso, levando à execução financeira dos recursos de forma irregular, com consequente utilização indevida dos recursos transferidos, podendo resultar em sanções e suspensão dos repasses.	CT#3.01 – manuais com normas e procedimentos prevendo período de realização da conciliação bancária, formas de movimentação financeira, responsáveis por movimentação dos recursos, atesto, conferência dos documentos da liquidação.

4 – Atividade relevante: elaboração e entrega da prestação de contas

Objetivo: prestação de contas dos recursos recebidos.

Risco	Controle interno sugerido
R#04 – inexistência de *checklist* ou fluxo definindo os atos necessários à elaboração completa e tempestiva da prestação de contas, levando à prestação de contas incompleta, imprecisa ou intempestiva, com consequente suspensão no repasse dos recursos.	CT#4.01 – *checklist* ou fluxo definindo os atos necessários à elaboração completa e tempestiva da prestação de contas.

H) MATRIZ DE RISCOS E CONTROLES – CONVÊNIOS

5 – Atividade relevante: arquivo da prestação de contas	
Objetivo: guarda e conservação da prestação de contas.	
Risco	**Controle interno sugerido**
R#05 – ausência de estrutura física e tecnológica para guarda dos documentos da prestação de contas; levando à perda/extravio/furto dos processos/documentos, com consequente ssuspensão no repasse dos recursos.	**CT#5.01** – estrutura física e tecnológica adequada para guarda dos documentos da prestação de contas dos convênios.

3.7.3 Gestão de riscos na Nova Lei de Licitações

A gestão de riscos nas contratações públicas passou a ser obrigatória por conta do parágrafo único do art. 11 da Lei 14.133/2021, ao estabelecer que:

> Parágrafo único. A alta administração do órgão ou entidade é responsável pela governança das contratações e deve implementar processos e estruturas, inclusive de gestão de riscos e controles internos, para avaliar, direcionar e monitorar os processos licitatórios e os respectivos contratos, com o intuito de alcançar os objetivos estabelecidos no caput deste artigo, promover um ambiente íntegro e confiável, assegurar o alinhamento das contratações ao planejamento estratégico e às leis orçamentárias e promover eficiência, efetividade e eficácia em suas contratações."

Além disso, o art. 18 dispõe que:

> Art. 18. A fase preparatória do processo licitatório é caracterizada pelo planejamento e deve compatibilizar-se com o plano de contratações anual de que trata o inciso VII do *caput* do art. 12 desta Lei, sempre que elaborado, e com as leis orçamentárias, bem como abordar todas as considerações técnicas, mercadológicas e de gestão que podem interferir na contratação, compreendidos: [...]
> X – a análise dos riscos que possam comprometer o sucesso da licitação e a boa execução contratual.

Nesse mesmo sentido é a orientação prevista no art. 169 da mesma lei, que determina que "as contratações públicas deverão submeter-se a práticas contínuas e permanentes de gestão de riscos e de controle preventivo". A obrigatoriedade de fazer gestão de riscos das contratações já era exigência prevista na Lei nº 13.303/2016 (Estatuto Jurídico das Estatais).

Além disso, há muito tempo a gestão de riscos vem sendo cobrada pelo Tribunal de Contas da União (TCU) e Tribunal de Contas do Estado de Mato Grosso (TCE/MT), e representa mecanismo efetivo para lidar com o futuro, suas incertezas e oportunidades nos processos licitatórios.

O que se busca por meio dessas medidas é a superação de erros e irregularidades encontrados nos certames. Somente com uma ação preventiva e integrada por meio da gestão de riscos será possível reduzir os erros e irregularidades tradicionalmente encontrados, sendo em sua maioria decorrentes da inexistência e da insuficiência de mecanismos adequados de controles internos.

Para implementar a gestão de riscos, a organização precisa envolver as áreas e os agentes das fases de planejamento da contratação e seleção do fornecedor e até mesmo da gestão contratual. Os novos normativos e a jurisprudência do TCU exigem ações por parte dos gestores públicos no sentido de planejar a contratação, selecionar o fornecedor e gerir adequadamente seus contratos *sob a perspectiva do risco*.

3.7.3.1 Matriz de alocação de riscos

Ainda sobre gestão de riscos, a Lei nº 14.133/2021 estabelece que o contrato poderá contemplar matriz de alocação de riscos entre o contratante e o contratado. Matriz de riscos é definida no art. 6º, XXVII, da referida lei, nos seguintes termos:

> Art. 6º Para os fins desta Lei, consideram-se: [...]
> XXVII – matriz de riscos: cláusula contratual definidora de riscos e de responsabilidades entre as partes e caracterizadora do equilíbrio econômico-financeiro inicial do contrato, em termos de ônus financeiro decorrente de eventos supervenientes à contratação, contendo, no mínimo, as seguintes:
> a) listagem de possíveis eventos supervenientes à assinatura do contrato que possam causar impacto em seu equilíbrio econômico-financeiro

e previsão de eventual necessidade de prolação de termo aditivo por ocasião de sua ocorrência;

b) no caso de obrigações de resultado, estabelecimento das frações do objeto com relação às quais haverá liberdade para os contratados inovarem em soluções metodológicas ou tecnológicas, em termos de modificação das soluções previamente delineadas no anteprojeto ou no projeto básico;

c) no caso de obrigações de meio, estabelecimento preciso das frações do objeto com relação às quais não haverá liberdade para os contratados inovarem em soluções metodológicas ou tecnológicas, devendo haver obrigação de aderência entre a execução e a solução predefinida no anteprojeto ou no projeto básico, consideradas as características do regime de execução no caso de obras e serviços de engenharia.

A existência de uma matriz de alocação dos riscos resulta na redução da incerteza no contrato administrativo, tema que envolve os custos de transação.

Quando a contratação se referir a obras e serviços de grande vulto ou forem adotados *os regimes de contratação integrada e semi-integrada,* o edital *obrigatoriamente* contemplará matriz de alocação de riscos entre o contratante e o contratado.

Embora a lei cite apenas contratação integrada e semi-integrada, em situações anteriores, o TCU já tinha recomendado elaboração de matriz de riscos mesmo em contratações a preço global, para casos que envolvam incertezas significativas, a exemplo dos Acórdãos nº 1.441/2015 e 2.172/2013, ambos do Plenário.

3.8 Informações e comunicações (como envolver a organização e terceiros)

Segundo expressão do COSO ERM – *Application Techniques* (COSO, 2006, p. 79), as características do componente informações e comunicações são:

> [...] as informações pertinentes são identificadas, colhidas e comunicadas em uma forma e estrutura de tempo que permita que as pessoas cumpram suas responsabilidades. Os sistemas de informação usam dados gerados internamente e de fontes externas, fornecendo dados para o gerenciamento de riscos e para decisões bem fundamentadas em relação aos objetivos. Ocorre também uma comunicação eficaz,

que flui para baixo, lateralmente e para cima na organização. Todo o pessoal recebe uma mensagem clara da diretoria executiva que as responsabilidades pelo gerenciamento de riscos corporativos devem ser levadas a sério. Os empregados entendem as suas próprias funções no contexto do gerenciamento de riscos empresariais, bem como as suas atividades individuais relacionam-se com o trabalho de outros. Essas pessoas necessitam dispor de um meio para comunicar informações significativas aos superiores. Existe, também, uma comunicação eficaz com partes externas, como clientes, fornecedores, agentes normativos e acionistas.

A alta administração e a estrutura de governança de uma entidade pública devem investir em comunicação com os colaboradores e terceiros para que o processo de gestão de riscos funcione efetivamente.

As principais políticas e procedimentos estabelecidos devem estar acessíveis a todos os interessados e ser amplamente divulgados. A comunicação é essencial para incentivar a promoção de uma cultura de ética, integridade e gerenciamento de riscos na organização.

O sistema de informação e comunicação da entidade do setor público deve identificar, armazenar e comunicar toda informação relevante, na forma e no período determinados, a fim de permitir a realização dos procedimentos estabelecidos e outras responsabilidades, orientar a tomada de decisão, permitir o monitoramento de ações e contribuir para a realização de todos os objetivos de controle interno (Resolução nº 1.135/2008, do Conselho Federal de Contabilidade).

Nesse contexto, as informações são importantes em todos os níveis de uma organização, para identificar, avaliar e responder a riscos, administrá-la e alcançar seus objetivos. Uma ampla série de informações é utilizada, pertinente a uma ou mais categorias de objetivos.

As fontes de informação podem ser comunicações por *e-mail*, atas ou anotações de reuniões da área operacional, relatórios, respostas a pesquisas com clientes, canais de denúncias, dados recebidos de prestadores terceirizados, órgãos reguladores, postagens em mídias sociais e *blogs*, mudanças organizacionais, reclamações de comportamento dos administradores etc.

A qualidade da informação afeta a capacidade da administração de tomar decisões apropriadas. Por qualidade, pode-se considerar se ela é *apropriada* (conteúdo no nível de detalhes adequado), *oportuna* (disponíveis quando necessária), *atual* (as mais recentes), *precisa* (dados corretos, fidedignos) e *acessível* (de fácil obtenção por aqueles que necessitam).

Como exemplo, podemos citar a realização de pesquisa de clima organizacional para reunir informações sobre conduta pessoal em relação ao código de ética ou conduta, auxiliando na seleção, desenvolvimento e implementação de atividades de controle; pesquisa para avaliar planos e/ou programas; um relatório emitido com as percepções dos participantes acerca do plano de capacitação praticado pela entidade, como forma de retroalimentar a iniciativa etc.

Conforme destacado na ISO 31000/2018, as organizações devem estabelecer mecanismos de comunicação interna a fim de apoiar e incentivar a responsabilização e a propriedade dos riscos e controles internos.

Já na seção que trata do estabelecimento de mecanismos de comunicação e reporte externo, a norma preconiza que as organizações implementem *planos de comunicação com as partes interessadas* externas, a fim de assegurar a troca eficaz de informações, de atender aos requisitos legais, de fornecer retroalimentação, de construir confiança na organização e de comunicar as partes interessadas em evento de crise e contingência (ABNT NBR ISO 31000/2018).

Destaca-se que a comunicação pode ser realizada por diversos meios, tais como manuais de políticas e procedimentos, memorandos, mensagens de correio eletrônico, quadro de avisos, videoconferências, vídeos e jornais institucionais, páginas na internet/intranet, *blogs*, canais de redes sociais etc.

Hopkin (2014) ressalta que a utilização de um sistema de informação específico para gestão pode facilitar a coleta, organização e comunicação das informações relacionadas a risco. A aplicação de sistemas de informações de gestão de riscos pode ainda ser útil para manter dados disponíveis para análises mais detalhadas, compartilhamento de informações de riscos e ampliação da consciência sobre risco. Além disso, a adoção de um sistema de informações é especialmente útil quando se trata da organização de número elevado de informações.

A despeito das vantagens de se utilizar um *software* específico para gestão de riscos, é necessário avaliar se os custos de se desenvolver um sistema robusto de gestão de riscos não excederão os possíveis benefícios de sua utilização. Outrossim, dependendo da quantidade de informações e do tamanho da organização, planilhas de dados simplificadas podem também apresentar-se como solução viável.

Nesse contexto, em maio de 2018, o Ministério do Planejamento, Desenvolvimento e Gestão lançou o sistema gratuito para ajudar órgãos públicos na gestão de riscos, chamado de *Sistema Ágatha*. Trata-se de uma ferramenta desenvolvida para documentar eventuais riscos nos processos internos da Administração Pública, oferecendo mecanismos de controle e de tratamento das inconformidades.

Ademais, com a aprovação da Lei nº 12.527, de 18 de novembro de 2011, a Lei de Acesso à Informação, o Brasil deu um importante passo para a consolidação do seu regime democrático, ampliando a participação cidadã e fortalecendo os instrumentos de controle da gestão pública.

Por meio dela, as organizações governamentais têm que divulgar informações à sociedade por iniciativa própria, de forma espontânea, independentemente de qualquer solicitação dos cidadãos, facilitando o processo de comunicação com os agentes externos à organização. A transparência é um princípio básico da governança pública (inciso V, art. 21, da IN CGU/MP nº 01/2016 e art. 3º do Decreto nº 9.203/2017).

É importante que a organização também disponibilize essas informações em dados abertos, elaborando um plano de dados abertos (PDA). Para que um dado seja considerado aberto, ele precisa seguir oito princípios, que são: dados completos, primários, atuais, acessíveis, processáveis por máquina, com acesso não discriminatório, não proprietários e livres de licença. Esses oito princípios visam tornar disponíveis e compreensíveis os dados do governo de forma que possam, sem qualquer identificação ou registro, serem fornecidos à sociedade.

PDA é o documento orientador para as ações de implementação e promoção de abertura de dados, inclusive geoespacializados, obedecendo a padrões mínimos de qualidade, de forma a facilitar o entendimento e a reutilização das informações. É ele quem organiza o planejamento referente à implantação e racionalização dos processos de publicação de dados abertos nas organizações públicas.

A elaboração do PDA vem ao encontro do disposto na Lei de Acesso à Informação (LAI), na Instrução Normativa SLTI nº 4, de 13 de abril de 2012 (que institui a Infraestrutura Nacional de Dados Abertos), no Decreto Presidencial nº 6.666, de 27 de novembro de 2008 (que institui a Infraestrutura Nacional de Dados Espaciais), bem como nos compromissos assumidos pelo Brasil no âmbito do 2º Plano de Ação Nacional sobre Governo Aberto, entre outros normativos que abordam o tema de transparência.

Além da divulgação de informações na internet e atendimento dos pedidos de informação, em atendimento à Lei de Acesso à Informação, é importante que as entidades públicas instituam *canais para recebimento de denúncias* e mecanismos para que o denunciante acompanhe o andamento da denúncia, de modo a conferir maior transparência e credibilidade no canal e contribuir para a construção de confiança nesse importante mecanismo.

A gestão e efetiva resolução das denúncias recebidas são importantes para que a ferramenta tenha efetividade e fortaleça o ambiente ético e de governança da entidade.

Ademais, deve-se estabelecer regras formalmente definidas de confidencialidade e proibição de retaliação, a exemplo de mecanismos para proteger aqueles que, apesar de se identificarem, não queiram se identificar publicamente (confidencialidade) e políticas que garantam a proteção ao denunciante de boa-fé contra possíveis retaliações, bem como um protocolo (procedimento operacional) que permita estabelecer um fluxo para que as denúncias sejam dirigidas às pessoas competentes para conhecimento e posterior apuração, com definição de metas e prazos para investigações internas.

A existência e o efetivo funcionamento dos canais de denúncias representam oportunidades de detecção e resolução antecipadas de problemas, evitando a ocorrência de impactos negativos nos objetivos estabelecidos pela entidade.

A criação de canais de comunicação para os colaboradores e partes relacionadas mostra-se uma forte ferramenta de controle interno e *compliance*, sendo relevante tanto para possibilitar a denúncia de atos antiéticos como para a retirada de possíveis dúvidas sobre dilemas éticos, colaborando para o desenvolvimento e o fortalecimento do ambiente ético e para uma boa governança corporativa.

Ademais, o TCU tem recomendado às organizações que "proceda[m] ao aprimoramento dos itens referentes ao elemento 'informação e comunicação', no âmbito do sistema de controles internos, e proceda[m] à elaboração de um plano de comunicação entre os níveis hierárquicos, bem como um plano de comunicação com outras partes interessadas" (Acórdão TCU nº 7.573/2016 – Primeira Câmara).

Para exemplificar um plano de comunicação, apresentamos a seguir parte do documento elaborado pela CGU no âmbito do Programa de Integridade disponibilizado na internet:

Figura 25 – Plano de comunicação e consulta

AÇÃO	OBJETIVO	MEIO	FREQUÊNCIA	PARTICIPANTES	RESPONSÁVEIS	PRODUTO
Avaliação sobre a execução das medidas de integridade	Avaliar a eficácia das medidas de integridade definidas durante os processos de gerenciamento de riscos à integridade ou definidas no âmbito das Instâncias de Integridade	SEI Reunião Presencial	Trimestral	Responsáveis pelos processos organizacionais Unidades responsáveis / corresponsáveis pelas medidas de tratamento Instâncias de Integridade Núcleo de Gestão de Riscos Comitê Gerencial Comitê de Gestão Estratégica	Núcleo de Gestão de Riscos	Boletim
Avaliação anual do Programa de Integridade da CGU	Avaliar o andamento do Programa de Integridade da CGU na visão de seus colaboradores e das Instâncias	Questionários em Processos SEI Questionários disponíveis na IntraCGU Reunião Presencial	Anual	Colaboradores da CGU Agentes / Instâncias de Integridade Comitê Gerencial Comitê de Gestão Estratégica	Núcleo de Gestão de Riscos	Relatório
Divulgação de eventos de capacitação no âmbito do Programa de Integridade	Divulgar as ações de capacitação promovidas no âmbito do Programa de Integridade	Banner IntraCGU Email	A cada evento	Colaboradores da CGU ASCOM Núcleo de Gestão de Riscos	Instâncias de Integridade	Atualização do Plano de Capacitação do Programa de Integridade

Fonte: Plano de Integridade da CGU, 2018.

É importante que a organização planeje as formas de comunicação sobre os riscos, estabelecendo a obrigatoriedade de elaboração de relatórios mensais, relatório de *status* das atividades, registro de riscos, gráficos, para manter as partes interessadas adequadamente informadas sobre as ações de gestão de riscos na entidade.

Ademais, é importante que a organização mantenha registro do processo de gestão de riscos para que as atividades desenvolvidas sejam rastreáveis. Esse registro pode ser feito por meio de criação de um processo físico ou eletrônico, inserindo todas as portarias, atas de reuniões, notas técnicas, matrizes de risco, plano de tratamento de riscos e outros documentos relevantes.

Isso se justifica em razão da necessidade (i) de aperfeiçoamento contínuo da organização, (ii) dos benefícios da reutilização de informações para fins de gestão e (iii) de registros legais, regulatórios e operacionais.

Essa preocupação foi observada em Pantanal do Norte. Desde o início da implantação da gestão de riscos, por orientação do controlador municipal João Coruja, foi criado um processo para registrar todas as atividades desenvolvidas. João sabia da importância de evidenciar os caminhos percorridos para implantar a gestão de riscos, principalmente quando fosse questionado pelos órgãos de controle externo.

E em Pantanal do Norte, o que foi feito para implantar e aperfeiçoar o componente informação e comunicação?

Sobre esse tema, atendendo determinação do prefeito Paulo Capivara, o portal na internet foi totalmente remodelado para aumentar a transparência e difundir ações ligadas à gestão de riscos para os colaboradores e terceiros, e está em elaboração um plano de dados abertos para facilitar a disponibilização e utilização das informações pela sociedade.

O prefeito criou um grupo de trabalho para elaborar um plano de comunicação e consulta entre os diversos níveis hierárquicos da organização e com outras partes interessadas.

Foram criadas até peças publicitárias para serem divulgadas na rádio local sobre as ações de gestão de riscos que estão sendo adotadas e o impacto dessas medidas na qualidade dos serviços públicos prestados à sociedade.

Visando aumentar a possibilidade de detecção e resolução antecipada de problemas, a prefeitura aderiu à Plataforma Integrada de Ouvidoria e Acesso à Informação (Fala.BR), implantando canal específico para recebimento de denúncias.

Foram incorporadas informações sobre a gestão de riscos, seu desempenho e sua eficácia nos relatórios de gestão e prestação de contas dirigidos à sociedade e aos órgãos de controle.

Além disso, em 2022 a prefeitura realizará uma pesquisa de clima organizacional e já incluiu no questionário perguntas para avaliar a qualidade, oportunidade e confiabilidade das informações que são disponibilizadas pela organização aos colaboradores e se os meios de comunicação utilizados são eficazes.

Com essas iniciativas, a prefeitura está aprimorando as ações de informação e comunicação, envolvendo toda a organização e terceiros na melhoria contínua da gestão de riscos, dos controles internos e da governança corporativa.

3.9 Monitoramento (como se manter no caminho certo)

O monitoramento é definido pelo COSO ERM como um processo de avaliação permanente, que busca verificar a presença e o efetivo funcionamento dos componentes da gestão de riscos ao longo do tempo. Para fazer isso, adotam-se atividades contínuas de monitoramento, autoavaliações, avaliações independentes ou uma combinação desses métodos.

Por mais consistentes e adequados que sejam os controles internos de uma organização, não é possível eliminar completamente a ocorrência de erros e irregularidades, ainda que praticados de forma isolada por um colaborador ou por terceiros, contrariando as normas, princípios e orientações da entidade.

O contexto, ambiente, legislação, estrutura e objetivos de uma organização podem variar bastante com o passar do tempo e, com essas mudanças, surgem novos riscos, antigos riscos podem se alterar em probabilidades ou impactos, controles podem ser abandonados, distorcidos, esquecidos ou desajustados.

Assim como uma máquina ou um prédio que precisa de manutenção para conservar suas qualidades e funcionalidades, os controles internos também precisam de revisão, apertos nos parafusos, troca de óleo, diagnóstico e aperfeiçoamento. Por isso, devem ser constantemente monitorados para verificar se os princípios, estruturas e processos permanecem em efetivo funcionamento.

O risco é dinâmico, ativo e se modifica com o tempo. Um bom exemplo é o caso de furto em residências. Há 50 anos, havia menos registros dessas ocorrências e, por esse motivo, as pessoas colocavam muros baixos nas casas e costumavam ter hábitos diferentes, como conversar com o vizinho, brincar na rua.

Com o aumento significativo nos índices de violência e insegurança e, consequentemente, maior risco de furtos e eventos indesejados, as pessoas passaram a aumentar o muro das suas casas, colocar cerca elétrica, sistema de segurança, fazer seguro residencial, morar em prédios, condomínos fechados, deixar de brincar na rua e conversar sempre dentro de casa, ou seja, o risco mudou, e as respostas aos riscos precisaram ser atualizadas, implementando novos controles ou modificando os já existentes.

As atividades de monitoramento buscam avaliar como cada um dos componentes do controle interno está funcionando dentro da organização, fornecendo informações valiosas para avaliar sua efetividade.

Em razão disso, os controles internos devem ser continuamente monitorados para verificar se os parâmetros permanecem adequados e capazes de abordar os riscos relevantes.

Figura 26 – Modalidades de monitoramento da estrutura de controle

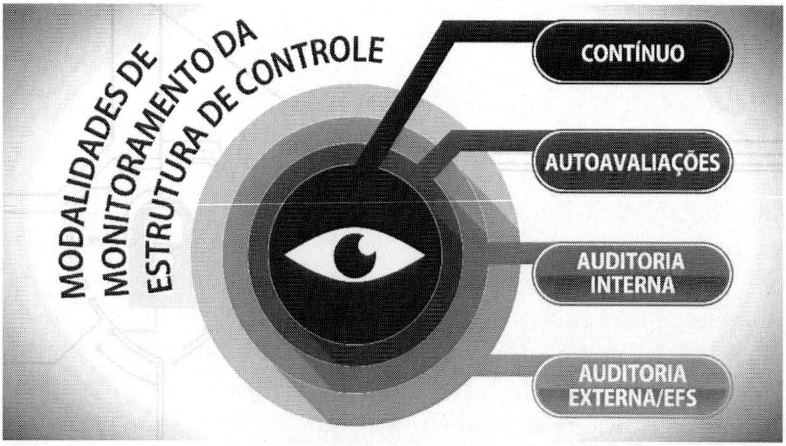

Fonte: Elaboração própria a partir de TCU, 2012.

Essa cultura de preocupação com o diagnóstico contínuo da gestão de riscos e controles internos tem sido bastante patrocinada pelo Tribunal de Contas da União, que tem exigido dos órgãos e entidades federais, quando elaboram a prestação de contas anual, a comprovação tanto de autoavaliação dos gestores como de análises realizadas por auditorias internas, o que se conhece por avaliação separada ou independente.

O monitoramento da gestão de riscos pode ser decorrente da supervisão rotineira que se espera dos gestores em suas respectivas áreas e objetos de gestão, o que se conhece por monitoramento contínuo.

Essa supervisão é o "controle do controle". Enquanto os controles internos da gestão atuam sobre os riscos, o monitoramento avalia o funcionamento dos próprios controles.

Além disso, a ISO 31000/2018 deixa claro que, para que a gestão de riscos seja eficaz e apoie o desenvolvimento da organização, convém medir o seu desempenho por meio de indicadores, analisar periodicamente a política, o plano e a estrutura da gestão de riscos e analisar criticamente a eficácia da estrutura da gestão de riscos, entre outros pontos.

Nesse contexto, o Ministério do Planejamento estabeleceu o seguinte conjunto de indicadores para monitorar o desempenho da gestão de riscos corporativos:

Figura 27 – Exemplo de indicadores de gestão de riscos

Indicador	Fórmula
% processos mapeados por unidade	processos mapeados ÷ total de processos
% processos essenciais mapeados por unidade	processos essenciais mapeados ÷ processos essenciais
% processos relevantes mapeados por unidade	processos relevantes mapeados ÷ processos essenciais
% processos moderados mapeados por unidade	processos moderados mapeados ÷ processos essenciais
% processos essenciais com riscos mapeados por unidade	processos essenciais com riscos mapeados ÷ processos essenciais
% processos relevantes com riscos mapeados por unidade	processos relevantes com riscos mapeados ÷ processos relevantes
% processos moderados com riscos mapeados por unidade	processos moderados com riscos mapeados ÷ processos moderados
% controles implementados por processo	controles concluídos ÷ total de controles do processo
% controles em andamento por processo	controles em andamento ÷ total de controles do processo
% controles atrasados por processo	controles atrasados ÷ total de controles do processo
% controles não iniciados por processo	controles não iniciados ÷ total de controles do processo

Fonte: Metodologia de gestão de riscos do Ministério do Planejamento.

Além desses indicadores, apenas para fins didáticos, as organizações podem estabelecer os seguintes conjuntos de indicadores para acompanhamento dos riscos administrativos:

1) Indicadores da área de aquisições públicas
   a) licitação com valores homologados acima do limite legal da modalidade;
   b) aditivos contratuais com valor acima do limite estabelecido;
   c) empenhos com data anterior à data da proposta;
   d) fracionamento para dispensar ou para escapar da modalidade mais complexa;
   e) vínculo entre licitantes e servidores;
   f) microempresa/empresa de pequeno porte com faturamento superior ao limite;
   g) vínculo entre licitantes;
   h) mais de um fornecedor exclusivo em inexigibilidade;
   i) licitantes com endereços em comum.

2) Indicadores da área de suprimento de fundos/adiantamentos
   a) fracionamento de gastos com suprimento de fundos/adiantamentos;
   b) gastos em estabelecimentos atípicos;
   c) despesas realizadas com suprimento de fundos/adiantamentos durante férias do portador;
   d) transações em finais de semana ou feriados.

3) Indicadores da área de terceirização
   a) empregados contratado em mais de uma folha de pagamento;
   b) servidor público contratado como terceirizado;
   c) comparação entre custos e salários das categorias dos contratados.

4) Indicadores da área de diárias e passagens
   a) média de gasto do órgão pago por trecho na aquisição de passagens aéreas em comparação com outros órgãos/entidades;
   b) reserva de passagens sem planejamento prévio (mínimo 10 dias);
   c) excesso de diárias pagas por servidor;
   d) cálculo incorreto das taxas de embarque.

5) Outros indicadores
   a) média de despesas com material de consumo por servidor;
   b) média de impressão de páginas por servidor;
   c) média de *notebooks* por servidor.

Outra metodologia empregada no monitoramento é a autoavaliação, realizada por meio de questionários respondidos por gestores, executores, demandantes e clientes de um setor ou órgão, com o objetivo de produzir senso crítico a respeito do grau de aderência das práticas existentes em relação aos parâmetros esperados, na intenção de gerar ações de aperfeiçoamento.

Além disso, podemos ter o monitoramento realizado pela auditoria interna, órgãos de controle externo, entre outros agentes externos à organização, conhecido como avaliações em separado ou independentes. No âmbito federal, o Decreto Federal nº 9.203/2017 define o seguinte papel para a auditoria interna governamental:

> Art. 18 – A auditoria interna governamental deverá adicionar valor e melhorar as operações das organizações para o alcance de seus objetivos, mediante a abordagem sistemática e disciplinada para avaliar e melhorar a eficácia dos processos de gerenciamento de riscos, dos controles e da governança, por meio da:
> I – realização de trabalhos de avaliação e consultoria de forma independente, segundo os padrões de auditoria e ética profissional reconhecidos internacionalmente;
> II – adoção de abordagem baseada em risco para o planejamento de suas atividades e para a definição do escopo, da natureza, da época e da extensão dos procedimentos de auditoria; e
> III – promoção à prevenção, à detecção e à investigação de fraudes praticadas por agentes públicos ou privados na utilização de recursos públicos federais.

Nesse contexto, o Instituto dos Auditoria Internos (IIA) indicou quais papéis uma atividade profissional eficaz de auditoria interna deveria adotar no processo de gerenciamento de riscos em uma organização, conforme a figura apresentada a seguir:

Figura 28 – Papéis de uma auditoria interna
no processo de gestão de riscos

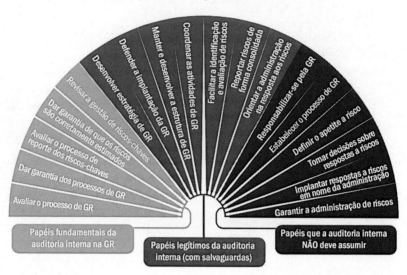

Fonte: IIA.

Se em decorrência das atividades de monitoramento a auditoria interna constatar falta de cumprimento das políticas e procedimentos de controle interno, deve-se comunicar tempestivamente aos responsáveis pela tomada de ações corretivas na organização e monitorar para verificar se as deficiências constatadas foram efetivamente regularizadas em tempo hábil.

São exemplos de ações corretivas: suspensão ou rescisão de contratos; aplicação de penalidades e multas contratuais; afastamento do servidor das atividades; abertura de processo de tomada de contas especial; comunicação às autoridades competentes sobre as irregularidades detectadas. Essas medidas são importantes e devem ser aplicadas sempre que um risco se materializar e a entidade precisar minimizar seus impactos.

Tão importante quanto a aplicação de medidas corretivas é a capacidade que o monitoramento pode ter de melhorar o tratamento a riscos na organização. Mais do que corrigir uma falha ou apurar responsabilidades por situações indesejadas, a avaliação dos componentes da gestão de riscos, especialmente dos controles internos, deve fornecer subsídio para a tomada de decisão no sentido de aperfeiçoar os mecanismos de resposta a risco.

Pode ser necessário modificar as condições do ambiente, alterar a política de gestão de riscos, as métricas e os parâmetros da gestão de riscos, melhorar a disseminação e o uso dos métodos, artefatos e controles. É possível que tudo esteja bem, mas também é possível que sejam necessárias mudanças significativas.

Por isso mesmo, o TCU tem recomendado que as organizações aprimorem o monitoramento no âmbito do seu sistema de controles internos (Acórdão TCU nº 7.573/2016 – Primeira Câmara).

Para aprimorar o monitoramento em Pantanal do Norte, o prefeito Paulo Capivara determinou que os gestores ficassem responsáveis por implementar as medidas de controle e avaliar continuamente sua efetividade, auxiliados pelo Comitê de Gestão de Riscos.

Além disso, a auditoria interna incluiu em seu plano anual de auditoria a realização de trabalhos de avaliação da gestão de riscos da organização, tais como:

    a) avaliar a política de gestão de riscos dos órgãos e entidades do Poder Executivo municipal;

    b) avaliar se os procedimentos de gestão de riscos estão de acordo com a política de gestão de riscos;

    c) avaliar a eficácia dos controles internos da gestão implementados pelos setores para mitigar os riscos, bem como outras respostas aos riscos avaliados.

Já falamos neste livro e não custa reforçar que uma das finalidades fundamentais da auditoria governamental é promover a melhoria da gestão de riscos e controles internos por meio de avaliação e recomendação aos gestores.

Por isso mesmo, a Atricon, que congrega os tribunais de contas do país inteiro, tem intesificado atuação sobre a cobrança de auditorias de avaliação de controles internos. Daí a origem da Resolução Atricon nº 05/2014, que definiu diretrizes para estreitar o relacionamento dos tribunais de contas com órgãos de controle interno – geralmente chamados de controladorias ou auditorias gerais – na busca por desenvolver metodologia de auditoria de avaliação de controles internos e capacitar os auditores internos nessa área de atuação.

Nesse contexto, desenvolveu-se em Mato Grosso o *programa APRIMORA*, que deu origem aos estudos que agora se materializam neste livro.

Em 2014, o Tribunal de Contas de Mato Grosso emitiu diretrizes às controladorias,[14] por meio da Resolução TCE-MT nº 26/2014, determinando que deveriam considerar como principal atribuição a avaliação de controles internos da organização quanto à sua capacidade para evitar ou reduzir riscos, observando o modelo COSO.

No plano estratégico do TCE-MT, passou a constar a meta de fomentar o aprimoramento dos sistemas de controles internos dos fiscalizados, com o objetivo de contribuir para a melhoria do desempenho da Administração Pública.

Assim, surgiu a parceria entre o TCE-MT e os autores deste livro, no desenvolvimento de metodologia, instrumentos de avaliação, material didático e capacitação aos controladores municipais, para que realizassem a avaliação do nível de maturidade dos controles internos em atividades importantes. A primeira delas envolveu a logística de medicamentos e materiais médico-hospitalares. Depois, vieram a merenda escolar, gestão de frotas, contratações, gestão financeira e avaliação de controles internos em nível de entidade. Os resultados já estão disponíveis e podem ser conferidos no portal do TCE-MT.

Com o programa APRIMORA, nasceu o município de Pantanal do Norte – hipotético, mas bem parecido com a realidade média das prefeituras brasileiras. É com os casos práticos de Pantanal do Norte que se disseminam técnicas de governança pública, avaliação de controles internos, pesquisa de preços e, agora, gestão de riscos.

Esperamos que as experiências do prefeito Paulo Capivara, da diretora de compras Maria Carcará, do controlador municipal João Coruja e seus valorosos servidores, pantanenses de realidades sofridas, mas de corações generosos, sirvam de inspiração e exemplo para a sua realidade, caro leitor.

---

[14] Para simplificação, chamamos aqui de "controladorias" as Unidades de Controle Interno (UCI), aqueles setores responsáveis por coordenar, supervisionar e avaliar os sistemas de controle interno dentro das organizações. A exemplo da CGU, no Poder Executivo Federal, muitas outras UCI adotaram a denominação de Controladoria-Geral.

Nos inspiramos nas palavras de Flávia Canêdo (2020), para quem as análises intuitivas, apesar de extremamente relevantes, não devem substituir o processo formal e sistemático de gerenciamento de riscos. Ela destaca – e nós concordamos – que um grande benefício é o conhecimento coletivo alcançado com as discussões sobre riscos nas organizações públicas, o amadurecimento que isso promove, incluindo a noção de fragilidades, custos e controles no dia a dia dos agentes públicos, compartilhando ideias, valores, necessidades e experiências, no processo de tratar de riscos. Pode demorar, mas vamos amadurecer.

Como demonstrado em Pantanal do Norte, a gestão de riscos não é um conceito abstrato ou complexo demais. Tampouco se aplica apenas ao contexto das entidades de grande porte, que gerem volumosos montantes de recursos orçamentários. É possível aplicar a gestão de riscos na prática, incorporar seus princípios, estrutura e processo à rotina de qualquer organização, qualquer atividade, qualquer objeto de gestão. Basta começar.

REFERÊNCIAS

ABNT. NBR ISO 31000:2009. *Gestão de Riscos – Princípios e Diretrizes.* 1. ed. 2009.

ABNT. NBR ISO 31000:2018. *Gestão de Riscos – Princípios e Diretrizes.* 1. ed. 2018.

AFFONSO, Bruno Dantas Faria. *Os desafios da implantação de mecanismos de governança nas universidades federais brasileiras.* Dissertação (Mestrado em Administração Pública) – Universidade Federal Fluminense, Volta Redonda, 2018.

BERGAMINI JUNIOR, Sebastião. Controles internos como um instrumento de governança corporativa. *Revista do BNDES,* Rio de Janeiro, v. 12, n. 24, p. 149-188, dez. 2005.

BERNSTEIN, Peter L. *Desafio aos deuses:* a fascinante história do risco. Rio de Janeiro: Editora Campus, 1997.

BRASIL. Constituição da República Federativa do Brasil, de 5 de outubro de 1988.

BRASIL. Ministério do Planejamento. *Método de Priorização de Processos.* mar. 2017. Disponível em: http://www.planejamento.gov.br.

BRASIL. Ministério do Planejamento. *Metodologia de Gerenciamento de Integridade, Riscos e Controles Internos da Gestão do Ministério do Planejamento.* Brasília. 2017b.

BRASIL. Ministério do Planejamento. Secretaria de Gestão Pública. Programa GESPÚBLICA. *Guia D Simplificação.* Brasília. 2005.

BRASIL. Ministério do Planejamento. Secretaria de Gestão Pública. Programa GESPÚBLICA, *Modelo de Excelência em Gestão Pública.* Brasília. 2014.

CANEDO, Flavia. Entrevista sobre a obra "Gestão de riscos aplicada às políticas públicas: sistematização teórica e prática das contribuições dos estudos de implementação". *Ementário da Gestão Pública,* ano XV, n. 2.391, set. 2020.

CARDOSO, Fabiana Ferreira; ALVES, Carina Frota. Gratic: uma metodologia para gestão de riscos em aquisições de TIC. *In:* WORKSHOP DE COMPUTAÇÃO APLICADA EM GOVERNO ELETRÔNICO (WCGE). *Anais...* Cuiabá: [s.n.], 2020.

CFC – CONSELHO FEDERAL DE CONTABILIDADE. Resolução CFC nº 1.135/2008. *Aprova a NBC T 16.8 – Controle Interno.*

CGU – CONTROLADORIA-GERAL DA UNIÃO. *Instrução Normativa SFC nº 01, de 06 de abril de 2001.* Define diretrizes, princípios, conceitos e aprova normas técnicas para a atuação do Sistema de Controle Interno do Poder Executivo Federal.

COSO. Committee of Sponsoring Organizations of the Treadway Commission (Org.). Internal Control: integrated framework. United States of America: COSO, 1992. (Executive Summary).

COSO. *COSO ERM – Integrating with Strategy and Performance.* Disponível em: https://www.coso.org/Documents/2017-COSO-ERM-Integrating-with-Strategy-and-Performance-Executive-Summary.pdf. Acesso em: 22 set. 2017.

COSO. *Gerenciamento de Riscos Corporativos – Estrutura Integrada*: Sumário Executivo e Estrutura (Versão em português), 2 vol. Jersey City: AICPA, 2007.

COSO. Gerenciamento de riscos corporativos: estrutura integrada. (Sumário Executivo. Estrutura). PriceWatherhouseCoopers, COSO, Audibra, Nov. 2006b.

COSO. Gerenciamento de Riscos Corporativos: estrutura integrada: técnicas de aplicação. *PricewaterhouseCoopers*, COSO, Audibra. nov. 2006.

COSTA, Cecilia de Almeida. *O planejamento e a gestão de riscos nas contratações públicas*: reflexões acerca do planejamento e proposta de um plano de implantação de gestão de riscos nos contratos continuados de mão de obra da Procuradoria da República no Distrito Federal. Trabalho de Conclusão de Curso. Pós-Graduação em Gestão Pública. Programa FGV in company. 2016.

ELOGROUP. *Boas práticas para o uso estratégico de controles internos*. 2007. Disponível em: http://www.bpmglobaltrends.com.br.

ESPÍNOLA, D. A. *Para que(m) serve a governança pública?* Uma análise a partir da implementação da política de governança na Funasa. Dissertação (Mestrado em Governança e Desenvolvimento) – Enap, 2021.

GAO. GOVERNMENT ACCONTABILITY OFFICE. *Ferramenta de Gestão e Avaliação de Controle Interno*. United States of América, ago. 2001.

HOPKIN, Paul. *Fundamentals of risk management*: understanding, evaluating and implementing effective risk management. Kogan Page Publishers, 2014.

IIA. *Institute of Internal Auditors*. Normas internacionais para a prática profissional da auditoria interna, Rev. out. 2010. Tradução IIA Brasil.

INTOSAI. IGOV 9100. *Guidelines for Internal Controls Standards for the Public Sector*. 2004.

INTOSAI. IGOV 9100. *Guidelines for Internal Controls Standards for the Public Sector*. Further Information on Entity Risk Management. Subcommittee on Internal Control Standards. 2007.

LIBERATO, Gabriel. *Apostila do Curso de Avaliação de Controles Internos: Gestão Financeira*. TCE/MT, 2017.

MASCARENHAS, Flávia Monken. *Avaliação de Riscos da Administração Pública Como Subsídio ao Planejamento de Auditoria*. 47 f. TCC (Auditoria Governamental) – UnB, 2010.

MULCAHY, Rita. *Risk Management Tricks of the Trade for Project Managers + PMI-RMP Exam Prep Guide*. Second Edition. 468 pages. 2010.

PEREIRA, Marcos Augusto Assis. *Controles internos e cultura organizacional*: como consolidar a confiança na gestão dos negócios. 1. ed. São Paulo: Saint Paul Editora, 2009.

RAMOS, Flávia Cristina Canêdo. *Gestão de riscos aplicada às políticas públicas*: sistematização teórica e prática das contribuições dos estudos de implementação. Dissertação (Mestrado em Governança e Desenvolvimento) – Enap, 2020

REGO, Andreia. Entrevista sobre o Manual de Riscos Gerais em Projeto do STF. *Ementário da Gestão Pública*, ano XV, n. 2.379, jul. 2020.

SANTOS, Franklin Brasil. *Preço de Referência em Compras Públicas* – Ênfase em medicamentos. Cuiabá: [s.n.], 2016.

SANTOS, Franklin Brasil; SOUZA, Kleberson Roberto de. *Como combater a corrupção em licitações*: detecção e prevenção de fraudes. 3. ed. Belo Horizonte: Fórum, 2020. 152p. ISBN 978-85-450-0165-2.

SILVA, José William Gomes da. *Avaliação dos sistemas de controle interno dos municípios do estado de Alagoas: aplicação da metodologia do COSO 2013*. Dissertação (Mestrado) – Escola de Administração, Universidade Federal da Bahia, Salvador, 2017.

SOARES NETTO, Antônio Fernandes. *Proposta de artefato de identificação de riscos nas contratações de TI da Administração Pública Federal, sob a ótica da ABNT NBR ISO 31000 – Gestão de Riscos*. Dissertação (Mestrado em Engenharia Elétrica) – UnB, Brasília, 2013.

TCU – TRIBUNAL DE CONTAS DA UNIÃO. *10 passos para a boa gestão de riscos*. Brasília, 2018.

TCU – TRIBUNAL DE CONTAS DA UNIÃO. *Critérios Gerais de Controle Interno na Administração Pública*: Um estudo dos modelos e das normas disciplinadoras em diversos países. Brasília, 2009.

TCU – TRIBUNAL DE CONTAS DA UNIÃO. *Curso de avaliação de controles internos*. 2. ed. Brasília, 2012.

TCU – TRIBUNAL DE CONTAS DA UNIÃO. *Instrução Normativa – TCU nº 63/2010*. Estabelece normas de organização e de apresentação dos relatórios de gestão e das peças complementares que constituirão os processos de contas da administração pública federal.

TCU – TRIBUNAL DE CONTAS DA UNIÃO. *Licitações e contratos*: orientações e jurisprudência do TCU. 4. ed. rev., atual. e ampl. Brasília: TCU, 2010.

TCU – TRIBUNAL DE CONTAS DA UNIÃO. *Referencial básico de gestão de riscos*. Brasília, 2018.

TCU – TRIBUNAL DE CONTAS DA UNIÃO. *Referencial básico de governança*: aplicável a órgãos e entidades da Administração Pública. Brasília, 2013.

UNODC. Escritório das Nações Unidas sobre Drogas e Crime. *Estado de integridade*: um guia para a realização de avaliação de risco de corrupção em organizações públicas. Viena: Nações Unidas, 2020.

VENTURELLI, Darlan Henrique da Silva. *Avaliação da efetividade da gestão de riscos no processo de aquisição de bens e serviços de tecnologia da informação na administração pública federal*. Dissertação (Mestrado em Gestão do Conhecimento e da Tecnologia da Informação) – Universidade Católica de Brasília, Brasília, 2021.

WILDAVSKY, Aaron. *Speaking Truth to Power*. The Art and Craft of Policy Analysis. Boston: Little, Brown & Co, 1979.

Esta obra foi composta em fonte Palatino Linotype, corpo 10,5
e impressa em papel Offset 75g (miolo) e Supremo 250g (capa)
pela Gráfica Formato.